改革开放进程中的经济学家学术自传

张卓元　高培勇　主编

郭克莎学术自传

郭克莎◎著

ACADEMIC AUTOBIOGRAPHY OF GUO KESHA

SPM
南方出版传媒
广东经济出版社
·广州·

图书在版编目（CIP）数据

郭克莎学术自传 / 郭克莎著. —广州：广东经济出版社，2020.4
（改革开放进程中的经济学家学术自传）
ISBN 978-7-5454-6068-1

Ⅰ.①郭… Ⅱ.①郭… Ⅲ.①郭克莎—自传 ②经济学—文集 Ⅳ.①K825.31②F-53

中国版本图书馆CIP数据核字（2020）第047330号

出 版 人：李　鹏
责任编辑：周伊凌
责任技编：陆俊帆
责任校对：林晓珊

郭克莎学术自传
GUOKESHA XUESHU ZIZHUAN
郭克莎　著

出版发行	广东经济出版社（广州市环市东路水荫路11号11—12楼）
经销	全国新华书店
印刷	恒美印务（广州）有限公司 （广州市南沙经济技术开发区环市大道南路334号）
开本	787毫米×1092毫米　1/16
印张	12.5
字数	127.4千字
版次	2020年4月第1版
印次	2020年4月第1次
书号	ISBN 978-7-5454-6068-1
定价	88.00元

广东经济出版社网址：http://www.gebook.com 微博：http://e.weibo.com/gebook
图书营销中心地址：广州市环市东路水荫路11号11楼
电话：（020）87393830　邮政编码：510075
如发现印装质量问题，影响阅读，请与承印厂联系调换。
广东经济出版社常年法律顾问：胡志海律师

《改革开放进程中的经济学家学术自传》丛书分册名录

（按姓氏音序排列）

1.《白重恩学术自传》
2.《蔡昉学术自传》
3.《常修泽学术自传》
4.《陈东琪学术自传》
5.《陈锡文学术自传》
6.《迟福林学术自传》
7.《樊纲学术自传》
8.《范恒山学术自传》
9.《房维中学术自传》
10.《高培勇学术自传》
11.《高尚全学术自传》
12.《郭克莎学术自传》
13.《洪银兴学术自传》
14.《黄达学术自传》
15.《黄群慧学术自传》
16.《贾康学术自传》
17.《江小涓学术自传》
18.《金碚学术自传》
19.《李实学术自传》
20.《李晓西学术自传》
21.《厉以宁学术自传》
22.《林兆木学术自传》
23.《刘诗白学术自传》
24.《刘世锦学术自传》
25.《刘树成学术自传》
26.《刘伟学术自传》
27.《马建堂学术自传》
28.《彭森学术自传》
29.《宋晓梧学术自传》
30.《田国强学术自传》
31.《王梦奎学术自传》
32.《王一鸣学术自传》
33.《魏杰学术自传》
34.《魏礼群学术自传》
35.《乌家培学术自传》
36.《吴敬琏学术自传》
37.《杨瑞龙学术自传》
38.《张军学术自传》
39.《张军扩学术自传》
40.《张晓山学术自传》
41.《张燕生学术自传》
42.《张宇燕学术自传》
43.《张卓元学术自传》
44.《赵人伟学术自传》
45.《郑新立学术自传》
46.《周叔莲学术自传》

总　序

Preface

盛世出华章。中国的改革开放是一场波澜壮阔、前无古人的伟大社会变革，也将是世界经济发展史上的瑰丽篇章。中国经济学家在这场伟大变革中，或贡献了智力，或参与了实践，无论是参政建言还是学术构建，均厥功甚伟。

在我们先后迎来改革开放40周年和中华人民共和国成立70周年之际，为了记录并彰显中国经济学家的历史贡献，为中国特色社会主义事业进一步发挥智慧的力量和作用，同时借以勉励后学筑梦前行，我们组织并编辑了这套《改革开放进程中的经济学家学术自传》丛书。

这套丛书的出版设想，最初由广东经济出版社提出。在此之前，得力于中国社会科学院经济研究所张卓元教授等的大力支持，该社曾于2009年编辑出版《影响新中国60年经济建设的100位经济学家》丛书。那套丛书产生了良好的社会反响，也获得了较高的学术评价。弹指一挥间，又是一个十年，改革开放逾40周年，共和国也迎来了70华诞。在这样一个特殊的背景下，广东经济出版社邀请张卓元教授和高培勇教授领衔，由《经济研究》编辑部具体负责，组织、编辑一套集中反映改革开放进程中的经济学家学术探索和心路历程的丛书。

我们认识到这是一件颇具眼光、很有意义的事情，于是，便有了读者眼前这套《改革开放进程中的经济学家学术自传》丛书编辑出版工作的启动。

中国经济改革与发展的伟大实践，为中国经济学家的成长提供了肥沃的土壤。要从这些灿若繁星的经济学家中推选出大家比较公认的富有影响力的经济学家，并不容易。怎样推选？推选多少？具体标准是什么？如何约稿？丛书的体例又该如何把握？这一系列相关问题接二连三地提至我们面前。

为此，在初步拟订编辑出版方案的基础上，由张卓元教授和高培勇教授主持，邀请部分专家召开了小范围的论证会议，就组建丛书编辑委员会以及丛书编辑出版的一系列相关问题听取意见，进一步完善方案。

紧跟着，2017年6月25日，丛书编辑委员会会议在北京举行。出席会议的委员共有19位（按姓氏音序排列）：白重恩、常修泽、陈东琪、陈锡文、迟福林、高培勇、郭克莎、黄群慧、金碚、李晓西、刘伟、彭森、宋晓梧、田国强、魏礼群、吴敬琏、张军扩、张燕生、张卓元。因故请假、提供书面意见的委员有10位（按姓氏音序排列）：蔡昉、曹远征、贾康、李实、李扬、厉以宁、林毅夫、刘世锦、钱颖一、张军。

这次编辑委员会会议就如下一些重要问题形成了高度共识：

第一，关于丛书的意义。委员们高度认可丛书的编辑出版工作，认为这是一项富有重要历史和现实意义的出版工程。

第二，关于丛书入选者的标准和数量。委员们认为应本着宁缺毋滥、质量为先原则，以对改革开放事业的某个特定领域做出实质性贡献或产生实质性影响的经济学家为重点，入选者宜掌握在60位左右。

第三，关于丛书的体例。基于凸显学术价值和史料价值的考虑，委员们认为学术自传宜涵盖作者的学术成长历程、作者对改革开放事业某个特定领域的研究成果和学术贡献、作者对特定领域改革前景的展望等方面内容。

第四，关于丛书的读者对象。委员们认为应主要面向青年学者以及学生，谈人生经验、述理想情怀，激励广大青年学者和学生确立奋斗的目标、发展的方向和成功的路径。

第五，关于丛书的文风。委员们主张学术自传应具有较强的理论性、学术性，同时文笔流畅、深入浅出，具有一定的可读性。

在经过充分讨论形成的候选经济学家名单基础上，与会委员按照获得半数以上多数票入选的规则，以无记名投票方式表决确定了65位入选者。

会议还决定，请因故请假的委员继续对候选经济学家名单通讯投票，并根据此项流程的统计结果，提请全体编辑委员会委员再进行一次通讯评审，最终确定丛书入选者为68位。

由此产生的《改革开放进程中的经济学家学术自传》丛书入选作者为（按姓氏音序排列）：白重恩、蔡昉、曹远征、常修泽、陈东琪、陈清泰、陈锡文、迟福林、樊纲、范恒山、房维中、高培勇、高尚全、郭克莎、郭树清、韩俊、洪银兴、华生、黄达、黄群慧、贾康、江小涓、金碚、李剑阁、李京文、李实、李晓西、李扬、厉以宁、林毅夫、林兆木、刘国光、刘鹤、刘诗白、刘世锦、刘树成、刘伟、隆国强、楼继伟、马建 堂、彭森、 钱颖一、宋晓梧、田国强、王梦奎、王一鸣、魏杰、魏礼群、乌家培、吴敬琏、吴晓灵、杨启先、杨瑞龙、易纲、余永定、张军、张军扩、张维迎、张晓山、张燕生、张宇燕、张卓元、赵人伟、郑新立、周其仁、周叔莲、周小川、朱玲。

在确定入选者名单之后，《经济研究》编辑部立即展开了组稿工作，共有46位入选者接受约稿。在这一过程中，入选的经济学家或其家属、秘书、好友等，对我们的工作给予了热情的支持，在百忙之中积极准备所需要的文献，其认真精神令人感动。应该说，没有他们的积极响应和大力支持，这套丛书是难以按时按质完成的。

由于入选的经济学家大多是名人、忙人，有一部分老作者也已年届九十高龄，约稿的工作量及其难度可想而知。一些作者提出暂不能写作，这多少令我们感到些许遗憾。其间也有许多感人的情景要告诉读者们：常修泽先生于2018年夏天在吉林延边的一个小镇闭门两三个月专事自传写作，在整个写作过程中数十次与编辑部和出版社沟通，包括内容完善、结构设计和一些合理性建议等诸多细节，并且在约定期限内交稿给编辑部；九十五岁高龄的黄达教授在写作过程中十余次通过电话或电子邮件与编辑部讨论写作重点和风格；乌家培、林兆木、王梦奎等老先生也是不厌其烦，反复就文字沟通润色；周叔莲先生在去世前一周还给编辑部打电话，告诉编辑自己已经基本完成了书稿的写作，并详细介绍了自己的写作过程和感想，我们至今忆此仍为之动容。在这些难得的沟通中，我们一次次被感动。

随着此套丛书的陆续编辑出版，我们越来越强烈地体会到了这项工作的意义和价值:

入选这套丛书的作者，系改革开放进程中的经济学家，他们的知名度较高，社会影响较大。这套自传体丛书，是对他们的代表性研究成果、学术贡献、成长历程及人格魅力的一个集中展示。对于广大读者特别是青年学子来说，这无疑是一个难得的学习、了解我国经济理论和现实问题的机会。

这些经济学家在各自的学术领域都是佼佼者或领军者，他们学术素养深厚、学术成就卓越。他们在自传中大多以第一人称娓娓道来，讲述了自己的家国情怀与学术成长经历，为记录我国改革开放历程留下了第一手资料。从经济史和思想史的角度看，这应该是非常有史料价值的研究文献。

众多大家的纸上风华，既映射出中国改革开放40多年取得的巨大成就，也是对中国改革与发展经验比较系统的总结。正如习近平总书记所指出的:“从我国改革发展的实践中挖掘新材料、发现新问题、提出新观点、构建新理论，加强对改革开放和社会主义现代化建设实践经验的系统总结，加强对发展社会主义市场经济、民主政治、先进文化、和谐社会、生态文明以及党的执政能力建设等领域的分析研究，加强对党中央治国理政新理念新思想新战略的研究阐释，提炼出有学理性的新理论，概括出有规律性的新实践。这是构建中国特色哲学社会科学的着力点、着重点。”应该说，本套丛书的作者们用生动而精彩的人生与学术追求，践行了这一重要要求。

这套丛书的编辑出版与《经济研究》编辑部各位同仁的努力也是分不开的。他们通过电话、短信和邮件等方式不断地与作者或其家人、秘书等进行沟通。参加组稿和审稿工作的人员有:郑红亮、刘霞辉、张永山、唐寿宁、王利娜、谢谦、金成武、孙三百、陈小亮、欧宏、王红梅、刘莹、曹帅。

广东经济出版社的领导和编辑在本丛书的出版过程中也做了大量的工作，正是有了他们的努力，这套丛书才得以顺利与读者见面。

特别值得一提的是，这样一套组织工作浩繁的大型丛书，见证了《经济研究》编辑部与广东经济出版社值得称道的团队合作精神。编辑部的张永山、王红梅同志和广东经济出版社的编辑团队自始至终为丛书的组织沟通、约稿、文稿整理付出了大量的心血，他们的耐心和一丝不苟的敬业精神令人称道。

这套丛书就此付梓了，回望中国改革开放的辉煌岁月，携手丛书作者对祖国的拳拳心路与期待，我们略感欣慰！但由于时间仓促，加之我们的水平有限，书中的不足和错误之处在所难免，敬请广大读者批评指正。

《改革开放进程中的经济学家学术自传》丛书编辑委员会

2019年10月

作者简介

郭克莎

广东省汕头人，经济学博士。现为华侨大学经济与金融学院院长、经济发展与改革研究院院长，中国社会科学院经济政策研究中心主任，中国社会科学院研究生院、南开大学、华侨大学等高校教授、博士生导师。

1992年毕业于中国社会科学院研究生院，获经济学博士学位。1998—1999年在美国芝加哥大学做访问学者。承担过国家社会科学基金重大项目、特别委托项目、重点项目、国家自然科学基金应急项目总项目，以及中国社科院重大、重点项目等科研项目10多项。在《中国社会科学》《经济研究》《管理世界》《求是》《人民日报》《新华文摘》等报刊上公开发表经济类文章400多篇，其中在前三个期刊上发表的中英文学术论文30多篇，在内部刊物上发表政策研究报告100余篇，出版个人专著和合著14部，研究领域主要在质量经济、经济增长、产业结构、工业发展、体制改革等方面。不少学术成果取得了较好的影响，学术观点为相关研究文献引用，得到了经济学界同行的好评；不少政策研究报告获得中央领导重要批示或批示，政策建议为中央有关部门采纳，为政府决策工作提供了参考作用。主编过多部经济学丛书和工具书。曾获得省部级以上优秀科研成果奖、调研成果奖等奖励10多项，个人专著《中国：改革中的经济增长与结构变动》和学术论文《工业化与城市化关系的经济学分析》分别获孙冶方经济科学奖著作奖（1994年度）和论文奖（2002年度）。1996年被评为中国社科院有突出贡献中青年专家，1998年被评为国务院政府特殊津贴专家，1999年被评为国家人事部“百千万人才工程”第一、二层次优秀人才。目前主要学术性兼职有国家社会科学基金项目会评专家、国家自然科学基金项目会评专家、孙冶方经济科学奖励基金评审委员会委员等。

目录

壹

从事学术研究的历程

1955年，我出生于广东省普宁县一个普通干部家庭。在长达40年的时间里，我只知道我的生日是农历五月初一，不知道公历的日期。1995年的某一天，我从一位老师处得知，我的个人专著《中国：改革中的经济增长与结构变动》入选当年的孙冶方经济科学奖，最后一轮投票已经通过。我感到很高兴，由于心里平静不下来，就跑到长途电话亭去给母亲打电话。我在电话里不是告诉她我获奖的消息（她不懂这事），而是问她我的生日是公历的哪一天，母亲在电话的那头说："就是今天，6月20日。"我一下子有点惊呆了，人逢喜事的时候，巧合的事就发生了！这大概从《周易》中能得到一些解释。后来我女儿帮我找出1955年这一天的《人民日报》，上面的两个日子果然是同一天。母亲对儿子的生日，从来不需要刻意地记忆！

我的出生地在普宁县县城流沙镇，我2岁多随父母工作调动迁居到该县的洪阳镇。洪阳镇是老城镇，城镇居民的比例较高，镇里的古老建筑物较多，小商品经济的气息较浓，民风淳朴且略显彪悍，在小孩子眼里，几乎天天都有吵架打架和可围观的热闹事情。我在这个小镇上度过了青少年时光，虽然因"上山下乡"离开得比较早，但那里仍然是我记忆中的故乡。洪阳镇给我留下较深印象的有两个地方：一个是"德安里"，据说原来是清朝广东水师提督方耀的府第，占地面积6万多平方米，里边分为老寨、中寨和新寨，三寨相连，房屋数百间，寨前有广场，寨后有花园，外修护寨河，形成一群巨型的建筑。我记得小时候有几次和朋友跑进去玩，看到大宅子的外部有多扇堂皇的大木门，屋顶屋内各种雕塑十分别致、相映成趣。另一个地方叫“百里桥”，这座桥架在一条近于干枯的溪流上，处于小镇与外边的门户之地，出名的原因大概是它太过于名不符实，百里桥实际上只有20多米长。传说是康熙年间一个县官虚报民情获取朝廷拨款建桥而得名；另有传说该县官是一位清官，离任时百姓感其功德要百里相送，他为免去百姓远送之苦，称“以桥为界，此桥百里也”。童年时我与朋友玩耍追逐时，曾一日数次来回穿越那座百里桥。

小时候，父母在言语中对我的主要期望，就是要我好好读书，争取考上大学。我读的小学是五年制的试点班，我的学习成绩一直很好，作文经常受到老师表扬。当我刚上到小学五年级时，“文化大革命”爆发了，父母因历史问题被关押审查，我们被抄家，我的上学进程受到严重冲击。父母的历史比较复杂，可能是出于政治上的原因和担心影响我的成长，他们从未向我细说过他们的经历，至今我也只知道一些梗概。我的母亲出生在揭阳县一个地主家庭，但年轻时就参加共产党领导的抗日进步活动，积极参加潮汕地区的抗日宣传演出，并与地下党组织保持着联系。抗战胜利后母亲去台湾探望开糖厂的亲戚，此后便留在那里的小学教书。在地下党组织的影响下，1948年母亲和一个朋友毅然放弃台湾的优越生活，回到潮汕地区参加了游击队。母亲曾不无骄傲地说过，汕头市解放时，她作为游击队员带领解放军接管了银行，管理着金库。然而好景不长，一件符合人之常情而又违背当时纪律的事情改变了她的命运。解放前夕我外公逃跑时有一把手枪留在了家里，母亲为了保护我外婆的安全，偷偷地将这把枪扔到了河里。本来这件事神不知、鬼不觉，但在解放初的运动中母亲自己说了出来，结果受到严厉处分，加上家庭背景和历史复杂，母亲在一次次运动中被不断降级，后来到基层供销社当会计。“文化大革命”开始后，母亲的历史问题进一步升级，经常被拉去游街，她默默地忍受着，内心是非常压抑的，后来脾气变得很暴躁，我们几个孩子常常因为调皮而成为她的出气筒。这一点我到长大懂事后才能理解。父亲的家在澄海县的海边，他的两个哥哥很早就去海外谋生，他年轻时也曾到东南亚闯荡。解放初期，父亲还在香港居住和工作。为什么会回来呢？据父亲说，和我母亲一起从台湾回来的好朋友，解放后嫁给了汕头地区一个县长，这个县长是母亲的老乡并且了解我母亲，知道母亲希望父亲回来工作，于是以县政府的名义写了一封正式信函，邀请我父亲从香港回来参加新中国的建设。父亲和母亲是解放前同在一所小学教书时认识并成为男女朋友的，一直保持着联系，当时也有回来参加祖国建设的意愿，当这封信通过地下组织送达后，父亲很快于1951年回到汕头地区参加工作。但是，这一回来就埋下了严重的隐患，父亲被地方公安局当作国民党特务嫌疑人秘密监控，而他本人并不知情，直到“文化大革命”时事情爆发出来，他被视为“国民党军统特务”抓了起来。怎么会有这种情况？我曾经反复问过父亲。他这样猜测：在香港期间，他有半年时间住在一个朋友家里，这个朋友可能是国民党驻香港一个组织的书记，后来这个人死了，他的妻子向有关组织交代，认为我父亲接替他丈夫当了书记。再后来，这个书记妻子也死了，相关人也找不到了，案子便成为无头冤案。到了改革开放后，案子只能简单了结，说历史太久查无实情。随着我国的中心工作转为经济建设，这个事也就没人管了。但父亲对此事一直耿耿于怀，到了20世纪80、90年代，他已经80多岁了，还不断央求我帮他写申诉书，希望能还他清白，我告诉他，现在共产党与国民党的关系已经好转，他的事已不是污点，即使有也不是问题了，他才一言不发、不了了之。

我用了以上篇幅简要写下父母的历史遭遇，是因为我想说明，这些情况不仅影响了我继续上学，而且影响了我后来发展道路的选择，成为我学术自传不可回避的一个前奏曲。当我在建设兵团和国营农场工作的时候，我不敢过多地追求政治上的进步，不敢争取走工农兵学员的路，因为我心里有忧虑，担心万一组织需要到家乡外调，我的这些家庭情况就会暴露出来。这产生的最大影响，是我在上山下乡的过程中整整耽误了10年的宝贵学习时光，导致我后来上学、工作和做学问都成为一个相对的大龄者。

1968年全国“复课闹革命”，由于父母仍被关押和审查，我和比我小1岁的二弟都被取消上学资格。深知上学重要性的父亲知道此事后，专门从关押地请假回来，找到管理学生入学工作的办公室，据理力争：“我的历史问题虽然还没有查清，但孩子的家庭成分是华侨工人，按照政策有资格上学读书。”办事人员无理可讲，只能托词今年已经晚了明年再说。为了避免两个孩子没事干给家里找麻烦，母亲把二弟送到农村亲戚家，把我送到镇里一个竹器厂当学徒工，那年我13岁。在竹器厂学习破竹子、编竹筐等，按时上下班劳动了几个月，最后师傅把我送回家里，他给了我母亲5元工钱，作为我的学徒劳动所得。那时候5元工钱能顶半个月生活费，能办不少事情，师傅不放心我带着钱回去，亲手把钱交给了我母亲。这是我踏上社会的第一步，第一次知道按劳分配、计件工资和师徒分成。

第二年，我们两兄弟被允许有一人可以去上学，父母按排序让我先进学校读书。我上的是初中一年级，到学校一看，原来的小学同班同学已在上初二，我感到有些不好意思。也许是自身心理因素的影响，我觉得一些老师和同学投过来的是冷漠的眼光，我害怕因父母的问题受到别人的歧视，从而给我幼稚的心灵蒙上了一层沉重的压力。所以才上了几天课，我就出现不安心读书的思想。这一年，广州军区生产建设兵团来当地招兵，重点是招收上山下乡知识青年。洪阳镇的城镇居民较多，符合上山下乡运动要求的知青对象也就较多，居委会需要完成较大数量的任务。招兵地点设在镇里的一个大祠堂里，离我家不远，来招兵的主要领导是一位团参谋长、现役军人。我知道这个事后，偷偷地把家里的户口簿拿出来，做好了报名准备。当时来报名的知青对上山下乡运动有不同的想法，大体分为两种情况：十七八岁以下的小知青踊跃想去，没跟父母商量就积极来报名；而十七八岁以上的大知青不愿意去，在居委会动员下被动来报名。排队站在我前面的是我认识的一个大知青，上过江西劳动大学后回家，可能因家庭成分不好，居委会强迫他参加上山下乡运动，他来报名时带着情绪。至今我还记得那有趣的一幕：参谋长问他，今年多少岁了？他答，25岁；有老婆吗？我爸爸有。在场的人哄堂大笑，参谋长抬头看着他的脸，他仰头望着天，一副《围城》中方鸿渐那样玩世不恭的表情，表明他对这次“被招兵”是相当抵触的。而我则相反，参谋长看了我家户口簿，认为我年龄太小，但我表示决心很大，接着量了身高符合要求，称了体重不够条件，我说我有力气、能干活，他让我先到边上等着。之后几天，我每天一大早就到祠堂门口等待，拿一本小说坐到门口的石狮子上看书，一看到参谋长来上班就从石狮子上跳下来，要求他批准我报名。经过连续多天的软磨硬泡，可能因为参谋长觉得我真的很想到兵团去，也可能还因为招兵名额并没有满，他终于答应了，我被“破格录取”。回家后我把这事告诉母亲，她不太愿意让我去，但也没有坚决反对，因为她知道，我去“上山下乡”了，二弟就可以顶替我去上学读书，某种程度上体现了兄弟间的公平。几年后我回家探亲，母亲找了个机会跟我解释，那么小就让我下乡吃苦，主要是母亲觉得我的身体状况比较好。而我自己觉得，那时候离开当地对我来说是一种解脱。

1969年11月，刚读了两个月初中一年级的我，转头加入了广东省知识青年上山下乡的浩浩大军，奔赴广州军区生产建设兵团的主战场——海南岛，我被分配到位于乐东县的3师14团4连，1974年建设兵团撤销后恢复为国营保国农场4队。从14岁到24岁，在那里，我度过了整整10年的青春岁月，经历了从砍山、烧山、挖梯田、种橡胶到割胶水的生产劳动全过程。广州军区生产建设兵团的成立时间只有5年左右，兵团的基本建制是，团部以上的主要领导是从部队抽调来的有领章帽徽的现役军人，其他人员由原来的农场干部职工和各地新招来的知青构成，没有统一的军装。我所在的4连曾经是重机枪连，我因年龄小担任通讯员。开头的几年，生活很艰苦，给我留下的印象也是很深刻的。我们团推行的是部队工作作风，劳动就是打仗，3天一个小会战，5天一个大会战，每天早晨5点多吹号起床开工，排着队到山上去开荒，晚上8点多才回到驻地，基本上是两头黑，一天吃五顿饭，三顿干饭两顿稀饭。刚去的时候我一顿吃3两米饭，到了第二年一顿能吃1斤6两米饭，这个饭量在男知青中还只能算中等水平，主要原因是劳动强度大而不是身体长得快。什么叫劳动强度大？从我当时的情况和感受来说，就是每天为完成任务而拼命干活的时间超过10个小时，干活的时候鼻子和嘴巴都在喘着粗气；背着80斤重的水泥须一口气爬上几百米高的山上，因为一旦停下来要再把水泥扛上肩膀就很费力；我挑过的最重担子有240多斤，而我当时的体重还不到100斤。1年后我得了胃痛的毛病，卫生员说这是劳动强度大加上饭菜油水少的结果。我的后脑勺还长出了白头发，可能与每天晚上洗完澡一倒头就睡着、早上醒来头发仍是湿的有关。劳动强度大而且肚里缺油水，使很多知青胃口大得惊人，我甚至怀疑这世界上还能有什么东西吃不下去。我们经常为一次能吃多少食物打赌，比如，打赌一次吃10个2两面的馒头、一次吃10瓶500克装的肥猪肉罐头、一次吃60个大鸭蛋……能吃完的胜利者最后的痛苦状，就像高尔基《童年》里描述的那个吃了太多咸肉的孩子，身子只能斜坐着以扩大体内的容量。艰苦的劳动和生活，既锻炼了我的吃苦耐劳精神和意志，也使我养成了一种苦干蛮干的习惯。还记得1979年10月我离开海南岛到广州上大学时乘着“红卫轮”渡海，站在风吹浪打的甲板上眺望着大海的远方，当时我心里升腾起一个信念：经过这10年在艰苦环境的锻炼，以后什么困难也难不倒我了，就是被打倒了我也会像一个顽强的拳击手很快爬起来。1993年我听到郑智化的歌曲《水手》，特别欣赏其中的歌词，觉得颇能反映我的经历和心理感受。这股精神力量后来真的成为我的人生财富，被我用在了学习和科研上。

海南岛的雨水多，满山的橡胶树两三年后就长大成林，5年后有些胶树就开始成熟可以割胶，并逐年增多到全部可以割胶。我所在的4连是一个老连队，3年后大部分知青都转为割胶工人。1个割胶工一般负责400棵胶树的割胶任务，这400棵胶树分为A、B两个树位，正常的割胶安排是第1天割A树位，第2天割B树位，第3天A和B两个树位一起割，然后再从头开始循环。这种做法是为了让胶树每3天休息1天，利于保养和生长。橡胶树产胶的最佳时段是凌晨，天亮后胶水逐渐停止流淌，所以割胶工的工作时间是下半夜到上午，割一个树位可以从早上5点钟开始，割两个树位就要半夜2点钟出发作业。胶林特别是新的胶林中杂草丛生、晨露很重，割胶工匆忙的脚步不断碰落杂草上的露珠，尽管穿着劳保用的胶靴，但到割完胶时裤子下半截往往已经湿透。对割胶工挑战较大的是新胶林的割胶任务，由于已长大可割胶的胶树比例很低，半夜割胶时需要在很大一片山坡丛林里上下跑动，从远处望去，方圆几十里黑乎乎的大山胶林中，只有几盏胶灯的光点在移动，还有一些蛇、兔子、狐狸等动物出没。多数女割胶工不敢单独去新胶林割胶，任务便落在男割胶工身上。记得有几次我半夜在新胶林里割胶，有狐狸跟着我并与我对峙，我头上的胶灯照过去，狐狸的眼睛像两团火看着我，我向它走过去它就跑开，我继续割胶它又跟了上来。我那时候年轻血气方刚、想象力丰富，心想它要是《聊斋志异》中美丽善良、乐于助人的狐狸精，该有多好啊！其实，那里本来是它们的天下，我们半夜来割胶，打扰了它们多年来的安宁。2年后，一些知青相继以病退、顶职、上学等名义离开农场回到城市。我因为年龄较小、考虑前途问题较晚，加上父母历史问题的后顾之忧，好多年都没有动过回城、上学的念头。1976年前后，由于看不到发展前途、不想一辈子务农等问题的困扰，我和一位好友曾在月光下商量个人发展的方向，彼此都认为走文学青年的创作道路是我们所处环境下最有可能走出来的捷径。于是我便利用业余时间找来一些书籍阅读，尝试着写作一些东西，这个过程断断续续进行了1年多，虽然总的来说进步和收获不大，但也为后来自学考大学和研究写论文打下了一定基础。在兵团和农场工作的10年时间里，我曾经被借调到场部宣教科、团委工作过，还参加过广东省农垦系统团委书记学习班，但工作单位始终没有离开过最初落户的4连（队）。2012年我带着家人回到这个阔别33年的第二故乡寻访故地、重温旧梦，见到当年的几个老战友。令人遗憾的是，那里至今没有摆脱贫穷落后的面貌，作为一个从那里走出来的研究中国经济问题的经济学家，我的心中有一段时间很不是滋味。

这些年轻时进不了校门、在农场缺乏知识、找不到发展出路的人生经历，成为我后来在大学学习和科研工作中非常珍惜时间的重要原因。

1977年全国恢复高考制度后，一开始父母和我都没有想到考大学与我这个没读完小学的“知青”有什么关系。我下乡后顶替我入学并读完高中的二弟，第一年就考上了西安交大，在全县第一个收到录取通知书，这个消息让我们全家很高兴，也很受触动。当时全国的政治环境正在好转，父母的历史问题相对淡化了，因母亲帮我办回城顶职的过程不顺利，家里让我考虑是否试一下考学的路，我也萌生了自学参加高考的念头。我借来了初中和高中的课本，花了几个月的时间全部自学了一遍，虽能学完中学数理化课程，但我对应对考试没有把握，于是决定改考文科，只攻一门数学。幸运的是，我有两个亲戚在海南当中学教师，舅舅在一所农场中学担任语文教师，堂哥在一所地方中学担任数学教师，他们对我的高考复习给予了很多有益的指导和帮助。当时农场的工作环境比较宽松，我既利用业余时间学习，又请了一段探亲假集中复习。然而，我上大学之路一波三折，问题不是出在考试过程，而是出在录取过程。1978年夏季，我参加了高考，成绩明显超过一般高校分数线，但由于招生人员的工作失误，我没有被录取。第二年我再次参加高考，而分数计算又出现了错误。我收到的高考成绩虽进了本科高校分数线，但觉得分数远低于自己的预期，因考生可以要求查阅成绩（当时允许最多查两科），我便向招生办申请查分。可是查分表格交上去后，很长时间杳无音信。那时候的农场连队通信不便、信息闭塞，无法联系到相关部门，直到其他考生都收到录取通知书了，我还在等待查分结果。最后，地区招生办通过曲折的渠道通知我：查阅试卷发现，我的高考分数加总分时出了差错，经改正后，我的成绩达到重点大学分数线，他们帮我填报了武汉大学、中山大学两个志愿；然而当档案转过去时，武汉大学、中山大学的招生工作都已结束，省招生办只能让华南师范学院（现华南师范大学）把我录取下来。当我拿到录取通知书赶到学校报到时，学校已经开学一个多月。

我在华南师范大学一待又是10年。大学时期，我刻苦学习是出了名的，用当时的话说，就是“要把被‘四人帮’耽误的时间夺回来”。大学头2年，我把相当多的时间用在学习英语上。因为没经过中学阶段，我的英语基础为零，26个英文字母只认得前3个，给上课学习带来一定困难。英语任课老师叫张如丝，她给了我不少关心和帮助，让我每次上课前提前10分钟到课室，她先帮我预习辅导一下。第二年，我在全系的英语竞赛中获得了一等奖，这要归功于她对我的启蒙教育。我花很多精力攻读英语：一方面是我刚接触英语，对英语有兴趣，喜欢阅读英语作品；另一方面是我准备报考硕士研究生，希望提前打好这门必考课的基础。当时我学英语有一个严重错误是只注重背单词、学语法，忽视了培养听说能力，这给日后的实际应用带来了很大麻烦。我读的是政治教育专业，但我对经济学产生了兴趣，认为这个学科的知识可用来分析社会的经济问题，于是我把大量时间用于自学经济学，看了包括政治经济学、经济学说史、中国经济史、国际经济学等方面的书籍，这为我后来从事经济研究打下了一定知识基础。我从进入大学开始就遇到一个问题，由于此前工作经历的原因，我的自学能力较强，而听课能力较差，加上晚上睡得迟、早上又晨练，上午上课总是昏昏欲睡，半天下来收获不多，一直为此而苦恼。幸好担任我们年级辅导员的冯邦彦老师通情达理，具体问题具体解决，批准我可以有一段时间不用照常听课，这给了我较大的自学空间，现在回想起来我仍心存感激。大学期间我每天都坚持早起锻炼身体，主要是去操场跑步、做单双杠，那时我引体向上一次能做30多个。但由于我把兵团的苦干蛮干精神用到学习上，感冒发高烧还在坚持背英语，根本不注意适当休息，最终导致身体顶不住，得了一场大病，健康和学习都受到影响。后来我反思，这与在兵团时用会战方式大种橡胶而存活率低的情况是一样的，违背客观规律就会事倍功半，还会受到规律的惩罚。大学毕业后我获得哲学学士学位，分配到汕头大学医学院马列教研室工作，1年后考回母校经济研究所读硕士研究生。

硕士生期间是我从事研究的起步阶段。那时我对运用所学经济理论分析现实问题兴趣浓厚，开始密切关注和研究中国改革、发展中的经济问题，一方面大量阅读文献资料，另一方面努力学习撰写文章，并向全国经济类、社科类期刊投稿。一开始，我投稿很多，退稿也很多，但我坚信一分耕耘、一分收获的道理，终于发表了一批学术成果。记得我撰写的第一篇论文是按质论价方面的内容，改革初期全国的产品质量存在普遍问题，政府部门掌握着产品价格的定价权和管理权，按质论价是当时从实践反映到理论上的一个讨论热点。我的文章是一篇商榷类论文，1984年底就投给了《价格理论与实践》杂志，一直没有得到任何消息，但1985年末我突然收到编辑部寄来的杂志，文章已经发表出来。这是我发表的第一篇经济学论文，带给我相当大的收获感，增强了我做研究的信心，促使我更加努力写文章和投稿。读研究生时我养成一个习惯，晚上看书写作到半夜两三点，早上七点起床上课，下午睡一大觉后去打篮球，晚上继续这个循环。我在夜深人静的时候能集中精神，工作效率较高，同时思维较为活跃，能产生一些创新性火花。这个习惯我延续了多年，后来到科研机构工作，白天不需要坐班，我便每天晚上研究写作至深夜，上午九点十点才起床。硕士生毕业并获得硕士学位后，我留在华南师范大学经济研究所工作，除了承担一些教学任务外，我还继续研究经济理论问题。从1985—1989年，我在《经济科学》《经济研究》等期刊上发表了近50篇学术性文章，研究领域主要在价格改革、质量经济、治理通胀、调整结构等方面。在我学习和研究成长的路上，老师的教诲、同学的帮助给了我知识和力量，我的硕士生导师李华杰教授以及丁家树、邹柏松、李江帆等教授对我的指导和帮助，使我受益良多。

1989年，我考入中国社科院研究生院攻读博士研究生。博士生期间是我研究水平上台阶的重要阶段，之前学习和研究的积累也逐渐得到回报。本来，我报考的博士生导师是于光远先生，专业是政治经济学，因于先生重视测试考生对马克思主义原著的学习理解情况，我们还比其他考生多考了半天《资本论》。然而令人意想不到的是，受那年夏天一些复杂问题的影响，于光远先生被停止了招生资格，我的导师更换为杨坚白先生，专业改为宏观经济学。一个真正的导师不只是招生名册上的导师，而更多是学生心目中的导师。我始终把于先生、杨先生都当作我的博士生导师，和他们保持联系，他们教给我许多做人、做学问的道理，鼓励我在理论研究上自由探索、大胆创新。1990—1991年是我国经济大幅调整的时期，面对当时改革开放和经济发展中出现的问题，我把学习和研究的重点转向宏观经济层面，大量阅读国内外关于经济发展阶段和模式的论著，对改革中的经济增长和结构变动进行比较分析，探索规律性现象、发展模式和路径。读博士的几年时间里，我积累了许多读书思考的笔记资料，发表了一批以实证研究为主的文章，撰写了一篇30多万字的博士学位论文，这些都为我毕业后继续从事研究、提高学术水平、逐步成长为一名经济学家打下了重要基础。

由于发表了不少学术成果，特别是在《经济研究》上连续发表文章，我受到了研究生同学和经济学同行的好评，获得了一些影响和荣誉，由此产生了几个故事。一是研究生院主要领导告诉我，本来准备给我申报“有突出贡献中青年专家”称号，但因我是在读学生而没通过。二是鉴于我产生的学术影响，研究生院学生会推选我为副主席，分工主管研究生科研工作。三是《中国青年报》在我毕业前采访了我，把我作为一名刻苦奋斗、自学成才的青年加以报道宣传，描述我从一个只读了四年多小学的海南兵团知青，在改革开放后通过自学考上大学、刻苦读书做学问成长为知名的年轻学者，主要学术成就是出版了一本个人专著《质量经济学概论》，发表在《中国社会科学院研究生院学报》1990年第5期上的《我国产业结构调整与结构成长的关系》被《新华文摘》全文转载，我还在《经济研究》等期刊上发表了一系列论文。四是毕业前夕我已确定留在中国社科院工作，研究生会主办的《研究生通讯》编辑部要我就工作选择问题向在校研究生谈一点个人感想，我信心满满地写道："一个博士如果到国家机关或大企业工作，你的前途将受到很多外部因素的影响，命运掌握在别人手里；如果留在社科院搞科研，你的发展可以主要靠自己的力量，较少受到别人的影响。"五是上海三联书店总编辑陈昕先生把我的博士论文纳入了他担任主编的、当时学术影响很大的《当代经济学文库》，出版后直接申报参与孙冶方经济科学奖评奖。后来这本个人专著获得第六届（1994年度）孙冶方经济科学奖著作奖。

1992年，我获得博士学位后进入中国社科院工业经济研究所（下称"工经所"）工作，一直到2003年调到政策研究部门。我读博士的单位是经济研究所，为什么毕业后会跳到工经所？当时国内博士毕业生较少，社会上的需求比较大，我们找单位有一定的"谈判"空间。我决定留在社科院继续搞研究，希望有一个安静的科研生活环境，看到租住在研究生院的人员可以到食堂吃饭，去操场上锻炼，觉得条件不错，但经济研究所要我留所后住到另一个地方，那里需要自己做饭，没有运动场地。也许是我与周叔莲老师有缘，他是我的博士论文答辩委员会主席，当时还是工经所的所长，他热情邀请我到工经所工作，我要求在研究生院招待所给我租一间房子，他一口就答应了。刚到工经所，周老师就给我下任务、压担子，鼓励我多写论文，多出成果，同时很器重我这个毕业不久的新手，让我和他一起主持国家社科基金的重点项目，我们一起主编了两部学术专著。这对推动我在科研工作中走向成熟、走向全面发展起了重要的作用。在工经所工作的10余年时间，是我承接科研课题、参与社会调研、发表学术成果最多的时期。工经所是我的一个难得的研究平台，周叔莲、张卓元等老师的直接指导，所领导和职能部门的支持帮助，同事们之间的研讨切磋，使我增长了学识，拓宽了视野。1992—1996年，我密集发表论文、出版专著，从多个方面论述了中国经济发展的基本问题，即促进资源有效配置和经济健康发展的思想，提出了加快转变经济增长方式的思路和建议，受到中央有关部门的重视和采纳，也获得了同行的认可和好评。1998—1999年，我到美国芝加哥大学做了1年访问学者，进一步了解国外的研究状况和前沿趋势，提高了综合运用国内外文献研究中国经济问题的能力。回国后我拓展了研究范围，把经济增长、产业结构问题与工业化、城市化、国际化趋势联系起来，探讨了加入世界贸易组织（WTO）对中国工业的影响、世界制造业中心等问题，提出了中国工业发展战略的选择依据和调整思路。

2003年，我调到社科院研究室工作，1年后调入国务院研究室宏观经济司工作，直到2015年退休。在国务院研究室工作期间，我连续13年参与中央经济工作会议总理讲话和《政府工作报告》的起草，参与多种类型的国务院领导重要讲话起草工作。作为一个经济学家，我在这个过程中获得了

2005年3月时任总理温家宝与《政府工作报告》起草组成员合影，后排左6为作者。

作者作为《政府工作报告》起草组成员列席第十二届全国人民代表大会第三次会议，在会场留影。

深入理解我国经济运行实际情况的机会，提高了分析判断宏观经济变动趋势和特点的能力，了解了现有体制下经济政策出台条件和时机的选择；我也积极参与重要文稿起草中的反复讨论和修改，发挥了运用理论知识和研究成果发表个人意见的作用。同时，我主持及参与了宏观经济形势分析和政策性问题研究，独立和合作撰写了90多篇政策研究报告，除了部分以白头稿形式直接报送国务院主要领导外，多数研究报告发表在国务院研究室的内部刊物上，其中有40多篇报告获得国务院领导的重要批示或批示，对推进政府决策起了一定参考作用。需要说明的是，搞政策研究与搞学术研究并不是一回事，两者之间存在着不小的差别。我刚到国务院研究室工作时不了解政策研究报告的写作要求，领导交代任务后我上交了一篇比较学术性的稿子，不仅文字篇幅过长，而且观点提炼的高度不够，政策建议缺乏针对性。幸好领导对我很宽容，并给予了我重要的指导。经过一年时间的模仿学习，我才基本把握了政策研究报告的写作风格和特点。后来在国务院研究室的几任领导中，我大概都被认为是做政策研究最好的人选之一，在国务院研究室年度优秀调研成果的评奖中，我获过4次一等奖的奖励，其中的主要原因可能是我所做的政策研究中具有学术研究的基础和理论创新的支撑。

我退休前夕，当时的国务院研究室主任对我十分关心，希望我继续为国务院的政策研究贡献力量。在他的亲自主导下，国务院研究室与中国社科院共建了中国社科院经济政策研究中心，办公室设在社科院财经战略研究院，我代表国务院研究室担任研究中心主任。同时，我被华侨大学特聘为教授，担任新成立的经济发展与改革研究院院长，后来又兼任经济与金融学院院长。这使我既可以继续从事为国务院服务的经济政策问题研究，又可以回到经济理论研究上来，客观上有利于把政策研究与学术研究结合起来，以政策研究为导向，以学术研究为支撑，把经济学的科研成果更好地应用到为中国改革开放和经济发展服务的实践中去。

1996年我被评为中国社科院有突出贡献中青年专家，1998年被评为国务院政府特殊津贴专家，1999年被评为国家人事部“百千万人才工程”第一、二层次优秀人才。我曾两次获得孙冶方经济科学奖（个人著作奖和论文奖），以及中国社科院、国务院研究室等省部级优秀成果奖10多项。在《中国社会科学》《经济研究》《管理世界》《求是》《人民日报》等报刊上发表各类文章400多篇，其中在前三个学术期刊上发表的中英文论文有30多篇，出版个人专著、合著14部，主编过多部经济类丛书、工具书。从2000年开始，我相继担任中国社科院研究生院、南开大学、华侨大学等高校的教授、博士生导师。

2003年孙冶方经济科学奖第十届颁奖大会在深圳举行，获奖者在颁奖台上合影。前排左1为作者。

贰

主要学术成果的贡献

我对经济理论和政策的探索，涉及经济发展和体制改革两大领域，研究重点是改革中的中国经济发展问题。回顾我30多年来的研究历程，大体可以2004年为界分为前后两个阶段：前一个阶段基本上是从事学术研究，主要成果大都是公开发表的学术著作与论文；后一个阶段主要是从事政策研究，只有少量支撑政策报告的学术成果，以及2015年后发表的学术论文。因此，我把主要学术成果及贡献的介绍分为两个部分：一是概括截至2004年，自己主要学术成果中的理论观点，二是选编2015年以来主要学术成果的主体内容。

一　1980—2004年主要学术成果

1980—2004年这个时期我所发表的论文和著作，学术性较强、有一定深度和创新性，并且至今还经得起时间考验，主要体现在以下几个方面。

（一）关于质量经济问题

20世纪80年代，我国产品质量问题相当突出，引起全国上下高度关注，也触发了我的思考。我认为，产品质量不仅涉及技术和管理问题，而且还关系到一系列经济问题，在经济发展中的地位和作用日益上升，应当成为经济学研究的一个重要范畴。因此，我开始从经济理论角度考察质量问题，提出应建立一门新的学科，从微观和宏观层面系统研究质量的经济学问题，推动我国经济从过度追求数量扩张转向注重提高增长质量。我的主要成果发表在《经济科学》等学术期刊和《质量经济学概论》这本专著中。这些理论观点和政策主张，对于当前落实中央提出和推动的高质量发展仍然具有重要的实践意义。重点内容包括：

（1）论述产品质量的两重性，提出绝对质量与相对质量的概念。

一些国外学者在研究产品质量问题时，曾涉及质量的不同属性。我以此为基础，系统论述了质量的物质性和社会性，概括出质量的经济学定义，第一次提出绝对质量和相对质量的概念，阐述了二者的关系，并将其贯穿到整个质量经济问题的研究当中。绝对质量是产品质量物质性的表现，是一定科学技术条件下产品的客观物质性能；相对质量是产品质量社会性的表现，是一定消费条件下产品满足某种社会需要的程度。在商品经济或市场经济中，绝对质量与相对质量的差异和变动关系，体现在质量需要、质量标准、质量观念、质量差价、质量竞争等各个方面，具有重要的现实经济意义。只有从社会需要出发来改进产品质量（绝对质量），才能有效提高相对质量。这个理论提出后，受到质量管理部门的高度重视和好评。

（2）论述了质量与使用价值、价值和价格的关系。

我围绕按质论价理论依据的争论，运用马克思在《资本论》和马克思经济学手稿中的有关论述，论证产品质量影响价值量的形成过程，是通过社会必要劳动时间的第一和第二种含义起作用的。同时提出，影响产品价值量的不是绝对质量，而是相对质量，由于产品质量符合社会需要的程度不同，所耗费的劳动在形成价值量上就有差异。产品质量上升引起的价值增值，来源于劳动质量的提高、知识和脑力劳动创造价值的特点，以及个别生产率与社会生产率的矛盾运动、复杂劳动向简单劳动的转化等过程中。这些理论阐述，一定程度上解决了由质量问题引起的价格与价值的矛盾。

（3）分析质量供给与需求的变动趋势和特点。

通过理论概括和坐标图形，我描述了质量需求、质量供给在国际市场上的基本表现和在中国市场上的主要特点，分析了质量供求的矛盾关系和变动趋势。我还指出，质量因素会影响边际效用递减规律，同质商品边际效用递减会引起质量需求的增长，而商品质量变化则拉动边际效用的回升。在经济发展过程中，质量供求的矛盾导致了商品的滞存和短缺，影响了经济运行中的结构平衡进而影响总量平衡。如果市场机制有效发挥作用，质量差价的扩大就会调节质量供求关系，使之趋向协调。其中，不同商品的质量供给和需求有不同的价格弹性、收入弹性，影响到质量差价对质量供求关系的调节机制。这些概括和分析，为供求和价格理论增添了新的内容。

（4）把比较质量问题引入资源配置模式。

比较成本论长期被应用于国际贸易中，这种理论抽象掉或忽略了产品的质量差别。但在世界商品经济由数量型向质量型转变的条件下，国际贸易中的质量竞争愈演愈烈，质量差价的日益扩大已超过生产成本的一般比较。因此，在参与国际分工和商品交换中，要有效配置资源，不仅要考虑比较成本，而且要考虑比较质量。我利用数学的矩阵形式，把比较成本和比较质量结合起来，建立了一个配置资源的决策模型，提出只有成本相对较低、质量相对较高的产业和产品，才是对外贸易中重点投资和发展的领域。这对在国际贸易中转变低价竞争模式、引入质量竞争理念、提高成本和质量的综合竞争力，具有一定的理论意义。

（5）较早提出加强质量宏观调控和完善质量法律环境的思路。

针对当时国内普遍存在的产品质量问题，我深入分析了供求、价格、竞争等机制与产品质量变动的关系，指出经济体制转轨中的市场机制难以有效调节产品质量水平，必须加强质量宏观调控。主要思路是：国家应合理选择质量战略，确定质量目标，制定质量规划，实施质量政策，并运用税收、信贷等经济手段来调控产品质量，全面加强宏观质量管理。同时，加快建立有关产品质量责任的法律法规，完善市场经济中的质量法律环境；加强全社会质量监督，提高生产者和经营者的质量意识。这些思路和建议发表后，为不少报刊转载或引用，在实践中发挥了积极作用。

（二）关于经济增长模式

20世纪80年代后期到20世纪90年代中期，我从多个角度对改革中的经济增长问题进行实证分析和理论探讨。主要是通过对改革前后的经济增长和国内外增长模式的比较研究，指出中国经济增长和资源配置中存在的问题；对经济增长模式、机制的有关理论和国际经验进行探讨，从推进改革开放、加强宏观调控等方面论证加快经济增长方式转变的思路。

（1）揭示改革中经济增长的新特点。

①把现代经济增长理论的较新方法合理运用于中国经济增长问题分析。主要是讨论这些分析方法在中国的适应性，加以适当修改或提出一些新的分析角度；对中国现有统计资料进行必要处理，以适应新方法或新角度的需要；运用以上分析方法和大量统计数据，对中国经济增长过程进行系统比较分析。②通过实证分析（截至1990年）得出若干新的认识或结论。一是经济增长波动程度变化。改革开放以来中国经济增速加快，增长波动程度反而降低，国内生产总值（GDP）增长率的相对波动系数和相对波动幅度不仅明显低于改革前，还低于国际上的多数国家，说明改革开放和发展市场经济并不影响经济稳定增长；但在市场机制不完善和宏观调控机制不健全条件下，市场需求的较大波动会引起经济增长的较大波动。经济增长态势与增长机制变化有关，农业作用率稳定、工业作用率下降、第三产业作用率上升是经济稳定增长的重要因素。二是经济增长效率变化。改革以来全要素生产率（TFP）的增长率和贡献率大幅度提高，与其他国家相比也相对上升，这是发展市场经济的结果。但需求膨胀、结构失衡和经济波动会引起增长效率的下滑，其中，资金投入增长过快是导致TFP作用率降低的主要原因。三是经济增长效率与经济波动程度呈负相关关系。经济增长率的相对波动系数和波动幅度降低，TFP的增长率及贡献率就上升；反之，前者上升，后者就下降。原因是经济波动影响

资源有效配置，进而影响生产率增长。四是生产率变动特点与经济增长效应。经济高速增长只有建立在TFP作用率上升的基础上，增长过程才能优化并且保持良性循环；同时，只有使经济增长和要素投入保持适当速度并提高投入要素的质量，才能促进TFP持续增长。

（2）分析经济增长中的资源配置效应。

①产业增长因素变动的影响。通过估算和处理有关统计数据，对三次产业及轻重工业增长因素进行比较分析。从分析结果来看，改革以来中国产业增长因素变动幅度相当大，资金投入增长关系波动是产业TFP波动的根本原因；问题是某一产业资金投入过多（如工业）必然使另一些产业资金投入过少，影响产业资金与劳动比率合理变动和资源有效配置，不利于产业之间要素生产率协调增长。②所有制增长因素变动的影响。改革开放以来，非国有工业不仅投入和产出增长快，而且生产率增速也高于国有工业，在市场经济发展和竞争程度加强的过程中，不同所有制工业增长因素的变化带动了资源配置效率的上升，提高了整个工业的TFP增长率和贡献率。③资源总配置效应变动的特点。资源总配置效应分析方法是对增长因素分析法的深化，它反映了产业间资源流动对生产率和经济增长的作用。20世纪90年代初，我较早运用了这一方法，并推演到所有制因素变动的分析。从产业资源流动看，20世纪80年代后半期的总配置效应出现波动，与多国模型相比总配置效应也明显较低，说明资源再配置不是改善而是加深了经济不均衡，问题在于社会资金在三次产业之间的再配置严重失衡。从各所有制工业资源流动看，

1981—1992年期间的总配置效应及其对经济增长的贡献率持续上升，既高于国内产业之间的资源总配置效应，也超过其他国家在工业化中由产业变动带来的资源总配置效应。这说明所有制因素变动使资源再配置更为有效，并成为经济增速和增长效率大幅上升的重要原因。

（3）论证加快经济增长方式转变的思路。

①主观增长模式与客观增长模式的关系。我指出，增长方式转变不顺利，既有现实过程的原因，也有指导观念的问题；最高增长不等于最优增长，“速度效益”是一个虚假概念，将引发通货膨胀。②经济增长速度与质量的关系。我提出在国际比较中，绝对速度与相对速度是不一致的，除了汇率调整、币值变动外，最重要的是质量因素的影响。只有提高增长质量，才能减小相对速度与绝对速度的差别，有效缩小与先进国家的差距。③改善经济增长质量的内容。主要是：提高TFP增长率及其贡献率；增强产品和服务质量的国际竞争力；降低经济增长中的通货膨胀程度；减少增长过程的环境污染。④促进增长方式转变的条件和途径。重点是：深化改革开放，消除政府部门追求速度的体制弊端；完善市场体系和机制，加强市场对企业行为的调节作用；建立健全宏观调控机制，促进经济适度增长，抑制数量型投资，扩大质量型投资。

（三）关于结构转换理论

我一直认为，结构问题是制约发展中国家和体制转轨国家资源有效配置的突出问题，因此我十分重视这方面的研究。重点是，通过采用新的研究方法和进行国际比较，系统分析中国经济中存在的结构失衡问题及其动因，同时，依据国际上有关结构转换的理论和实践，结合中国经济发展的阶段和趋势，提出推进结构调整的思路和政策建议。

（1）扩展产业结构分析的方法。

借鉴库兹涅茨等经济学家的有关方法，根据分析过程的需要对分析方法加以扩展。①把产业结构的高度化与协调化结合起来分析。改革前留下的结构偏差和体制转轨中的多种影响，使中国的产业结构高度化脱离自然发展过程，不能进行简单的国际比较。结构变动的超前性与滞后性并存，使高度化与协调化相互依赖、相互制约，只有把两者结合起来，才能进行深入分析，作出正确的判断。衡量产业结构变动是否合理，既要考虑与多国模型或一般趋势的差异，也要考虑技术进步的作用，后者关系到结构高度化是否会带来结构失衡。②把产业结构的年度变动与阶段变动结合起来分析。改革中的产业结构变化，并不是保持着同一趋势，其会因改革重点转变、发展战略调整而有较大波动性，只有把年度数据与特定阶段的平均数结合起来分析，才能确切反映结构变动的特点，防止出现偏差。③把当年价格结构变动与不变价格结构变动结合起来分析。当年价与不变价的产值结构变动，反映了价格结构的变化。特别是改革中价格结构的调整幅度相当大，对当年价产值结构变动产生了较大影响，只有引进不变价产值结构分析，并把两者结合起来，才能完整揭示产出结构变动的趋势和特点，并从比较分析中发现问题。④把产出结构变动与投入结构变动结合起来分析。产出结构的高度化或不协调问题，基本上都是由投入结构引起的。把产出结构与投入结构特别是资产结构、技术结构联系起来分析，是我进行产业结构分析的一个重要创新和特色。我在我的博士论文中曾概括了产值结构、资产结构、技术结构、劳动力结构高度化的主要内容和关系，尤其是提出：资产结构高度化是产业结构高度化的中心，它推动产出结构高度化，并带动技术和劳动力结构高度化；技术结构高度化是产业结构高度化的动力，是产出结构高度化的保证，也是联系资产结构与劳动力结构高度化的纽带。

（2）揭示中国产业结构失衡的状况及动因。

我根据对20世纪80年代产业结构变动的系统实证分析，描述了改革中结构失衡的特点及反映的问题。从产出结构看，不论是三次产业关系还是农轻重关系，当年价产值结构与不变价产值结构的变动幅度都相差很大，而且后者的失衡程度要严重得多。国际比较和有关弹性值的计算表明，产出结构失衡的基本特征是：第一产业比重下降超速和第二产业（工业）比重上升过快，第三产业的比重变化没有起到协调作用；同时，基础产业和基础设施薄弱，技术进步缓慢使能耗物耗比重上升，导致经济高速增长中的结构矛盾更加突出。从投入结构看，对产出结构变动影响更大的是资产结构和技术结构，其失衡的突出表现是：第一产业的相对资产比重下降过快，相对技术水平在1984年以后明显下滑，而第二产业的相应方面则片面上升，导致产业之间尤其是第一产业与第二产业之间的相对劳动生产率、相对资金生产率、相对资金与劳动比率都不合理扩大，劳动力结构、资产结构与产值结构的偏离度也逆趋势变动。总的来看，投入结构与产出结构的失衡态势和阶段性特征是相同的，后者正是由前者推动的。这既有改革前传统体制弊端和产业结构扭曲的遗留影响，也有体制转轨中资源流向不合理和政策调控不完善的原因。

（3）分析概括国际上经济结构变动的新特点。

库兹涅茨、钱纳里、赛尔奎因等经济学家曾分别研究概括了经济发展中结构变动的一般趋势或多国模型，但他们得出的结果不尽相同。这除了使用方法和资料的差别外，可能还有经济发展进程变化的原因，特别是新的国际环境使很多国家的工业化条件发生了变迁。因此，我利用新的时间序列（1965—1994年）数据，分析概括出现代发展中国家经济结构变动的一些新特点。①从生产结构变动看，第一产业比重下降较快，第二产业比重在达到40%之后就开始回落，而第三产业的比重明显较高且持续上升，比用库兹涅茨、钱纳里模式得出的比重增加约10个百分点，并且不同收入水平国家的差别较小。主要原因是：具有现代特征的新兴服务业迅速发展，相应消费和投资持续扩大；第三产业对现代经济运行和增长的作用增强；国外直接投资推动了发展中国家服务业比重的提高。②从就业结构变动看，主要是农业剩余劳动力较多向第三产业转移，就业服务化趋势增强。③从需求结构变动看，在人均收入水平上升过程中，消费率由下降趋向稳定和回升的转折点来得较快，一般模式的转折点在人均国民生产总值4000美元之后，而现代发展中国家在人均国民生产总值2000美元就出现转折点，个人消费率趋于稳定，政府消费率继续上升。相应地，投资率在较低水平上（24%左右）先上升后趋于稳定。结果是，与历史相比，现代国家的消费率相对较高，投资率相对较低。

（4）论证推进产业结构调整的思路和政策。

①推进结构调整的重要作用。产业结构问题对经济增长的主要影响是：结构偏差或产业瓶颈制约需求扩大和供给增长；结构转变或升级缓慢制约资源有效配置和生产率增长。推进结构调整有利于改善产业之间的供求关系，缓解结构问题引起的总量矛盾，促进资源向高生产率部门流动，加快经济增长和提高增长质量。②推进结构调整的基本目标。产业结构偏差导致需求结构失衡，如工业比重过高、服务业比重太低，就会造成消费不足、投资过大和依赖出口增长的问题。因此，从长期发展看，调整结构的重点是推动产业结构调整，主要目标是：保持第一产业稳定增长和比重下降态势；控制工业过度扩张，逐步降低工业以至第二产业比重；加快发展服务业，促进第三产业比重持续上升。同时，加快工业结构升级，促进第三产业结构优化。③推进结构调整的主要政策。在加强市场配置资源功能的基础上，发挥产业政策的导向作用，包括：促进三大产业投入结构调整和资源合理配置，改善产业之间的相对生产率；深化第三产业改革开放，加快市场化和城镇化，鼓励支持民间资本进入；推动装备制造业发展，加快产业技术进步；推进产业组织调整，提高企业规模经济水平；推进国有企业改革和兼并重组，加快国有经济布局战略性调整；把产业结构政策与需求管理政策

结合起来，稳定出口增长，扩大消费需求，优化投资结构。

（四）关于工业化和发展战略

从博士论文以工业化进程开篇，到毕业后到工业经济研究所工作，再到承接了一系列工业发展方面的课题，我的研究过程与“工业”问题结下了不解之缘。改革开放以来，中国一直处于工业化演进过程，工业发展一直是中国经济发展的重心，因此这个领域的研究具有重要的宏观意义。

（1）工业化阶段的分析判断。

①工业化阶段演进的一般特征和中国的特殊性。综合国际上有关研究成果，我认为一个国家的工业化阶段，可以从人均收入水平、三次产业结构和工业内部结构等指标变动来分析，但既要以多国模型或一般趋势为依据，又要考虑时代变迁和国别特点。中国的工业化是在人均收入水平很低、市场化落后等条件下快速推进的，计划经济时期打下了重要基础也留下了滞后影响，这使具有内在联系的工业化指标出现了较大差别，需要探讨适当的衡量方法和依据。②判断中国工业化所处阶段的基本依据。人均收入水平的变动决定着需求结构的变动，是工业化演进的基本动因，能够较为客观地反映工业化的阶段性；而三次产业结构和工业内部结构的变动受到国家经济发展战略、结构导向机制（市场或计划）以及宏观产业政策的影响，往往包含了一定的主观因素，特别是中国的产业结构偏差（工业比重过高）使产业结构水平难以直接反映工业化的阶段性。因此，应以人均收入水平指标

为主要依据，以产业结构水平和工业结构高度指标为辅助依据，来判断当下（2000年）中国的工业化进程。如以三阶段论划分，中国处于工业化中期阶段的上半期；如以四阶段论划分，中国则处于工业化的第二个阶段。这些分析判断，为政府决策部门提供了参考，也被不少学者引用。

（2）城市化与工业化的关系。

①分析城市化与工业化关系变动的新趋势。我对一般理论模式和新的国际经验进行综合分析，得出若干结论：一是城市化与工业化的变动关系，在工业化的不同阶段存在较大差别；二是工业化过程中城市化的演进速度，取决于产出结构和就业结构的转变趋势与关系；三是工业化对城市化的带动作用，主要在于工业化对非农化的拉动效应。②从不同角度考察中国城市化与工业化的偏差。实证分析表明，中国城市化率的上升与工业产值比重上升的相关性较弱，与就业结构变化的相关性较强。与一般模式比较，在相同的人均收入水平上，中国以工业增加值比重衡量的工业化水平超前，而城市化水平没有滞后，但以工业产值比重衡量，则城市化明显滞后；与不同收入国家比较，以产值结构水平为依据，中国的城市化水平严重滞后，而以就业结构水平为依据，则城市化进程的偏差不大；与不同类型国家比较，相对于同样的产值结构尤其是就业结构水平，中国的城市化进程明显慢于拉美国家，但与亚洲国家的差距较小。基本判断是：中国的城市化没有过多偏离工业化的进程，问题不在于城市化的偏差而在于工业化的偏差。③探讨促进城市化与工业化协调发展的思路。一是以非农产业就业比重作为基本衡量指标。这

个指标与人均收入水平的变化比较一致，与城市化具有直接联系，同时既反映工业化进程也反映工业化的偏差，可以较好地衡量中国城市化与工业化的协调程度。二是以加快服务业发展作为中心内容。城市化与服务业发展相互依赖、相互促进，但从长期趋势看，是先有服务业发展和就业增加，再有农村人口转移和城市化率上升。应通过加快服务业发展来带动城市化，而不是反过来，否则会导致城市化推进困难而城市问题严重的后果。三是促进协调发展的战略选择。主要是将农村工业化转变为城市工业化，在农村工业化发达的地区加快发展城镇和小城市，把非农就业比重很高的农村区域升格为城镇或城市区域；深化城市改革和开放，适应各类城市发展格局，逐步将长期工作和生活在城市的农民工及家属转变为城市人口；加快中西部开发，促进区域产业转移，改变农村剩余劳动力大规模跨区域流动的趋势；引导中西部地区有效利用资源再配置的条件，处理好工业化与城市化的关系，不再走东部沿海农村工业化的老路。以上成果发表后，得到经济学同行的较高评价，获得孙冶方经济科学奖论文奖和中国社科院优秀成果二等奖。

（3）工业发展战略及政策。

围绕中国加入WTO后的机遇和挑战，探讨中国工业发展战略演变的历程，我提出新时期调整发展战略及政策的思路。①战略调整的主线。工业发展战略的调整涉及对外贸易、利用外资和产业结构三个相互联系的战略问题。根据三者在中国工业发展中的地位、作用和影响，应以推进工业结构升级为中心，先确定产业结构战略，再以此为依据来确定对外贸易战略和利用外资战略；后两者的主要取向，要适应和服从产业结构战略的基本取向。②战略调整的内容。一是产业结构战略取向：重点是加快技术密集型产业发展，提升其比重和水平，增强在国际行业间贸易和行业内贸易的竞争力；运用综合分析法选出若干新兴主导产业，加快其发展并发挥带动效应。二是对外贸易战略取向：从理论分析和国际经验看，要处理好静态比较优势和动态比较优势的关系，突破传统国际分工模式的束缚。主要框架是以动态比较优势为基础，以比较优势的转换为导向，同时有选择地利用静态比较优势，有重点地推行逆比较优势战略。要在WTO规则下实行有保护的出口促进战略，保持外贸战略与产业战略的一致和协调，适应、支持工业结构升级的趋势，特别是促进技术密集的新兴主导产业发展。三是利用外资战略取向：主要是在全面实行国民待遇原则基础上，有重点地实施必要的优惠政策，促进利用外资战略与产业结构战略的协调，支持工业结构调整升级。③调整工业发展政策。重点是加强产业结构政策、产业组织政策和技术进步政策的作用，推动新兴主导产业发展，加大对优势产业和重点产业的支持力度，同时，合理实行战略性贸易政策，促进外商投资结构优化。以上战略思路和政策主张，为国家有关部门研究制定相关政策提供了参考依据。

二 2015年以来主要学术成果

2004—2014年期间，我调到政府研究部门工作，有时为了使政策研究报告具有理论支撑，也进行国际比较方面的学术研究，产生了少量副产品。2015年以来，我被华侨大学特聘为教授，承担了一些科研任务，这也再度引发了我的学术研究兴趣，我也撰写和发表了一些学术论文。下面介绍2015年以来主要学术成果的主体内容。

（一）中国经济发展进入新常态的理论根据
——中国特色社会主义政治经济学的分析[①]

1. 经济发展新常态或新阶段判断的确立

党中央对我国经济发展新常态或新阶段的分析判断，是随着经济形势的变化而不断深入和最终确定的，大体上经历了三个相互联系的形成过程。

首先，从分析形势中获得了新的认识。新一届中央坚持对经济形势变化进行综合性深入分析，认识到我国经济增速下行压力大，是因为总量矛盾与结构矛盾交错在一起，既有周期性因素的影响，也有发展过程中存在的问题，特别是过去经济高速增长阶段长期积累的不平衡、不协调、不可持续矛盾留下了滞后影响。这就初步形成了对我国经济发展阶段

① 全文发表于《经济研究》2016年第9期。

性转变的看法。2013年10月，习近平同志在出席亚太经合组织工商领导人峰会时提出，“中国经济已经进入新的发展阶段，正在进行深刻的方式转变和结构调整”[①]。接着，2013年底召开的中央经济工作会议，作出了中国经济正处在“三期叠加”阶段的判断。以上两个方面的阐述，表明了对中国经济发展新的形势和进程的初步认识，包含着从中长期发展趋势来看待当前经济运行特点的思路，为新常态或新阶段思想的形成打下了基础。

其次，提出新常态的概念和主要特点。2014年5月，习近平同志在河南考察工作时指出：“我们要增强信心，从当前我国经济发展的阶段性特征出发，适应新常态，保持战略上的平常心态。”[②]这是我国中央领导人首次提出“新常态”的概念。这个概念从提出开始就与经济发展的阶段性特征联系在一起，表明新常态是新阶段的表现形式，同时要求从战略上来认识这个问题，来适应这个阶段，显示了其具有长期趋势的性质。为什么使用了新常态的概念却没有直接使用新阶段的提法？这大概有几个方面的原因：一是借用了当时国际上的一个热门表述；二是考察工作时稳定和增强地方信心的需要；三是从理论联系实际出发选择表述方式；四是对新阶段的认识和判断还没有完全形成。

具有中国特色的新常态概念的提出，揭开了分析判断经济发展新阶段的序幕。2014年11月，在亚太经合组织工商领

① 中共中央文献研究室：《习近平关于全面深化改革论述摘编》，中央文献出版社，2014年，第39页。

② 参见《人民日报》2014年5月11日。

导人峰会开幕式上，习近平同志分析指出："中国经济呈现出新常态，有几个主要特点：一是从高速增长转为中高速增长；二是经济结构不断优化升级；三是从要素驱动、投资驱动转向创新驱动。"[①]这是第一次阐述新常态的主要特点，概括了增长速度、经济结构和发展动力三个方面的变化趋势。2016年初，习近平同志进一步指出，他在新常态的主要特点中加入了发展方式转变的要求，并加强了结构调整和动力转变的政策指向，更加全面地概括了中国经济发展新阶段的基本内涵。

最后，确认阶段性判断并进行全面论述。2014年12月，中央经济工作会议对经济发展新常态作出了全面分析并明确了大的政策方向。会议强调，"认识新常态，适应新常态，引领新常态，是当前和今后一个时期我国经济发展的大逻辑"。至此，党中央对我国经济发展进入新常态或新阶段的分析判断基本确立，对新阶段的前进方向、发展路径、大政方针也有了比较明确的阐述，实现了对未来一个时期经济发展的战略定位。

对新常态或新阶段判断的确立，并不意味着有关理论研究的完成或终结，而是对深化理论研究提出了新的要求。直接相关的一个问题是，新常态或新阶段的时期有多长？探讨和判断中国新阶段的时间跨度，需要分析以下几个方面：

一是进入新常态或新阶段的时间。国际金融危机的冲击、大刺激拉动的经济回升和政策淡出引起的增速回落，可

① 参见《人民日报》2014年11月10日。

看作经济发展进入新常态的过渡期。此后，三个因素推动了这种转变趋势的形成：其一，经济增速下行主要由内在原因引起的表现越来越明显，在经济理论界和决策部门中逐步达成了共识；其二，中央开始认识到经济发展阶段转变的必然性，并提出了适应发展阶段转变的新要求；其三，政府改变了强力调控经济运行的观念，不再追求过高的经济增速，实施适度稳增长的政策措施。正是市场和政府共同作用的综合效应，使经济发展进入新常态的内在要求成为现实趋势，实现了理论判断和实践进程的统一。因此，进入新常态或新阶段的时间起点，基本上可确定在2012—2013年期间。

二是"三期叠加"[①]阶段与新常态的关系。对于两者的关系，主要有"包含"关系和"承启"关系两种不同看法。新常态思想是对"三期叠加"阶段认识的深化，从理论上说有一个认识递进的过程，但"三期叠加"阶段不是一个独立的阶段，而是经济新常态或新阶段中的一个前期阶段。其中的经济增速换挡期、结构调整阵痛期，由于市场作用与政府行为的不一致，可能会延续较长时间，但也只是新常态或新阶段的一段时期；至于前期刺激政策消化期，以及对前期高增长政策的消化期，也将在增速换挡的过程中完成。

三是经济中高速增长的可持续性。从其他发展中国家长期经济增长的历史数据看，中高速增长的区间为6%~8%，中低速增长的区间为4%~6%。如果以2012年作为经济发展进入新常态或新阶段的起点，那么中高速增长的时间大体可持续

① "三期叠加"："三期"是指经济增长速度换挡期、结构调整阵痛期、前期刺激政策消化期。

10年，此后经济增长可能下行到中低速区间。由于新常态的另外几个特点即经济结构优化、发展方式转变、增长动力转换将是一个相当长的过程，如果把中高速增长的定义范围扩大到中速增长区间（即4%～8%，中间值为6%），则新常态或新阶段的持续时间将超过20年。

2. 新常态或新阶段理论的创新和地位

（1）新常态理论的主要创新。

①从短期经济运行中发现和揭示长期发展趋势。2010年之后一段时期，国内外出现了两种声音：一种认为中国经济增速将持续性下滑，很可能滑落到3%以下甚至负增长；另一种认为中国经济增速还会回到高速增长轨道，重新恢复9%以上的高增长。新一届中央在反复研究经济形势中，把短期的经济变化与长期的发展进程联系起来，较快地发现了经济发展过程的新趋势，提出发展阶段转变将成为新常态，作出了要认识和适应新常态的重大判断，反映和揭示了经济表象变化下的内在规律性。实际上，2000年前后，我国经济也出现过与2012年后相似的状态，如工业产能过剩的结构矛盾突出、经济增速下行压力大、出现通货紧缩态势等，但当时人均收入水平、工业化和城镇化仍处于较低的阶段，同时工业出口比重还不高，房地产市场尚未真正起步，经济发展阶段还不具备转变的条件。后来在房地产市场扩张和加入WTO带来的内外需环境拉动下，我国经济重新实现了高速增长。而在经济又高速增长了10多年后，决定发展阶段转变的各种条件基本成熟，在这种情况下，中央适时提出经济发展

进入新常态的理论判断，是对实践过程的高度概括，也是对理论发展的重要创新。

②从国际国内联系中找到发展面临的主要矛盾。新一届中央在综合研究国际国内经济形势的过程中，较快发现我国经济发展面临的主要新问题不在于外部而在于内部，包括周期性因素影响带来的总量矛盾也与长期积累的结构矛盾密切相关，不解决深层次的结构性问题就难以从根本上促进经济稳定健康发展。因此，以习近平同志为核心的党中央在不同场合下相继提出我国经济进入新常态或新阶段的分析判断，并反复强调这是当前和今后一个时期经济发展的大逻辑。这就是把解决问题的重点放到解决自身经济发展的内在矛盾即主要矛盾上来，避免或减少对外部环境即解决非主要矛盾的过度依赖。在中国特色社会主义经济建设面临新的重大转变和需要中国特色社会主义政治经济学作出关键回应的时候，新常态或新阶段的判断是一种深刻的理论认识，也是一种重要的理论创新。

③准确概括经济发展新常态或新阶段的主要特点。这就是增长速度、发展方式、经济结构和发展动力同时转变，四个方面相互联系、相互依赖、相互促进。这些概括抓住了中国经济发展中长期存在的突出问题，也揭示了发展阶段转变的内在要求和根本方向。自1994年以来，我国一直提出推进经济增长方式或发展方式的转变，强调要处理好增长速度与质量效益的关系，而这一次中央概括经济新常态的主要特点，更加明确地把速度、方式、结构和动力几个最根本的内容结合起来，并提出加强创新驱动发展，保持中高速增长，

向中高端水平迈进的战略思路。这是根据实践发展需要进行的新概括、新提炼，是理论和政策上的重要创新。

总的来看，中央对新常态或新阶段判断的理论创新，是集合多方面因素共同作用的结果。其中：坚持在马克思主义基本原理与中国经济建设实践相结合前提下推进中国特色社会主义政治经济学的理论创新，是这一创新的思想基础；坚持不断深入实际地调查研究和推进全局性、前瞻性、战略性的政策研究，是这一创新的方法支撑；坚持不断推动和完善政府决策的民主化科学化法治化进程，是这一创新的实践条件；坚持充分发挥各类智库机构的研究力量和积极作用，是这一创新的智力支持，很多专家学者尤其是经济学家通过长期的学术研究和政策研究为此作出了重要贡献。

（2）新常态理论的地位和作用。

从理论层面看，新常态理论已成为中国特色社会主义政治经济学的一项重要理论成果。改革开放以来，中国特色社会主义政治经济学随着经济建设实践的快速推进而获得了前所未有的深入发展，取得了一系列重要的理论成果。在这些理论成果中，社会主义初级阶段理论、社会主义市场经济理论、科学发展理论、全面建设小康社会理论等，都是具有基础性、综合性、全局性特点的重大理论。与以上重大理论成果相比，新常态或新阶段理论具有以下特点。一是揭示了经济发展阶段的大转变。从改革开放到2012年，中国经济实现了10%左右的高速增长，也经历了几个经济周期的波动。这一次经济增速大幅下滑，是不是新一轮周期波动？新常态理论指出，主要不是周期性波动，而是发展阶段的转变。这就指明了经济发展的趋势和前景，解决了一个事关全局的重大认识问题。二是阐明了未来长期发展的大格局。经济发展新阶段的主要框架，是速度、方式、结构、动力的转变，这些都是未来发展的大问题，都需要一个长期的过程，并支撑和影响着经济发展的基本格局。从理论上阐明这个发展格局，可以为实践提供前进的路线。三是构建了经济发展的大脉络。新常态或新阶段理论属于基础性理论，关系到经济运行和发展的各个方面，各个产业领域、各个经济部门都面临发展阶段的转变。认识新常态，适应新常态，把握新常态，就实现了理论对实践的指导作用。四是拓展了深化理论探索的新空间。关于新常态或新阶段的持续时间、理论依据、环境变化、制度条件、改革模式等，都有待进一步深化理论研究。以上特点表明，新常态理论也是具有基础性、综合性、全局性影响的重大理论成果，与中国特色社会主义政治经济学的其他重大理论成果一样，拥有鲜明而深刻的理论创新性，将被实践证明有着同等重要的理论地位。

从战略层面看，新常态理论奠定了未来较长时期经济发展和改革的理论基础。作出了经济发展进入新阶段的判断，本身就包含了长期发展战略转变的内在规定性，对新时期的经济发展和改革提出了新的战略需求。未来一段时期，我国仍处于可以大有作为的战略机遇期，不同的是，大有作为的国际、国内环境发生了新的变化，我们必须认识、适应、把握乃至引领这种变化。新常态理论指出，新阶段最基本的发展和改革战略取向，就是要在保持经济中高速增长条件下，推进发展方式转变、经济结构优化、发展动力转换。

从政策层面看，新常态理论为新时期的宏观调控和政策取向提供了理论依据。新常态理论对经济政策最重要的导向作用是，促进了宏观调控思路和方式的创新。当有关方面还在努力抵抗经济下行压力、希望重新回到高速增长轨道的时候，新常态理论的提出，使人们减少了对经济增速变化的担忧，摆脱了追求高增长问题带来的困扰。在新常态理论的指引下，中央实施了把稳增长、促改革、调结构、惠民生、防风险结合起来的政策措施，提出了区间调控、定向调控、结构调控等政策取向，这些都已被实践证明是正确的和有效的。中央进一步提出，在适当扩大总需求的同时，以推进供给侧结构性改革为主线，这也是在新常态理论指导下，把短期政策与中长期改革发展政策协调起来的重大政策实践。

3. 新常态或新阶段思想的理论依据

新常态或新阶段理论能不能经得起时间的考验，关系到整个理论的生命力、作用和魅力，研究新常态理论需要深入研究它的客观依据问题。

（1）适应生产力发展的阶段。

历史唯物主义的经济发展阶段论认为，生产力的发展是经济发展阶段形成的根本动力。邓小平同志提出“发展是硬道理”的著名论断，是对生产力发展重要性的高度概括和充分肯定。2015年，中央政治局会议进一步提出，“要把有质量、有效益的发展作为发展是硬道理战略思想的内在要求”[1]。这是对邓小平同志发展思想的深化，反映了在生产力新阶段中“发展”的新内涵、新特点，也体现了生产力发展阶段是判断经济进入新常态或新阶段的基本依据。

在世界近现代以来的发展中国家和地区中，生产力发展主要表现为工业化的过程，衡量生产力发展阶段的主要标志是工业化发展的阶段。从经济学角度来看，广义的工业化等同于经济发展，工业化阶段也就相当于经济发展阶段。那么，现在中国的工业化处于什么阶段，是否正进入一个新的发展阶段，这是从生产力水平来分析判断经济是否进入新常态或新阶段的一个理论依据。钱纳里、赛尔奎因等经济学家曾根据大量发展中国家的历史数据，实证研究概括出工业化过程演进的多国模型或一般规律，即工业化的阶段对应着人均国内生产总值（人均GDP）、产业结构变化的趋势。由于评价方法不同，人们对于我国工业化阶段的判断存在着分歧，一些政府部门认为仍处在“中期阶段”，而研究机构多数认为已处于“中后期阶段”或“后期前半阶段”。造成观点分歧的另一个原因是，我国不同地区的工业化水平差别较大，一些沿海省区工业化水平早就进入后期阶段，而一些省区仍处于工业化初期阶段，因此人们认为我国工业化还有较长的路要走。需要指出的是，这种看法存在着方法论上的问题，各个地区的差别并不能影响对全国工业化阶段的判断，也不会使我国的工业化进程发生变化。

2012年，我国的人均GDP按当年汇率计算为6100美元，

---

① 参见《人民日报》2015年5月1日。

按购买力平价方法计算为9158美元，均处于钱纳里工业化模型（四个阶段）中的第三阶段。从三次产业增加值结构看：2010—2012年，我国第一产业的比重连续3年处于10%左右的水平，这个按当年价格计算的比重相对稳定，与国家对粮食等农产品的价格支持政策有关；第二产业的比重从46.7%降低为45.3%，其中工业的比重从40.0%降为38.4%，均已从高点上逐步回落，都达到了工业化结束阶段的水平。从三次产业就业结构看，2012年我国第一产业的比重为33.6%，反映的工业化水平只处于中期阶段或钱纳里模型中的第二阶段，但可能与我国城镇化进程的特点有关，即进城从事非农产业工作的农民工往返于城乡之间，有一部分农民工可能仍被列为农业就业人口。由于我国工业化进程的结构性偏差依然存在，判断工业化阶段需要分析人均收入水平、产业生产结构和就业结构之间的关系，以及政府干预对产业结构变动的影响，相对来说，人均GDP指标的变化比较客观，作用比较重要。综合多种因素进行判断，我国在2012年前后的工业化水平，大体上处于钱纳里模型中的第三阶段，相当于工业化后期阶段的前半期。

从钱纳里多国模型看，工业化发展进入后期阶段，意味着制造业和工业在GDP中的比重基本上达到了最高水平，这个水平被称为制造业或工业比重上升的“自然限制”，此后工业化过程的继续演进，将不再主要表现为工业和第二产业比重的上升，而是表现为工业、第二产业比重的逐步下降和第三产业比重的持续上升。这是各国经济发展过程的一个重要阶段性转变，我国由于存在工业比重过高的结构偏差，因此这种阶段性转变的特征会更加突出。主要趋势表现在：

一是工业和经济增速明显回落。从国际经验看，一个国家的工业化进入后期阶段后，国内工业品市场饱和，产能相对过剩，劳动力成本上升，工业增长速度出现下行趋势。不同国家工业增速回落的幅度有一定差别，我国因工业比重偏高，工业增速下降及其影响的幅度会比较大。同时，第三产业虽然会出现加快发展的趋势，但由于服务业具有不可贸易、区域性限制强、规模经济水平低等特点，短期内又受制于工业增速的变化，因而第三产业增速加快基本上不能抵消工业增速下行的影响。其结果是，工业增速下行引起整个经济增速的下行，经济由高速增长阶段转入了中高速增长以至中低速增长的阶段。

二是结构转变出现新的趋势。工业化进入后期阶段后，非农产业比重主要是第三产业的比重持续上升，而第二产业的比重则表现出逐步下降的趋势。一些原来工业比重不高（低于多国模型水平）的国家，工业和第二产业比重会在一段时间内相对稳定，即第一产业比重下降转化为第三产业比重上升；而原来工业比重较高（高于多国模型水平）的国家，工业和第二产业的比重会较快下降，即第一、第二产业的比重都向第三产业转移。这种生产结构转变的新特点，主要是由需求结构的变化拉动的，即工业品需求比重逐步下降而服务需求比重不断上升，并拉动了产业投入结构的变化。

三是经济发展方式和动力变化。进入工业化后期阶段后，工业品需求增速放缓，市场竞争加剧，依靠要素和投资驱动的工业发展方式难以为继，对技术进步的内在要求不断上升。同时，产能过剩使工业及相关产业面临转型升级的压力。这些变化迫使企业部门加快转换发展方式和动力，整个经济需要更多地依靠创新来驱动发展，提高制度、技术、市场、组织等创新对发展的促进作用。

如此看来，工业化后期阶段的趋势与经济发展新常态的特点是一致的，或者说，工业化后期阶段就是经济发展新阶段，其新趋势决定了新常态的新特点。

（2）遵循经济发展的规律。

中央判断和提出经济发展新常态或新阶段，既是反映客观规律的要求，也是遵循发展规律的体现。经济增速变化是新常态的起点和动因，其背后是经济增长阶段的规律。从国际经验看，几乎所有的发展中国家（或地区）在经历了一段较长时间的经济高速增长和发展水平达到一个较高的阶段之后，经济增速都出现明显回落，高速增长期基本结束，经济转入一个新的增长阶段。这是一个普遍性的规律。一些亚洲国家或地区由于国民储蓄率和投资率高，以及工业比重和制成品出口比重较高等原因，经济高速增长期较长（超过20年）、长期增长率较高（超过8%），但也都经历了速度大幅回落的增长阶段变化，同样没有脱离这个增长规律。以对中国内地有较强借鉴意义的日本、韩国和中国台湾为例（见表1），在高速增长期结束后的17~20年期间，日本的GDP年均增速回落到4.3%，韩国的GDP年均增速下降为4.2%，中国台湾的GDP年均增速为4.5%。笔者查阅了上述国家和地区从1950年以来GDP年度增长率的长期变化，发现有一个共同特点：在经济高速增长期间，GDP年度增长率的回落幅度普遍较小，要是某个年份的下降幅度较大，则紧接着的一两年很快就回到8%以上的高增长轨道；而高速增长期结束后，年度增长率的回落幅度普遍较大，基本上回不到8%以上的增长水平，除非上一年经济是负增长或大幅负增长。这表明，经济增长阶段变化的规律是明显的。中国改革开放将近40年高增长时期速度易上难下，而近几年来增长速度大幅回落、下行压力较大，都是符合增长阶段规律性特点的。中央判断和提出中国经济发展进入新常态，正是认识和遵循这个规律的体现。

表1　日本、韩国、中国台湾经济增长阶段变化的趋势和特点

国家/地区	高增长期年均GDP增长率	高增长期结束后的GDP年均增长率	高增长期结束后10年内的最低年度GDP增长率	高增长期结束后的最高年度GDP增长率	高增长期结束后最高增长年度前后3年GDP年均增长率
日本	1950—1973年：8.6%	1974—1990年：4.3%	1974年：-1.2%	1988年：7.1%	1987—1989年：5.5%
韩国	1963—1996年：9.1%	1997—2013年：4.2%	1998年：-5.7%	1999年：10.7%	1998—2000年：4.3%
中国台湾	1952—1994年：9.2%	1995—2014年：4.5%	2001年：-1.3%	2010年：10.6%	2009—2011年：4.1%

资料来源：根据互联网上有关国家和地区统计数据计算整理（其中日本缺少1952年的数据）。

需要讨论的一个问题是，经济增长阶段变化使速度回落到什么水平，是否也具有一定的规律性？日本、韩国和中国台湾在高速增长阶段结束之后的17~20年间，GDP年均增长率都在4.2%~4.5%的中低速区间。其间，日本曾经历了国际能源危机的冲击，韩国和中国台湾地区受到了亚洲金融危机和这轮国际金融危机的影响，但长期增长趋势仍然一致，是不是有规律的现象？如果是，那么按照它们增长阶段变化后长期速度下降一半的特点，中国经济未来15~20年的长期增速将下行到年均5%左右。这关系到中国经济能不能保持中高速增长。紧随着将引发两个问题：一个是“十三五”期间年均6.5%以上的GDP增长目标能不能实现，是否需要依靠宏观调控把年均增速顶高1.5个百分点；另一个问题是，如果“十三五”的增长目标能够完成，再往后10年的GDP年均增速是否会大幅下行到3%左右。这些问题正是国内外经济界担忧的焦点问题。回答这些疑问，必须注意不同历史条件下经济增长阶段变化规律的作用特点，注意一般规律的适用性与特定规律的差异性，也就是说，经济增速回落是一般规律，而回落幅度可能是特定规律，在不同的历史环境下不一定发生作用。从中国特色社会主义经济建设的实践出发来分析问题，中国作为一个拥有13亿多人口的发展中国家，具有自身经济发展的内在趋势和特点。只要深化改革和推进创新，破除体制机制性障碍，改善结构问题和缩小发展差距，就能不断解放和发展生产力，使我国经济发展的潜力、韧性和回旋余地得到有效拓展，从而释放出较大的增长空间。因此，我们要遵循经济从高增长回落下来的基本规律，但回落到中低速还是中高速可能不是必然规律，不能完全受到其他国家和地区历史经验的制约。

还需要进一步探讨的理论问题是，支撑经济增长的内在规律。

一是潜在经济增长率的变化。从短期或中期看，实际增长率与潜在增长率会发生偏离，但时间越长偏离度会越小。在经济增长阶段转变过程中，究竟是实际增长率先下降，还是潜在增长率先下降？我们认为，不论从理论逻辑看还是从国际经验看，中短期内都是实际增长率先下降，再引起潜在增长率的下降。但潜在增长率降下来之后，实际增长率的变动会受到新的约束，上下波动幅度会减小。这就是日本、韩国和中国台湾在经济增长阶段转变后年度增长率再也回不到高增长水平（3年间平均增长率达到8%）的根本原因。

二是经济增长因素的变化。增长因素变化是增长速度回落的动因，也是结构优化和动力转换的条件，这也是一个有规律变化的过程。在经济增长阶段转变中，劳动、资本投入的增速下行，特别是，与工业增速的回落相联系，以资源投入为主要形式的资本投入增速大幅度下降，对经济增长的贡献率明显降低。这在需求侧表现为投资增速持续下滑，引起工业产能过剩并向相关产业蔓延。其他国家和地区如日本、韩国和中国台湾地区在这个阶段也普遍出现投资增速下降和工业产能过剩的问题。在这个过程中，经济增长区间的变化，短中期取决于实际资本投入增速的下降幅度，中长期取决于全要素生产率（TFP）的增长水平。经济发展进入新常态或新阶段之后，已经不能企望实际资本投入有持续性的回升，保持经济中高速增长的主要动力来自TFP增长的加快和贡献率的上升，这从根本上说要依靠制度、技术等创新的驱动。同时，如果生产要素从过剩的工业部门向短缺的服务业部门流动，带来产业结构优化和资源再配置效应，也能提高TFP的增长水平及其对经济增长的贡献。

三是经济增长波动的特点。日本、韩国和中国台湾在经济增长阶段转变后的几年时间内，都出现过年度GDP的负增长，但都只有一年，就走上了相对稳定增长的道路，表明经济在经历小幅波动后，仍有恢复一定速度增长的内生动力。如此看来，经济增长阶段转换过程出现负增长、波动大的现象，应当不是必然规律，而是可以避免的。经济负增长有利于市场出清，经济重新起跳，但会破坏经济环境稳定，带来较大金融风险。中国经济在进入新常态或新阶段的条件下，仍具有保持中高速增长的内在潜力和动能，不大可能出现年度GDP负增长的情况，但从其他国家和地区的历史经验看，依然要警惕经济增速换挡期中总量矛盾和结构矛盾的相互影响，尤其是外部环境冲击加重国内市场矛盾的问题，防止某些年份经济增速降幅过大并引发金融领域波动风险。

（3）坚持以人民为中心的发展思想。

中国特色社会主义经济建设的实践，使“生产目的论”上升到“发展中心论”的更高位置，把增进人民福祉、促进人的全面发展、逐步实现共同富裕作为经济发展的出发点和落脚点，把国家的发展与人民的利益密切联系在一起，更加注重让广大人民群众共享改革发展的成果。根据中国特色社会主义政治经济学的理论逻辑，中央提出经济发展新常态的战略思想及政策取向，就是为了适应经济形势变化的趋势和特点，更好地实现以人民为中心的经济发展。这主要体现在以下几个方面：

①坚持不断提高居民的收入水平。居民收入水平的提高取决于两个层面：一个层面是人均国民总收入（人均GNI）的提高。我国作为一个境外要素收入较少的发展中国家，人均GNI的提高主要依托人均GDP的增长。根据世界银行图表集法统计，我国2012年人均GNI为5870美元（略低于以当年汇率计算的人均GDP），相当于中等偏上收入国家平均水平的84.5%。如果把这一年作为经济发展进入新常态或新阶段的起点，以相对收入水平衡量，我国大概比日本经济增长阶段转变的时间快了3年，比韩国则差不多快了7年。主要原因是我国产业结构中工业比重偏高，使工业产能过剩和增长阶段转变的到来快于人均收入阶段的变化。因此，中央提出保持GDP增长在中高速区间，是符合我国经济发展特点和提高人均收入水平需要的，有利于推动人均GNI持续提高，使经济发展跨越中等收入陷阱，向高收入国家的阶段迈进。另一个层面是城乡居民人均收入的增长。党的十八大提出，到2020年国内生产总值和城乡居民人均收入比2010年翻一番的战略目标，随后几年来，在经济下行压力加大的情况下，党中央在关于“十三五”规划的建议中仍坚持推进实施这一战略目标，特别是坚持实现城乡居民人均收入翻一番的目标。由于人均GDP需要在GDP增长的基础上扣除人口增长，然后在政府部门、企业部门和家庭部门之间进行分配，所以居民人均收入翻番的目标高于GDP翻番的目标。如果“十三五”期间居民人均收入增长要像GDP增长一样达到年均6.5%以上的速度，国民收入分配结构必须向家庭部门倾斜，这是中央在经济发展进入新常态条件下，把提高居民收入放到实现发

展目标中心位置的重要体现。

②积极适应人民群众的需求变化。从长期发展战略看，我国已进入全面建成小康社会的攻坚阶段。随着居民收入水平大幅提高，居民消费结构不断升级，社会需求发生了很大变化：数量型需求向质量型需求转变，需求范围、内容和种类明显扩大；对低端产品的需求比重下降而对中高端产品的需求比重上升；对物质产品的需求比重下降而对各种服务的需求比重上升；同时，对生态环境包括空气、水等质量和生命健康如食品、药品等安全的需求日益提高。但由于社会供给不能适应这种社会需求的变化，导致结构性过剩与结构性短缺并存，影响了经济发展的有效性和可持续性。从这个角度看，中央提出经济发展进入新常态，并把“经济结构不断优化升级”“发展成果惠及更广大民众”作为一个重要特点，就是要求新阶段的经济发展更好地适应人民群众的需求变化，把重心转移到调整改善供给结构上来。中央进一步提出要着力加强供给侧结构性改革，正是适应新常态、引领新常态的一项重大政策取向。

③加快推进发展方式和动力的转换。在经济高速增长时期，过度依赖投资推动的发展方式，导致了发展不平衡、不协调、不可持续等突出问题。这种经济发展方式迟迟不能有效转变，原因在于体制问题的制约，也与发展阶段的特点有关。进入新常态或新阶段之后，投资增速出现较大回落，对创新驱动发展的内在要求上升，人民群众对提高生活质量也有了新的诉求，经济发展方式的转变可能加快。中央反复强调推进新常态下发展动力的转换，全面实施创新驱动发展战

略，出台了一系列鼓励、引导和促进创新的政策措施，从根本上说正是为了适应新阶段的新形势，更好实现以人民为中心的有效发展。创新是一个内容丰富的综合性概念，最重要的是制度创新和技术创新。制度创新是技术创新的基础和动力，而制度创新则要依靠深化改革。习近平同志指出，“能不能适应新常态，关键在于全面深化改革的力度”。这就表明，经济发展新常态是与全面深化改革密切联系在一起的。

（二）经济新常态下宏观调控的若干重大转变①

把经济发展新常态引起的条件变化与对未来经济运行的预测分析结合起来看，相对于旧常态下的宏观调控，新常态下的宏观调控可能呈现以下重大转变。

1. 由主要控制经济过热转变为主要稳定经济增速

在经济高速增长的时期，推动经济过快增长的因素较多，防止和控制经济过热往往成为宏观调控的常态；而在经济进入中高速增长的阶段，引起经济增长减速的因素较多，宏观调控的常态将转为防止和控制经济过快下滑。经济过热的主要原因是实际增长率超过潜在增长率。从改革开放到这次国际金融危机影响前的30年时间，中国GDP年均增速为9.9%，而潜在增长率为9%左右。这段时期潜在增长率低于实际增长率，经济增速很容易往上冲，很多年份经济运行过

① 全文发表于《中国工业经济》2015年第11期。

热，抑制经济过热成为宏观调控的常态，而经济过热是多种因素特别是体制因素影响的结果，高速度增长中有一部分是以牺牲质量效益、资源环境为代价的。1981—2011年，中国经济增长经历了三个周期。一是1981—1990年（与“六五”计划和“七五”计划时期大致相符），GDP年增长率平均值为9.3%；二是1991—2000年（与“八五”计划和“九五”计划时期大致相符），GDP年增长率均值为10.4%；三是2001—2011年（与“十五”计划和“十一五”规划时期大致相符），GDP年增长率均值保持10.4%，这三个周期的高点分别为15.2%、14.3%和14.2%（如图1所示）。本书将2012年确定为经济进入新常态的开端，近4年来，GDP年增长率平均值已从第三个周期的10.4%降至7.4%。

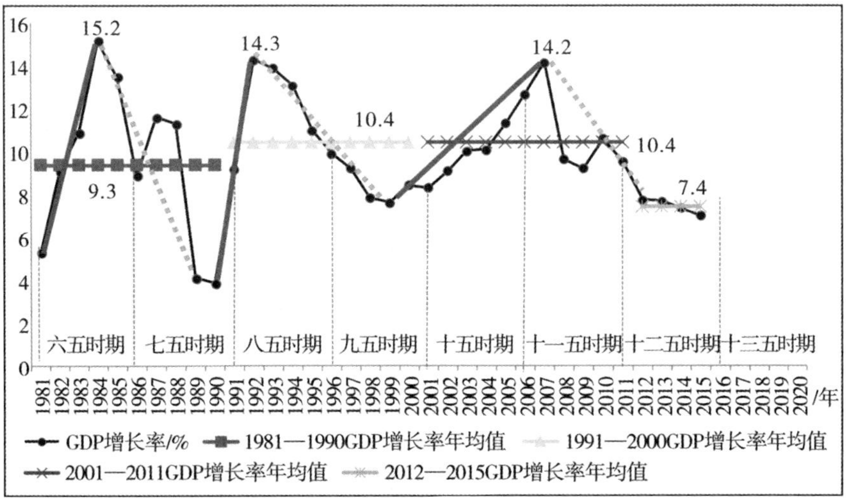

图1　中国GDP年增长率及各时期均值

资料来源：作者根据中国经济数据库（CEIC）计算。

经济进入新常态后，增速惯性下行的压力较大，要把经济增速稳定在中高速水平上是一件困难的事情。什么是经济增长的中高速水平？从其他发展中国家或地区的历史经验看，8%以上属于高速增长，5%~8%属于中高速，4%~5%属于中速，4%以下就是中低速增长了。如果让经济增速在较短时期内由10%左右的高速持续下滑到中速，速度下降一半，将对经济运行和社会稳定产生过大冲击。因此，要充分认识新常态下稳增长的重要性，这是应对经济周期影响、稳定市场预期、维持就业稳定、防范债务和金融风险的需要，也是为调结构、促改革创造有利环境的需要。为了保持经济中高速增长，未来一段时期宏观调控将由以往以控制经济过热为主转为以稳定经济增速为主。这种转变是适应经济运行条件变化的客观要求，不是短期内的宏观经济政策变化，而是中长期政策取向的战略调整，将成为新常态下宏观调控的一个重大转变。

现在需要讨论的是，中国经济实际增长率的下行与潜在增长率的变化是什么关系，采取宏观调控政策来保持6%~7%的中高速增长是否合理和可行？近几年，越来越多的经济学家认为，中国经济增速的下行是由潜在增长率的下降决定的，前者与后者是一致的。也有一些经济学家不同意这种看法，如刘伟和苏剑认为，经济增长率下滑可能有两种情形：一是实际增长率和潜在增长率同时下移；二是实际增长率下滑，但潜在增长率没有下滑。目前的情况很可能属于第二种情形。从理论上看，实际增长率的下降包括结构性减速和周期性减速，周期性减速主要是由需求因素影响的中短期增速波动，结构性减速则与潜在增长率的变化密切相关。如果中国经济由高速增长向中高速增长转变是由内在规律决定的发展阶段变化的表现，那么潜在增长率的下降是一种必然的趋势。但这里仍存在两个值得深入分析的问题：

第一个问题是实际增长率和潜在增长率哪个先下降？从逻辑关系说，实际增长率变动既受供给因素也受需求因素影响，潜在增长率变动主要受供给因素影响；总需求与总供给是同时发生的，当总需求出现收缩时，实际总供给会出现下降趋势，而这时潜在总供给水平还没有发生变化（只是部分产出能力闲置）；只有当实际总供给的持续减少引起部分产出能力向外转移或被动淘汰时，潜在总供给水平才开始下降。这样看来，实际增长率的变动要先于潜在增长率的变动。大多数国家或地区经济发展阶段变化的历史经验表明，两者的变动顺序主要是：首先是经济周期性减速引起实际增长率的下降，实际增长率的持续下降通过需求影响投入和生产率等因素导致了潜在增长率的下降，潜在增长率的变化又通过结构性减速进一步使实际增长率下行或制约实际增长率回升。因此，运用宏观调控政策阻止实际增长率过快下行，保持合理增长水平，有助于防止潜在增长率被动式下降，打破两者变动的恶性循环。

另一个问题是，实际增长率与潜在增长率的下降幅度是否一致？中国经济的潜在增长率发生了什么变化，未来一段时期将下降到什么水平，几年来许多经济学家和研究机构都进行了测算和预测分析，得出的结果差异很大，基本上不能形成共识。在增长模型中，经济增长率是由资本投入、劳动投入增长和全要素生产率（TFP）增长决定的，增长因素分析法可以把资本、劳动数量变化之外的增长剩余都归结于TFP的增长，然后再对TFP的增长进行细分，并可以把资本、劳动质量的变化包括在其中。显然，以这种方式测算的潜在经济增长率，很大程度上是把需求因素的变化及影响抽象掉了。从中国经济的情况看，劳动投入的增长是下行的，但劳动投入增长率本来就很低，对潜在经济增长率的贡献较小，其变化趋势的影响有限；资本投入方面，对经济增长起作用的资本总量中，流动资本的增长波动较大但所占比重较小，固定资本的增长受固定资产投资增速和新增固定资产形成影响逐步下行（相对滞后一些），对潜在经济增长率带来较大冲击；至于TFP的增长，一些研究认为TFP的增长率及对潜在经济增长的贡献率是下降的，但从人力资本、技术进步、制度变迁等方面难以找到引起其下降的合理解释。有些测算结果发现近几年TFP增长率大幅降低，可能主要是受到实际经济增速下滑较快或资本投入增长波动较大的影响，也是增长因素分析中剩余归纳法应用于中短期测算的一个缺陷。这样看来，潜在增长率的下降是相对缓慢的，中短期内的下降幅度不会太大。近几年实际增长率下滑较快，而且继续下行压力较大，主要是受到国内外需求因素的影响。总需求不足使生产要素特别是固定资产较大比例闲置（产能过剩），使实际增长率低于潜在生产率。因此，通过宏观调控来稳定经济运行，是促使实际增长率向潜在增长率靠近，但不是要超过潜在增长率。

这轮国际金融危机以来世界经济复苏艰难曲折，国际经济的结构性矛盾也给中国稳定经济增长带来新挑战，货币政策操作难度加大。美国经济复苏的基础好于其他发达国家，中国经济增长速度放缓，中美之间经济周期错配可能引发国际资本从中国回流至美国，人民币出现贬值趋势，造成资本市场价值重估，对中国经济发展产生不利的外部冲击。这将加大中国稳定经济增速的难度。

综合来说，在经济进入新常态的条件下，由于引起增速惯性下行的因素较多，特别是投资需求具有自我收缩的趋势并产生持续性影响，如果任由市场调节，政府不进行干预，实际增长率在大多数情况下将低于潜在增长率，很容易滑出中高速增长的区间。宏观调控由主要控制经济过热转向主要稳定经济增速，是适应和引领新常态的一个重要体现。当然，通过宏观政策来保持经济中高速增长，也要注重遵循经济规律，尽量借助市场机制作用，引导市场主体行为。要坚决改变"人定胜天"的观念，充分认识政府干预的局限和弊端，增加对市场内在规律的敬畏。应密切跟踪分析经济增长的趋势，既要努力防止经济运行滑出合理区间，又要深入研究滑出调控区间的可能性，做好应对各种风险的准备和预案，更好地把短期政策与中长期政策结合起来。

2. 由主要防控通货膨胀转变为主要防控通货紧缩

与控制经济过热一样，防止通货膨胀也是经济高速增长时期宏观调控的常态。1978—2008年的30年间，中国居民消费价格指数（CPI）的年均涨幅为5.61%，明显超过3%以下的温和通胀水平，这也是实际增长率超过潜在增长率的表现。伴随着经济过热的趋势，中国曾有过两次通胀高峰期，一次是20世纪80年代末，1988年和1989年的CPI涨幅均达到18%，其间，虽有价格改革冲关的影响，但主要原因仍在于经济过热的推动；另一次是20世纪90年代上半期，经济过度扩张使1993—1995年的CPI涨幅连续3年高于14%，其中1994年更是高达24.1%。2007—2008年的通胀周期，受到国际金融危机的影响而终止。在高速增长时期，防通胀反通胀与防过热控过热一样，成为宏观调控主基调。

中国经济进入新常态以来，经济由高速增长转为中高速增长，通胀水平出现较快回落，通缩可能形成新的风险，宏观调控的取向将发生根本性变化。最近几年，CPI涨幅在2%上下徘徊，进入国际上认同的低通胀区间。虽然猪肉价格出现了一定程度的上涨趋势，“猪周期”的波动曾引发人们对新的通胀苗头的担忧，但在大多数农产品供过于求的条件下，猪肉价格不可能持续大幅上涨，对居民消费价格上涨的总体影响（时间和幅度）相对有限。总的来看，市场的通胀预期多次被证伪，而通缩预期则一直难以消除。

未来一段时期，受世界经济复苏缓慢、国际市场需求不振以及美元汇率走强等影响，国际大宗商品价格仍将在低位徘徊，对中国的输入性通缩影响仍将继续存在；国内价格总水平走势中，农产品价格带动食品价格上涨的趋势在减弱，资源环境综合使用成本上升的趋势逐步放缓，劳动力成本上升的趋势受到企业基本面的制约，货币供给量虽很大但难以流入低迷的实体经济转化为物价上涨，能够持续拉动价格上涨的主要方面或重大因素不多；特别是，由于总需求不足、产能过剩的状况难以根本改变，经济实际增长率将低于潜在增长率，经济增速下行的压力较大，通缩风险依然大于通胀风险。因此，宏观调控需要从主要防控通胀向主要防控通缩转变，把调控重心转向减少价格下行因素，改变或减弱市场通缩预期，防范价格总水平出现下降趋势。这也是由经济运行条件变化决定的客观要求，是一种中长期的政策取向调整，将成为新常态下宏观调控的又一个重大转变。

宏观调控方向的变化要求宏观经济政策作出相应调整，其中最重要的就是货币政策取向的调整转变。在经济高速增长时期，货币政策的基本目标是防控通货膨胀，但对经济和价格走势的调控却是被动的，主要表现在以下两点：一是货币供给被动适应经济增长。当经济高速增长时，货币供给也高速增长，广义货币M2的增速一直以GDP增长率与CPI上涨率之和为主要依据，货币供给成了经济高速增长和价格总水平上涨的助推器。二是利率调整被动适应价格上涨。当价格水平进入上涨周期时，基准利率根据CPI涨幅逐步上调，名义利率虽不断提高，但实际利率水平没有变化，甚至相对下降，对需求扩张的约束作用有限。这种被动性导致货币政策没有真正发挥反周期的功能。现在经济转入中高速增长的新常态，这可能是比经济周期下行期更长的一个发展阶段，经济增速下行的压力较大，通胀的可能性降低，通缩的风险性上升，货币政策不仅要实行调控取向的转变，把基本目标从防控通胀转向防控通缩，而且要变被动为主动，提升对经济走势的预见性和调控作用。从货币政策的数量工具看，如果市场通缩预期升温，资金需求可能出现收缩趋势，社会融资规模增量、新增中长期贷款等指标将相继下行，货币政策的调整需要及时到位以至打出提前量，通过降低存款准备金率、加大公开市场操作等措施，为稳定经济增长、防控通货紧缩提供适度的流动性环境。从货币政策的价格工具看，在经济增速、物价涨幅双下行的条件下，货币政策需要积极引导市场利率走势，促进社会融资成本下降，支持实体经济投资发展。一旦出现储蓄供给大于投资需求，且风险偏好或安全资产供给难以充分吸收超额储蓄，充分就业的实际利率就可能降为负值，从而出现投资不足、产出低于潜在水平和失业率上升等经济停滞局面[①]。这里的充分就业实际利率，实质上就是使经济适度增长的实际利率。从中国当前经济运行的情况看，由于社会就业压力不明显，而产能过剩矛盾突出，“充分就业实际利率”相当于“产能合理利用实际利率”。为了防止这个“实际利率”出现下行趋势，央行需要及时下调存贷款基准利率，在推进利率市场化的基础上，使真实利率水平有效反映资金供求关系，通过降低名义利率并使其与“产能合理利用实际利率”趋于协调，发挥促进企业投资、经济增长的作用。

① 根据维克塞尔利率，实体经济中存在一个由储蓄和投资决定的真实利率水平。该利率水平取决于三个因素：储蓄供给函数、投资需求函数和资金风险偏好。三个因素均衡产生的实际利率就是充分就业利率水平。根据萨默斯等人的研究，在20世纪90年代初以及2001—2005年，美国的实际利率曾降到零以下，远低于当时的名义利率。这次金融危机爆发后，美国名义利率降低到零左右，但充分就业实际利率一直保持在-2%至-1%的水平。在这种情况下，名义利率虽一降再降，但仍高于充分就业的真实利率水平，对刺激投资和拉动经济的作用相对较弱。

3. 由主要防范资产价格上涨转变为主要防范资产泡沫破裂

宏观调控取向调整的另一个重要方面是，由主要控制资产价格上涨转变为主要防范资产泡沫破裂，特别是防范房地产泡沫破裂。1998年住房制度改革以来，中国以提供住宅为主的房地产市场经历了近20年的高速增长，以遏制房价过快上涨为目标的房地产市场调控也持续了10多年，其中只有2008年因国际金融危机影响房地产市场出现了较大调整，但2009年实施的支持购房政策和货币信贷扩张很快就把市场拉了起来。2014—2015年的房地产市场缓慢调整，由于多种因素特别是政策变化的影响，在2016年又一轮更大规模的房价暴涨中结束，房地产市场继续“我行我素”。但是“树不可能长到天上去”，未来一段时间，在国内外多种矛盾的综合作用下，相对过剩和价格过高的房地产市场波动调整将是一个必然趋势，大多数城市都面临房地产价格下滑的风险，部分城市房地产泡沫的局部破裂可能难以避免。

宏观调控需要由控制房价过快上涨转为防范房价泡沫破裂，积极应对房地产市场调整带来的问题。一是应对商品房市场收缩的影响。商品房市场包括新建房市场与二手房市场，现在重点城市的二手房销售量已占到新建房销售量的50%，作为商品房市场总需求的组成部分，二手房市场的需求会分流新建房市场的需求，但对房地产投资和经济增长产生影响的主要是新建房市场。为了减少商品房市场波动对经济增长的影响，应区分两个市场并采取不同政策措施，防止投资投机存量房大规模抛售引起房地产价格大幅下跌和泡沫破裂。二是应对房地产投资下行的压力。这是此前10多年房地产投资高速增长的代价，也是缓解市场过剩矛盾的必要过程。防止房地产投资下滑过快，需要搞活市场投融资机制，引导地方政府下调土地出让底价，推动房地产企业兼并重组，支持企业开发养老、健身、旅游、文化等新的房地产组合，促进房地产业加快转型发展。三是应对房地产泡沫破裂的风险。住房价格的下跌将引起整个房地产价格的下跌，房价大幅下跌将导致市场需求急剧萎缩，引发房地产泡沫的破裂。从国际经验看，房地产市场持续调整会引起房价较大下行，出现一些资产泡沫破裂事件几乎不可避免。对于未来中国房地产市场可能出现的局部泡沫破裂，必须尽早做好化解金融、财政风险的预案，防范发生连锁效应和波及影响。

4. 由主要推动均衡发展转变为主要促进转型升级

与发达市场经济不同，结构问题一直是中国宏观调控的一个重要方面。在经济高增长时期，结构失衡是伴随着经济过热而出现的普遍状态，推动经济均衡发展或协调发展成为宏观调控的常态。但在这个时期的不同阶段，结构失衡的表现不一样，宏观调控的重点也有差别。在消费品短缺的20世纪80年代，需求膨胀拉动经济过热，当时认为是投资和消费双膨胀，原因是国民收入超分配。这可能是计划经济与市场经济双轨制带来的特殊现象。经济高速增长主要来自消费品短缺引起的加工工业高度扩张，而能源、原材料工业和基础设施发展滞后，成为制约经济增长的瓶颈。结构失衡表现为加工工业与基础工业、基础设施的矛盾，以及整个工业与其他国民经济部门的矛盾，发展处于“不平衡”时期；宏观调控的重点是压长线补短线，加强薄弱环节，推动工业内部各行业以及工业与基础部门平衡发展。到了20世纪90年代初期，邓小平同志南方视察掀起了新一轮改革开放热潮，被“治理整顿”压抑了2年多的发展冲动集中爆发，各地尤其是南方地区“大干快上”的热情空前高涨，投资过度扩张很快带来新的经济过热。经济高速增长主要来自投资拉动下工业全面高速扩张，基础工业、基础设施虽得到加强但仍不能适应需要；同时，沿海地区利用开放优势更快发展，吸引了全国的资金、技术、人才和劳动力大量流入，长三角继珠三角之后快速崛起，东部沿海与中西部地区的发展差距明显拉大。结构失衡表现为整个工业与国民经济运行的矛盾，投资率大幅上升和消费率持续下降的矛盾，以及东部沿海与中西部地区差距扩大的矛盾，发展处于“不平衡、不协调”时期；宏观调控的重点是抑制工业、投资过度扩张，推动重大基础设施建设和服务业发展，促进产业结构调整、经济协调发展；并开始重视区域发展总体布局，支持西部大开发和东北老工业基地振兴。当时的宏观调控试图使经济软着陆，但由于东南亚金融危机的影响，经济增速下行期延长了，经济尤其是工业生产领域出现了相对过剩现象。21世纪初至国际金融危机影响前，中国加入WTO进一步打开了国门，对外贸易和利用外资获得了迅速扩大的空间，加上住房制度改革后的商品房市场起步拉动房地产投资增长，出口、投资一起扩张使经济由逐步升温到全面过热。经济高速增长主要来自投资和出口拉动的工业又一轮高速发展，特别是出口贸易和房地产投资拉动的传统制造业再度高速增长（为告别短缺经济后的超常规增长），由于经济总量已相当大，高投入、高消耗、高污染的粗放型增长模式使国内资源环境不堪重负，也使经济增长的对外依存度快速上升，对国外能源、矿产资源进口依赖加重。结构失衡表现为工业比重过大与国民经济运行的矛盾更加突出，投资率上升与消费率下降的矛盾持续发展，资源环境承受压力过大和破坏严重，国内经济发展与对外经贸关系的矛盾加深，发展进入“不平衡、不协调、不可持续”的时期；宏观调控的重点是抑制投资、出口和工业过度扩张，严格控制各地低水平重复建设和与地方政府投资相关的楼堂馆所建设，推进产业结构调整优化，加快各类服务业发展，加强资源环境治理和保护。总体来看，高增长阶段结构失衡的基本特点是工业比重过大、投资率过高，工业高速增长和投资过度扩张相互推动；宏观调控的常态是在控制增长速度的条件下推动经济均衡发展，增强发展的协调性和可持续性。

经济进入中高速增长的新常态，伴随着增速下行的是产能普遍过剩，包括投资增速回落引起的投资品部门产能过剩，结构性偏差（工业比重过高、服务业比重偏低）引起的产能过剩，供给结构不适应需求结构升级（消费、投资和出口等结构升级）引起的产能过剩。这是总量矛盾与结构矛盾交错影响的结果，是经济高速增长时期一直存在的结构失衡发展演变的结果，也是产业结构调整升级和经济发展方式转变缓慢的结果。应对这种产能过剩的局面，宏观调控需要从主要推动经济均衡发展转向主要促进经济转型升级。这关系到能否引导和促进生产要素流向新的发展领域，改善和优化资源配置格局，也可以看作是新常态下宏观调控的另一个重大转变。

那么，转型升级与均衡发展有什么不同？两者的差别主要表现在以下几个方面。一是对增长速度的要求不同。推动产业、经济均衡发展，主要是解决经济增长中的不平衡、不协调以及不可持续问题，虽然既拉短线又压长线，既促消费又控投资，但仍希望能使经济继续高速发展；而促进产业、经济转型升级，主要是解决资源配置格局重大调整并向更高层次发展的问题，虽然要防止经济持续下行或过度下滑，但不希望也不可能使经济回到高速增长的道路上去。二是对发展模式的要求不同。均衡发展也需要化解结构性偏差的矛盾，但仍可能在改良发展模式的基础上缓解结构问题和保持经济增长；而转型升级则需要在加快转变经济发展模式的基础上缓解结构矛盾，实现更高质量和效益的经济增长。三是对技术创新的要求不同。均衡发展也要求产业技术进步和改造升级，但对协调发展的依赖大于对创新发展的依赖；而转型升级则更加强调创新驱动发展的重要性，必须在推进技术创新的过程中实现增长动力转换和可持续发展。四是对外部条件的要求不同。均衡发展需要依托国际市场来缓解国内的结构性偏差矛盾，在外贸依存度上升过程中既要保持工业制成品出口高速增长，又要保障能源、原材料进口满足国内需求；而转型升级的前提是进出口面临国内外需求的制约，需要拓展国际合作渠道和空间，把促进出口结构升级与增加对外直接投资、国际工程承包等结合起来。

一个值得反思和讨论的问题是，如何对待经济增长与结构升级的关系以及政府干预在其中所起的作用？在21世纪之交的前后时间，中国经济发生了两件大事，住房制度改革和加入WTO，这两大改革开放事件打开了扩大需求的大门，随后房地产投资和商品出口的快速增长，改变了经济因需求不足而低迷的局面，回到依托投资和工业扩张实现高速增长的轨道。这延长了中国经济的高增长期，但也延缓了结构升级的进程，付出了较大的机会成本。国际市场的扩大，拉动国内具有比较优势的劳动密集型产业再度高速增长；房地产市场的升温，拉动建筑钢材、水泥、玻璃、有色金属等低端产业和产品持续扩张；市场需求好转使很多传统产业忙于增产获利，竞争压力减弱使很多生产企业忘了技术升级：这就是国际金融危机影响前的图景。结果是产能过度扩张，结构升级缓慢。当时隔10多年后中国经济又面临需求波动、产能过剩的困扰，才意识到已经为经济高增长付出了代价，因为产能过剩中有相当部分是供给结构不适应需求结构升级而形成的，这些产能需要用更长时间、更加艰难的转型升级才能重建竞争力。

一个国家推进产业转型升级，必须处理好顺比较优势与逆比较优势的关系。比较优势可分为静态比较优势和动态比较优势，前者指的是现时的比较优势，后者指的是转换中的比较优势。实行静态比较优势战略，大力推动劳动密集型产业发展以至作为主导产业，将使发展中国家或地区在国际贸易中处于不利地位。主要原因是，随着社会消费结构和生产结构的升级，劳动密集型产品的需求比重将不断下降，而资本和技术密集型产品的需求比重会不断上升；同时，发展中国家如果大力发展具有静态比较优势的劳动密集型产业，使国际分工格局下的产业专业化水平得到强化，势必制约处于比较劣势的资本和技术密集型产业的发展，进一步扩大与发达国家的产业结构差距，阻碍动态比较优势的转换。中国加入WTO之后，笔者曾指出，扩大对外开放的新环境要求中国工业调整发展战略，以产业结构战略为中心推动工业升级，促进技术密集型产业发展和比重上升。10多年的实践证明，如果产业结构长期处于低端水平并升级缓慢，在国际上将面临越来越大的竞争压力，在国内也将面临越来越大的产能过剩压力。

由此可以得到两点启示：一是要协调好经济增长与结构升级的关系；二是要发挥好政府对结构升级的有效干预。适度的政府干预是促进转型升级的重要条件，但政府干预必须遵循市场规律，运用市场化办法，发挥市场机制的作用，这是新常态下宏观调控促进经济转型升级时要注重的基本取向。

5. 由主要调控市场主体转变为主要激发市场活力

在经济高速增长时期，市场主体有较强的发展冲动，加上体制问题造成投资软约束，来自微观和中观层面的过度扩张是推动经济过热的主要原因，因此，抑制市场主体的投资扩张以促使经济降温是宏观调控的基本方式和常态。这种情况下宏观调控的主要对象是地方政府和国有企业。改革开放以来尤其是1994年实行分税制以来，地方政府越来越成为中国经济发展中的重要市场主体。为了加快本地经济发展，吸引生产要素特别是资金流入，地区之间形成了明显的竞争关系，各地政府把主要精力用于招商引资，采取降低地价、税率和提供补贴等方式争夺投资项目，通过把工业用地价格降为零、3~5年免税或返还税收等办法引进大项目；同时，地方政府用尽心思向上级政府申报、争取投资项目，特别是向国家发改委争取大型建设项目，在这个过程中不惜采用各种手段甚至违法违规，包括边报项目边上项目、先上项目再报项目、土地未批先用或以租代征等，形成投资建设既成事实、抢占先机。区域之间的竞争实质上成为地方政府之间的竞争，成为追求速度、攀比速度的竞争，成为以GDP论英雄的竞争。而国有企业尤其是中央企业则通过投资项目游走于地方政府之间，利用这个需求环境实现产能扩张，获取“共同发展”的好处。这导致大多数地区的经济增长目标都高于全国的增长目标，中央制定的年度计划和中长期规划的目标在实践中屡屡被地方突破，经济很快走向过热是必然的趋势。在全国经济一片热中，地方政府是热的龙头，如果不调控各地政府的行为，并以此引导国有企业及其他企业的走势，根本不可能控制住过热的局面。所以，宏观调控只能以抑制地方政府盲目建设为重点，在2004—2007年的调控中，还查处了一批违规建设的项目，处理了一些相关的省、市级领导。

经济进入中高速增长的新常态之后，市场需求发生较大变化，市场主体的投资热情下降。各地经济增速下滑严重影响财税收入增长，房地产市场调整使土地出让收入减少，地方政府性债务负担变得更加沉重，地方政府发展经济的手段和路径面临新的挑战。加上近几年中央严格实施“八项规定”，反腐政策持续推进，政府官员行为受到新的制约，一些地方政府官员出现了不作为的现象。这些情况使地方政府发展经济的能量和动力减弱，也促使中央政府调整改变宏观调控的对象和方式。

2012年以来，中国投资增速持续下移，2015年后表现更加突出，加大了经济增长下行压力。现在的政策取向主要有两方面。一方面，要求地方政府继续承担发展经济的任务，推进基础设施建设，改善区域投资环境，通过PPP等方式引进民间投资，保持地方经济平稳较快发展；同时采取扩大地方债发行、实施地方债务置换等办法，加大中央对地方政府的支持，减轻地方政府债务负担，增强地方政府推动发展的能量。另一方面，进一步深化市场化改革，持续推进简政放权，破除投资发展的体制机制障碍，推动大众创业、万众创新，提升个人和企业投资发展意愿。下放的权力，一部分下放到各级地方政府，一部分直接下放给企业和社会组织，尽管一些重要的权力还没有真正放下去，已经放下去的权力要发挥作用和跟上新的监管也需要一个过程，但大方向是正确的，市场活力将逐步释放出来。现在需要讨论的问题是，这两个方面是否符合宏观调控取向转变的新要求？从中短期看，既推动地方政府发展经济又增强市场活力，符合中国现行体制下经济运行和发展的特点，可以使宏观调控政策比较直接地落实下去，较快起到稳定需求和经济增长的作用。但从长远看，应当逐步减少对地方政府的调控，增加对市场运行的调控，使市场取代地方政府的地位，在宏观政策信号的引导下配置资源。因为中央政府调控地方政府，地方政府又会去调控市场，反而可能把宏观政策信号搞乱了，把市场运行机制扭曲了。

新常态下宏观调控取向的转变，从根本上说，不应由限制市场主体扩张转向推动市场主体发展，而应通过激发市场活力增强经济发展的内生动力。运用改革的办法来促进经济稳定增长，反映了经济体制改革的新要求，是新常态下宏观调控思路和模式的一个重大转变。这有利于扩展调控政策的持续效应，减少调控可能产生的后遗症，并推动稳增长与调结构有机结合起来。地方政府作为直接发展经济的市场主体，应当在深化改革中逐步淡出，转向主要推进与公共服务相关的基础设施建设，致力于创造改革开放氛围和改善区域市场环境，促进企业公平竞争和有效发展。使地方政府不直接承担发展经济重任，将比要求地方政府不片面追求GDP更加可行，这有助于避免地方政府干预当地企业配置资源，尤其是直接干预本地国有及国有控股企业的投资发展；有助于防止形成地方保护主义，导致区域间市场分割，影响企业公平竞争；也有助于地方政府加强对本地企业防治污染的监管，协调经济发展与环境保护的关系。从而可以使市场更有效配置资源，也可以使地方政府更好地发挥作用。同时，宏观调控由调控两个方面转变为集中精力调控市场，减少地方政府这个中间环节，也能更好地发挥宏观调控的作用。

宏观调控如何运用改革办法激发市场活力？主要思路有

以下几个方面。一是激活民间投资。除了加快扩大民间资本在基础产业、基础设施、新兴产业、社会服务等领域的进入范围之外，还要保障民间投资进入和退出的自主权及便利化，支持民营企业参与政府采购市场的公平竞争并增加政府向民营企业采购的比例，鼓励民间资本参与国有企业改革和发展混合所有制经济，对中小微企业合法经营、开拓市场给予必要保护以至实行财税、金融优惠政策。二是激活国有经济。推进国有产权制度改革和国有经济布局调整，加快国有资产管理向管资本为主转变，积极发展国有资本投资运营公司，促进国有参股的混合所有制经济发展，带动国有企业健全现代企业制度和完善公司法人治理结构，使国有经济这个市场主体焕发出新的发展活力。三是激活“双创”动力。当大众创业、万众创新的热情被点燃之后，还需要通过体制机制创新来支持创业活动的有效进行，促进技术创新、管理创新、市场创新等持续发展，其中最重要的就是推进金融改革和金融创新。应当大力加强金融市场化改革的微观基础，发展多元化的金融市场主体和金融创新力量。就激发“双创”活力来说，应促进风险创业投资、私募股权投资等市场化投融资形式的发展，支持企业运用股权、期权等方式来稳定创业合作、激励创新行为，形成灵活有效、可持续的机制。四是激活大众消费。消费者是重要的市场主体，消费活力也是重要的市场活力。应当在增强居民消费能力、完善消费政策、培育消费热点、优化消费环境的过程中，更加注重深化与消费相关的改革，维护消费者的消费自主权和选择权。

（三）房地产市场健康发展的机制[①]

——一个处理政府与市场关系的分析框架

1. 房地产市场的宏观定位

住房有居住功能，也有投资功能；相应地，以提供住房为主的房地产市场既可以满足居住需求，也可以拉动经济增长。在世界主要国家中，把房地产市场的功能主要定位在第一个方面的，大概只有德国、新加坡等少数国家；而其他的多数国家，基本上都在两个方面发挥房地产市场的作用。但是，第二个方面是有风险的，房地产作为投资和经济增长的手段，市场很容易吸引过多的资金流入，推动房价过度上涨，影响一般家庭的居住需求，并造成资产泡沫不断积聚，直到泡沫破裂，影响经济稳定运行，乃至引发金融危机。在后一类国家中，很多出现过这个问题，美国、日本，甚至不少东南亚国家都有过典型的案例和沉痛的教训。

如何发挥房地产市场的作用，是一个国家（或地区）政府的重要政策选择。房地产市场一般包括商品房市场和保障房供给（一个相对封闭的市场），并分为一手房市场、二手房市场和租赁市场。把房地产市场主要定位在满足居住需求的国家，政府都大力发展面向低收入家庭的保障房供给，完善住房租赁市场并保持较高的租住比例，同时限制商品房二手市场的发展空间，从政策上调控一个家庭拥有多套（两套

① 本文为笔者承担的国家社科基金特别委托项目“促进房地产市场健康发展”的总报告，主要内容发表在《经济学动态》2015年第9期和《管理世界》2017年第2期。

及以上）住房。通过房地产市场满足居住需求和拉动经济增长的国家，政府在提供必要住房保障的基础上，把重点放在发展商品房市场上，并协调一手房、二手房和租赁市场的关系。但是，这类国家对市场的政策定位也存在较大差别，其中的重要标志就体现在如何重视发展住房租赁市场、对家庭多套住房或大面积住房进行调控等政策取向上。在大多数国家中，商品房市场都是房地产市场的主体，这个市场按市场规律运行，主要依靠市场机制来配置资源，但政府需要建立起规范市场运行的制度，并形成稳定市场和房价的宏观调控体系和机制。即使像美国等市场经济发达的国家，调控房地产市场的机制也相当完备。一个国家房地产市场的波动程度，既取决于经济增长对这个市场的依赖性，也取决于政府对这个市场调控的有效性。

许多国家在房地产市场发展到一定阶段，特别是受到房价泡沫破裂的严重影响之后，政府开始调整对房地产市场的政策取向，主要是减少经济增长对房地产市场的过度依赖，防止房地产市场波动引起的经济波动和金融风险。日本、韩国就是实行这种政策转变的国家。这主要体现在两个方面。一是从政策上规定居民家庭的居住标准。如日本在20世纪90年代后，把确定合理居住标准作为引导可持续发展的住宅建设与消费模式的重要手段，对不同类型家庭住宅标准的主要划分方式是：依据家庭人口确定每套居室的数量及相应的面积标准；依据区域分为都市型标准和一般型标准；依据保障性质分为最低居住标准和引导性居住标准。最低居住标准指同地区最低住房保障目标，引导性居住标准指政府提倡和预期计划将达到的目标。按照以上住宅面积标准，1991—2000年期间日本三口之家的住房面积，最低居住标准为39平方米（使用面积，下同），引导性的都市型和一般型居住标准分别为75平方米和98平方米。2006年日本出台的《住生活基本法》，又从法律上对各种规模家庭在不同状况下的居住标准加以规范，并基本维持20世纪90年代的面积标准。韩国在成为发达市场经济国家后，为低收入家庭制定的住房标准仍然是“小户型”，其中低收入家庭为每户60~80平方米，最低收入家庭为每户40平方米。二是从政策上对家庭拥有大面积住房或二套及以上住房现象进行调控。日本、韩国政府都制定了一系列政策，从住房贷款、税收等方面调控大户型住房、二套及以上住房的需求和消费。如韩国政府2003年提高房地产转让税率，对拥有3套以上住房家庭在转让房地产时征收60%的转让税；2005年颁布的《不动产综合对策》加强对房屋综合不动产税的征收，使拥有房地产越多的家庭，每年缴纳的不动产税越多，同时加大对住房转让的税收调节力度，对拥有两套以上住房家庭，如房地产交易价格超过政府制定的各地房产基准价10万美元时，转让所得税税率由9%~36%提高到50%，高价高档住房的转让所得税税率则更高。

中国的房地产市场，严格地说，是在1998年住房制度改革后才真正发展起来的。近20年来，中央政府没有对房地产市场的功能进行明确的定位，但实质上这个市场一直发挥着满足城镇居民住房需求和拉动经济增长的双重作用，很多地方政府更是把房地产业作为拉动经济发展的支柱产业。实际上，各地房地产市场几乎都对当地经济增长、财税收入起到越来越大的支撑作用，以致很多城市犯上了对土地收入、房地产扩张的依赖症。2003年以后，房地产市场逐渐出现过热现象，社会上炒房现象增多，拉动房价过快上涨，制约了中低收入家庭的购房能力。在这种情况下，中央政府开始对房地产市场进行宏观调控，主要是控制别墅和高档、大面积（144平方米以上）住房的发展，引导中小套型（90平方米以下）住房的建设和消费，限制住房买卖转手的时间，同时加快保障性住房建设和棚户区改造，推进住房租赁市场发展。

然而，对于居民家庭购买多套住房的需求，政府的政策取向是摇摆不定的，10多年来已有过5次明显的阶段性政策变动，经历了收紧—放松—收紧—放松—收紧的反复波动。这5个阶段的政策性变化，实质上反映了政府在对待房地产市场作用上的矛盾选择：当房价过快上涨影响中低收入居民家庭购房能力时，政府为了发挥市场满足居住需求的功能，对购买多套房的投资投机需求采取抑制政策；而当房地产市场调整影响到经济增长时，政府又被迫转为稳定房地产市场拉动经济的功能，实施支持购买第二套住房的政策。

现在需要讨论的问题是，我国应当如何看待房地产市场的功能和作用，从而采取一种明确、稳定的长期性政策？在房地产市场发展的初期阶段，我们可以同时利用市场的两种作用，既满足居民家庭的住房需求，又起到拉动经济增长的效果；由于两者并没有明显的矛盾，各方面难以形成清晰、一致的认识，政策取向上的摇摆是很自然的事情。但现在我国房地产市场发展进入了一个新的阶段，需要对市场作用进行明确定位，并据此确定政策取向和作出制度安排。有关资料显示，2016年我国城镇居民家庭平均拥有住房达到1套左右，人均居住面积（房屋建筑面积）达到36.6平方米，已超过大多数同等收入条件国家的居住水平，接近日本、英国的居住水平，房地产市场进入了一个相对饱和的阶段。未来一段时期，房地产市场在满足城镇居民住房需求方面，主要来自城镇化过程引起的人口迁移，而现有城镇居民改善居住条件带来的需求空间已相对较小；同时，由于商品房的存量已经很大，新建住房开发、房地产投资的增速将逐步回落，房地产市场在拉动经济增长方面的作用将明显下降。因此，对房地产市场的定位和政策取向，必须在这个基本框架下来进行分析和讨论。

这是如何处理好政府与市场关系的一个重大问题。我国对房地产市场定位的焦点在于，我国未来较长一段时期内（如到2030年），政府在规划和政策导向上，要支持城镇居民人均居住面积达到什么水平以及一个家庭可以拥有多少套住房，从而在多大程度上继续发挥房地产市场对经济增长的作用。从长期发展趋势看，我国的住房发展规划和政策既要考虑人口增长、城镇化进程、老龄化趋势、家庭规模变化等因素，也要考虑产业结构调整升级和经济转型发展的要求，不能因房地产市场的持续扩张而使钢铁、水泥等传统工业和建筑业长期在经济结构中占有较大比重。但从中短期情况看，我国总需求特别是内需不足的矛盾仍比较突出，离开房地产市场稳定发展的支撑，投资和经济增速将大幅下行，甚至可能引发区域性债务和金融风险，使经济社会发展进程受到较大冲击。显然，我们必须研究处理好长期发展与短期矛盾的关系。

一个可供选择的思路是，中央政府在深入调研的基础上，提出未来继续改善城镇居民居住条件的总体目标，作为制定住房发展长期规划和政策的依据，并以此引导地方政府的住房发展目标、规划和政策取向。初步设想，到2030年，我国城镇居民人均居住面积（建筑面积，下同）的引导性标准可以达到40~45平方米（换算为使用面积为30~34平方米），相当于日本在20世纪初期出台的《住生活基本法》规定的引导性居住面积标准的水平，高于日本2008年（37.3平方米）和英国2010年（39.2平方米）的居住水平。借鉴日本的经验，我们也需要规定或要求不同类型城市形成不同的居住面积标准，以引导城镇人口流向和居住用地配置。其中，特大城市、大城市（包括一线城市、省会城市）的人均居住面积标准应当较低，如为35~40平方米；中小城市和城镇的人均居住面积标准可以较高，如为45~50平方米。各类城市尤其是一、二线城市的不同区域，也可以有类似的居住面积标准规定或引导政策。

在这个基础上，政府可以进一步确定未来居民家庭拥有住房套数的基本目标。应改变以往政策上的模糊、摇摆状态，采用规范方式向全社会表明，与人均居住面积的发展目标相配套，支持每个城镇居民家庭拥有两套住房。这包括：已有一套小住房的可再买一套较大住房（改善性需求），已有一套较大住房的也可再买一套小住房（非改善性需求）；既可以在同一城市拥有两套住房，也可以在不同城镇各拥有一套住房（全国城镇个人住房信息联网）。明确提出这个政策目标取向，有利于引导城镇居民合理规划家庭居住空间和环境，为市场配置房地产资源创造长期稳定的制度条件，从而推动全国住房市场的持续性活跃，促进区域住房结构的调整和完善。

房地产市场的总体定位确定之后，就要依据人均居住面积、户均住房套数的发展目标和基本规定，制定实施相应的土地、财税、金融等调控政策，并建立起房地产市场的供求调控制度和机制。

2. 房地产市场的供给机制

改革完善房地产市场的供给制度，要形成多元参与、平等竞争的市场环境，使市场机制在房地产资源配置中更好地发挥作用，进一步明确政府的基本责任和职能范围，促进形成稳定有效的供给机制。

（1）制定房地产业发展中长期规划。

21世纪以来，中国房地产业在迅速发展，政府对房地产市场的调控一直在进行，但却始终没有一个总体性的房地产业中长期规划。这就导致对房地产市场的宏观调控缺乏明确的依据，调控政策明显短期化，往往随着市场供求和价格波动而调整政策取向，调控效果不理想，还容易出现政策偏差。现在房地产市场进入了一个新的发展阶段，不稳定、不确定性因素增多，仅仅依靠短期市场形势判断而实施调控政策已远远不够了。为了避免调控政策的随意性、盲目性，增强产业发展和供给政策的前瞻性、预见性，需要抓紧研究制定房地产业发展的中长期规划，并以此作为完善供给机制的一个重要基础和一项导向指标。

制定实施产业发展中长期规划，是市场经济条件下政府促进产业稳定发展的基本职能，这对于具有改善民生性质又有经济增长功能、波动性大和影响面宽的房地产业来说，显得更加重要。制定房地产业发展中长期规划既要遵循市场规律，又要体现政府意图。中长期发展规划的主要指标不是指令性的，而是预期性、指导性的，其作用在于，政府把收集整理的信息和分析预测的结果公开化，将发展的目标、思路和重点与相应政策结合起来，达到稳定和引导市场达到预期的效果。房地产业规划的核心是住房发展规划，关系到千家万户的需求和利益，因此，全国或城市的中长期住房发展规划，都应在相关范围内广泛征求社会各界意见，充分体现民主决策，力求达成基本共识，以保证规划的科学制定和有效实施。

中长期住房发展规划的主要依据是住房发展的总体目标，即以未来15年改善全国城镇居民人均居住面积需要的住房建设规模为基础，确定分阶段的发展任务、发展路径和配套政策措施。在这个过程中，需要处理好几个方面的关系。一是中央与地方的关系。应当同时从全国和地方两个层面制定住房发展规划，建立上下沟通和协调的机制。这要求中央与地方在制定规划中加强联系，共同分析判断住房供求关系的变化趋势，使中长期住房发展规划更切合实际，更好地发挥引导市场预期的作用。结合住房发展规划的制定，有些地方还应修订城市发展规划，这也需要中央部门与所在城市的协调配合。二是商品房与保障房的关系。中长期住房发展规划要坚持市场化改革的大方向，总体规划中的“大头”依然是商品房的开发建设，政府规划的主要功能是引导开发商的投资行为。同时，政府要继续推进保障性安居工程建设，包括城镇保障房建设、棚户区改造等（危房改造需要另行研究），确定中长期保障性住房建设的数量和比例。在房地产市场低迷时，各地政府可根据实际情况，从市场上购买部分商品房，作为提供保障性住房的房源，短期内起到调节供求、稳定市场的作用。但从中长期发展规划看，商品房与保障房的建设数量和比例应当是明确的、相对稳定的，这是在发展房地产市场的大框架下，中央政府通过规划体现的市场与政府在住房供给上的基本关系。三是中期与长期的关系。在未来15年的住房发展规划中，中期就是前5年。这5年房地产市场的调整变化可能较大，并将对后10年的市场走势产生影响。不论中国房地产市场的大趋势怎么走，有一点是可以确定的，就是当前处于周期性调整的过程，以后还会有多次周期调整出现。这要求住房发展规划理清中期市场与长期市场的变动关系，既采取适当有效的政策措施，引导市场平稳渡过这轮中期性调整，又积极拓宽未来市场运行的空间和路径，为后10年的优化发展创造有利条件。四是总量与结构的关系。对未来15年中国住房市场发展总规模的预测或设想，离不开对住房结构的规划安排。城镇居民对住房档次、面积等的需求，虽然是收入上升、消费升级的结果，总体上是由市场机制决定的，但从各国的经验看，政府的规划和政策对其也有重要的影响。政府对住房结构的规划导向，最主要的依据是基本国情和发展需要。从中国人多地少的国情和现代化建设的前景看，未来15年城镇居民人均居住面积在逐步提高到40~45平方米的过程中，住房发展的基本结构取向仍应以普通商品住房和中小套型面积为主，或占有较大比例。当然，其中的标准不是固定的，而是动态变化的，如现在的中高档住房，以后可能变成普通住房；现在中小套型住房的面积划分标准是90平方米，以后可能上升到100平方米等。这些都应当在住房发展规划中明确作出合理安排，以增强对市场的引导作用，促进住房结构与总量的协调发展。

（2）改革完善房地产用地供应制度。

在房地产市场中，供地制度是反映政府与市场关系的中心环节，也是处理好两者关系的主要难点。10多年来，我们在房地产用地供应中一直未能处理好政府与市场的关系，主要表现为：一是中央政府部门供地行为与全国用地市场需求动态不协调，出现总量性问题；二是中央政府部门供地行为与不同地方用地市场需求动态不协调，出现结构性问题；三是地方政府部门供地行为与当地用地市场需求动态不协调，出现区域性问题。其结果是，各地市场中“地王”现象频出，地价推高房价的问题日益突出。解决问题的根本出路是深化供地制度改革，建立和完善供地机制。在房地产市场调整的阶段，土地市场的供求关系将发生较大变化，但处理好政府与市场的关系依然十分重要。总的来看，应当制定与住房建设规划相适应的供地规划，建立与加强住房保障和稳定市场需求相适应的供地机制，合理确定和落实年度供地计划，把握好供地总量、结构、布局和时序。其中要重点理顺和完善的，是以下几个层面的体制机制。

①改革土地调控制度。房地产用地调控政策主要有三项内容：一是保证居住用地供应尤其是保障房、棚改房、中小套型普通商品房建设用地供应；二是促进闲置土地加快开发；三是完善土地出让方式。根据有关研究，第一项内容的实施效果较好，三类政策支持的住房建设用地得到保障；但后两项内容的政策效果不明显，尤其是土地闲置问题依然严重。政策效果不佳的主要原因是制度存在障碍。问题在于，政府部门控制着供地的数量、区域和节奏，行政性供地行为不可能与市场需求变动完全一致，导致土地供应总量和结构不适应住房开发特点，加上地价不断上涨，企业倾向于囤地增值获利。特别是，政府部门决策过程偏差、办事效率不高等原因，使行政性的土地闲置问题更加突出，相应的例子很多。结果是，一方面居住用地供给相对不足，另一方面土地闲置严重，市场机制难以发挥有效调节作用。深化改革的方向是，改变土地调控的方式和格局，减弱行政性调控的作用，增强市场配置资源的功能。要建立与市场用地需求和价格相挂钩的供地模式，即政府要研究确定一个适应市场规律的基本框架，当地价上涨时自动增加用地供应，地价下降时自动减少用地供应，形成数量化、动态化的供地机制。同时，改革完善土地储备供给制度，推进城市建设用地结构调整，根据人口城镇化发展的需要，合理提高住房建设用地在土地供应中的比重。未来一段时期，各地区房地产市场的分化将导致用地需求的分化，土地资源的行政配置更容易出现偏差，提升市场配置的作用显得更加重要，政府只有充分利

用市场机制的功能，才能促进居住用地的有效和优化配置。要积极探索发展多元的土地市场，适度放开土地二级市场，盘活城镇存量建设用地，多渠道增加住房用地有效供给。要及时总结推行一些地方的有益经验，通过推进老城区、旧厂房、城中村等改造破解城市居住用地短缺难题，允许国有企事业单位在不违反有关规划、不改变土地权属的前提下，利用自用土地发展公共租赁住房。

②完善招拍挂制度。实行土地有偿出让，实施招拍挂出让制度，是土地资源配置由行政配置为主向市场配置为主转变的一种重要体现。但在房地产市场过热、用地需求过度扩张的条件下，招拍挂出让方式导致地价大幅上涨，加重了房价上涨的预期，引起社会有关方面对这种制度的质疑和非议。对此，《国土资源部关于加强房地产用地供应和监管有关问题的通知》于2010年出台，该通知提出了严格土地出让条件、严格规范土地出让底价等一系列要求，其中有一条重要规定是严格土地竞买人资格审查。但这一条规定被房地产行业认为是政府提高企业拿地门槛，把中小开发商隔离于房地产市场之外，使楼市成为“大佬们的游戏”，会强化市场垄断，进一步推高房价。这是政府与市场关系未能处理好的又一个案例。市场在过热或过冷时，市场机制可能扭曲或失灵，这时政府出手干预尤其是微观干预一定要谨慎，否则难免百密一疏、事倍功半，因为政府难以应对千变万化的市场。有的政府部门期望通过周密的设计方案来解决问题，而这其实是行政干预的误区。市场的问题还是要用市场的办法去解决，最可行的方式就是支持各地从实际出发去探索、化

解矛盾，并贯彻多元参与、公平竞争、综合评判的市场原则。因此，应当在坚持市场配置土地资源、稳定地价形成机制的前提下完善招拍挂制度，鼓励探索“综合评标”“一次竞价”“双向竞价”等多种土地出让方式，并加强土地出让后全过程监管，缩短从供地到供房的周期。在房地产市场调整的形势下，可能会出现土地流拍等现象，但只要保持和完善市场机制的作用，就可以为调节供求关系、形成均衡地价创造有利条件。

③化解土地财政干扰。现在国有土地使用权出让收入主要归当地政府所有，多年来，随着房地产市场快速扩张，地方政府的卖地收入不断膨胀。现在要讨论的，不是土地财政收入变化本身，而是这种状况对土地市场运行的干扰。由于地方政府把土地出让的数量、区域、时点等要素与卖地收入联系起来，甚至为了追求收入最大化，导致土地市场的供求、价格信号扭曲，使市场配置资源的功能和效率受到很大破坏，也使土地出让的合理性、有效性、及时性受到明显影响。各地“地王”不断涌现，可以说与此不无关系。在这里，地方政府已经不是市场的裁判员，而是成为市场的参与者，直接或间接地与房地产企业进行博弈，造成土地市场难以规范运行。未来一段时间，房地产市场的调整将使土地市场的需求、价格发生较大变化，但地方土地财政对土地市场运行的影响依然存在，仍将制约市场对土地资源的有效配置。化解这种干扰的一个思路是改变制度安排，把各地尤其是主要城市的土地出让收入全部收归上一级政府，最好是收缴到中央财政或省级财政，上一级政府再根据各地征地补

偿、城市建设、保障房建设等需要，下拨必要的预算支出，而且不与或不完全与卖地收入挂钩。未来土地市场的调整变化，有利于研究实施这项制度变革。这虽然可能会影响各地政府卖地的积极性，但可以使地方政府摆脱对土地财政的依赖，较好地从土地市场运行中退出来，或改变市场参与者的角色，从而使市场配置土地资源的有效性得到增强。同时，这还可以使地方政府真正履行裁判员的职责，加强对土地市场运行和土地开发过程的监管，提高监管的公正性、规范性。

（3）改革完善房地产投融资制度。

中国房地产投融资的统计口径比较粗略，有关方面的研究分析差异较大，其中分歧最大的是对于投资资金来源中银行贷款所占比例的判断，多数分析认为这个比例达到50%以上，有的认为加上间接来自银行的资金，银行贷款占房地产资金的比例超过70%。综合起来看，中国房地产投资中的信贷资金比例明显超过了40%的国际一般标准，房地产企业对银行业金融机构的依赖度过高。同时，房地产信托、房地产民间借贷等形式的发展，又增加了间接融资的比重，拉长了间接融资的链条。这种投融资结构带来的问题：一是融资渠道比较狭窄，难以适应房地产市场发展的需要和房地产投资变动的规律；二是股权融资受到限制，使房地产企业的负债率持续高企；三是融资成本相对较高，加大了房地产业开发的成本和房价上涨的压力；四是融资波动幅度较大，增加了房地产市场发展的不稳定性和不确定性；五是融资风险隐患较多，当房地产市场出现调整时，风险可能集中爆发、连锁反应并引发一系列金融财政风险。特别是这种投融资模式还会导致企业投融资行为与政府政策取向的关系过于密切，增加了房地产市场运行与政府干预的内在矛盾，使以上几个方面的问题更加突出。在现行体制下，政府往往能够直接干预银行业金融机构的经营决策，如通过窗口指导影响房地产开发贷款、通过调整购房贷款首付款比例和贷款利率影响房地产资金来源等；同时，商品房预售制度作为房地产开发企业融资的一种重要形式，审批权限掌握在政府部门尤其是地方政府相应管理部门的手上，预售许可证的发放存在着可严可松的较大弹性；地方政府还可从增加土地出让收入出发，为房地产开发企业获得土地抵押贷款提供便利或约束等。这些都会影响市场的运行机制和调节功能，加大房地产投融资的不确定性、波动性和风险性。

深化房地产投融资制度改革的根本要求，是在加快整个投融资体制改革的基础上，大力推进房地产投融资渠道多元化，提高权益类融资等直接融资的比重，为协调市场运转与政府调控的关系提供新的制度条件，促进房地产市场形成稳定有效的投融资机制。主要思路是：

①加快扩大房地产直接融资的规模。房地产业是资金密集型产业，投资规模较大、回收周期较长，信贷类间接融资比重过大会带来许多问题和风险，而股权、债权等直接融资形式使收益和风险比较对称，可提高房地产投融资的稳定性、灵活性，降低开发企业的融资成本和风险。在房地产市场调整的阶段，政府应加快房地产投融资领域的简政放权，通过有效的政策措施，鼓励支持开发企业在股票市场上市（IPO）、再融资和在新三板市场进行股权融资，支持符合

条件的房地产企业发行公司债券、企业债券，大幅度扩大直接融资的规模和比重，使房地产业的间接融资比重较快降低下来。值得指出的是，房地产投资信托基金（REITs）是一种可以积极发展的投融资形式。这种形式不同于房地产信托，后者仍然是一种依靠信托贷款方式的间接融资，而前者将投资和融资结合起来，具有介于直接融资与间接融资之间的很多特点和优点，是比较适应房地产投融资发展的重要金融创新，在美国获得发展和完善并较快在其他国家传播开来。中国应当加强对房地产投资信托基金的实践研究，在前几年重点城市试点的基础上总结经验，加快完善相关政策措施和法律法规，促进这种房地产投融资形式的发展。

②积极推进房地产信贷资产证券化。在房地产市场调整的过程中，与房地产相关的金融风险逐步上升，由于中国房地产资金来源中的信贷资金比重很高，银行业面临的贷款风险最高。推进银行信贷资产证券化，首先要加快房地产信贷资产证券化。房地产信贷资产的规模较大，通过资产证券化实现分割交易，可增强资产的流动性，达到分散和降低资产风险、防范连锁性金融波动的效果。更为重要的是，房地产信贷资产证券化不仅可减轻商业银行的压力，而且可较快降低房地产业间接融资的比重，从而为房地产投融资发展腾出新的空间。房地产贷款大多数是抵押贷款，一般情况下资产质量较高、信用风险较小，在资产证券化的过程中，抵押证券者、政府担保机构、证券发行人、各类投资者、中介机构等都能参与其中，这将推动房地产证券市场的活跃发展，商业银行可以不再卡住或压缩开发商的贷款需求，房地产企业

可以比照信贷资产证券化的条件发行股票和债券，房地产投融资的活力和动力就得到了增强。在这方面，政府要加快研究制定房地产信贷资产证券化的基本框架和政策措施，督促相关部门加快审批商业银行提出的资产证券化计划，支持不同类型、期限证券的发行、交易和上市流通，并为各类市场主体的公平参与和竞争创造稳定的制度条件。

③逐步取消商品房预售融资制度。中国大陆的商品房预售制度，主要是借鉴中国香港地区“卖楼花”的做法建立起来的。一些发达国家如美国虽也有类似的商品房预售制度，但预售只向客户收取2%~10%的定金并交由专门机构管理，与我国预售时全额收取购房者房款（相当于销售，开发商通过银行获取客户的全款）并由开发商支配资金的情况有很大差别。引入商品房预售制度的初衷是为了缓解住房市场供不应求的矛盾，支持开发商获得资金加快住房开发建设。预售制度本质上是一种融资制度，是一种提前销售商品的低成本、不规范的特殊融资方式。期房作为兼有期货和远期合约特点的商品，预售过程要全额付款而不是只付定金或保证金，风险完全从开发商转移到购房者及贷款银行一边。由于这一点，预售制度从一推出就产生较多问题、非议不断，立法实施才10年左右（1994年至2004年）就有金融机构提出取消的建议，接下来就在取消与完善制度之间进行长时间的争论。房地产市场进入调整阶段，可能出现的房价下跌、预期变化，将使商品房预售制度的风险隐患更加凸显。当前能不能或如何取消这种预售融资制度，需要讨论以下几个方面的问题。一是取消预售制度对房地产开发融资有多大影响。如

果房地产投融资渠道能得到多元化拓展，则预售融资的作用可通过发行股票、债券等方式来替代。如开发企业可以“期房”为标的物发行股票或债券，或从商业银行获得再抵押贷款而银行则将其证券化，这样资金就不是直接来自购房者而是来自金融市场，而购房者则可以从市场上买入象征着未来住房的股票或债券。如果要完善预售制度，加强对预售资金的全过程监管，如实行第三方监管、专用账户监管等，也会使融资功能大为削弱。二是取消预售制度将使市场供求关系发生什么变化。在全国住房市场供给总体过剩、区域分化明显的条件下，取消商品房预售制度有利于缓解过剩压力、促进库存消化。同时，由于企业开发周期不同，逐步取消期房销售，对市场供给的影响是阶段性、分散性的，也不至于引起新房供给的大幅波动。可以说，以往有关方面担心预售制度取消会引起供给紧张、房价上涨的问题，现在因房地产市场形势变化而基本上解决了。三是取消预售制度是否会影响开发商扩大投资。房地产投资对整个固定资产投资和经济增长影响很大，取消商品房预售融资制度，会不会导致开发企业收缩投资？这主要取决于企业发行证券等融资的难易程度和企业的投资意愿。融资渠道的拓展依赖宏观政策取向和体制改革进展，企业投资意愿则基于对房地产市场走势的判断。如果市场预期不佳，期房销售也有难度且会产生更多问题，开发商即使消化了库存、拥有了资金，也不会较快扩大投资，而是会采取观望的态度。也就是说，取消预售制度不会对开发投资变动构成新的重大影响。四是取消预售制度对房地产市场运行有哪些积极作用。从根本上说，这是遵循市场经济规律，使市场更好配置资源的重要体现。直接作用是有利于缓解开发商与购房者在房价变动中的矛盾，减少房地产市场调整对银行业金融机构的信贷风险，防范连锁影响和放大效应。间接作用是有利于房地产资源中长期有效配置，促进开发商更多关注消费者的未来需求取向，更加注重提高商品房开发建设的质量。现在商品房市场中二手房的规模和比重已经很大，新建房的吸引力主要在于提高质量、改善环境和降低房价，如果由期房销售逐步转变为现房销售，将迫使开发企业从这些方面去提高竞争力，同时也有助于推动不同类型企业的兼并重组。五是采取什么方式取消预售制度能有较好的效果。比较好的途径是选择部分城市进行取消预售制度试点，在总结经验的过程中逐步推开。试点过程既可先在一些住房供给明显过剩的城市中进行，也可在不同类型城市（一、二线和三、四线城市）中各选一些有代表性的城市进行；同时，积极开展新建商品房现售试点，加快培育健全现房市场。取消预售制度既要有政策导向和配套措施，也要适时修订相应的法律法规。

④改善对房地产投融资的宏观调控。改革完善房地产投融资制度，既要坚持市场化、多元化的改革方向，也要坚持能更好发挥政府作用的宏观调控。重点包括以下几点：一是将直接调控转变为间接调控。这是适应市场经济发展的要求，也是改善房地产投融资机制的基础。如对房地产开发贷款的窗口指导，可转变为采用税收等政策进行引导；对居民购房贷款首付比例、贷款利率的规定和调整，可转变为采取债券回购、抵扣税、财政补贴等方式进行调节。在这方面，

其他国家有不少有效的调控做法和经验可供借鉴。实践证明，在支持低收入居民购房、保持房价相对稳定从而搞活房地产投融资等方面，运用经济、法律手段比用行政或类行政手段有更好的调控效果。二是促进房地产金融市场稳定发展。房地产投融资的多元化，尤其是直接融资方式和渠道的拓展，可以为完善房地产金融体系和市场创造有利条件，而房地产金融市场的有效运行和活跃发展，又可以反过来促进房地产多元化投融资的发展。应加快建立健全房地产金融市场体系，完善房地产金融市场的法律法规，把这个市场的稳定有效运行，作为政府调控房地产投融资的重要依托，提升宏观间接调控的水平和效率。三是完善房地产投融资风险监管机制。房地产投融资风险是房地产金融风险的核心问题，当前和今后一段时期，最需要防范的金融风险就是房地产信贷风险。要把《新巴塞尔协议》有关内容与我国的具体情况结合起来，加快完善相关法律法规并加强监测监控监管，督促银行业金融机构强化房地产信贷风险管理，及时化解区域性风险隐患，防止其演变为系统性金融风险。同时，根据房地产直接融资形式的发展趋势和特点，建立健全新的风险监管体系，完善风险监管的手段和机制。四是推进与房地产投融资调控相关的体制改革。主要是深化国有投融资体制改革，完善投融资调控体系和机制，为改善房地产投融资调控提供良好基础创造有利环境。

3. 房地产市场的需求机制

在过去10多年中，中国对房地产市场的宏观调控，主要是从调控住房需求着手的。在大多数时间里，为缓解住房市场供求矛盾，遏制房价过快上涨，中央政府采取多种政策手段抑制市场需求特别是投资投机性需求。而在运用政策扶持需求方面，总体上有过两次：一次是2009年第一季度，为应对国际金融危机的冲击，政府出手稳定房地产市场，但由于多种原因尤其是流动性扩张，市场很快出现反转，房价大幅上涨，政府被迫改变政策取向，由扶持需求转向抑制需求，其中的间隔时间只有短短几个月。另一次是2014年，为减弱房地产市场调整对经济增速下行的影响，政府再度出台稳定需求的政策措施，但引起了2016年更大规模的投资投机炒作，房价出现更大幅度的飙涨。当政府为遏制房价过快上涨而调控市场需求时，不少人认为政策上出现了偏差，政府不应该控制需求而应该增加供给，包括扩大房地产投资和土地供应。但这种观点从方法上看存在着更大的问题。应当说，对于缓解短期供不应求的矛盾，调控市场需求是正确的选择，特别是对房地产市场来说，在房价快速上涨吸引社会资金大量流入、投资投机性需求不断扩张的情况下，无论如何扩大供给都难以满足需求，只会引起房地产泡沫的不断累积。因此，国际上大部分国家为稳定房地产市场和房价，几乎都采用了控制需求的政策手段。相反的例子是，前些年国内不少地方尤其是三、四线城市，为缓解房地产市场供求矛盾而大规模增加土地和住房开发，导致了住房市场过剩的突出问题，就是片面地运用了增加供给的调控方式。

为了做好政府对市场需求的宏观调控，促进房地产市场稳定健康发展，必须深入研究我国住房需求的变动趋势和特点，探索建立有效调控需求的制度和机制。需要讨论的重点是，影响住房需求的主要因素中市场与政府的关系。

（1）城镇人口增长引起的住房需求。

这是影响城镇住房需求的长期性因素，具有相对确定的变动轨迹。城镇人口变化取决于总人口的变化和城镇化率的变化。我们从这两个角度进行分析。

①中国人口增长的预测。

对于中国人口增长和人口峰值的预测，各个方面得出的结论差异很大。从模型预测结果看，差别是明显的。近期的模型预测结果显示，对2030年中国人口数量的预测最低为13.64亿人，最高为15.22亿人，相差达1.58亿人，差别率达11.6%。从官方机构的预测结果看，对中国人口增长的预测数是不断下降的，到达人口峰值的时间也在不断前移。1996年，《中国的粮食问题》白皮书预测中国人口将在2030年达到16亿人的峰值；2007年1月，国家人口和计划生育委员会发布的《国家人口发展战略研究报告》预测，中国人口在2033年将达到峰值15亿人左右；2014年1月13日，国家计划生育委员会在其网站公布的一项研究结果显示，如果保持现行人口政策不变，预测未来中国总人口峰值约为14.2亿人，峰值的时间为2027年左右，随后总人口将下降，到2030年约为14.15亿人。同时，越来越多的最新研究结论表明，中国总人口的峰值可能只有14亿人左右，达到峰值的时间可能在2025年之前甚至提前到2020年左右。

需要注意的是，以上多数研究都没有充分考虑人口政策的调整变化，多数模型预测忽视了人口政策变动将带来的综合性影响。中国的人口政策已经从严格控制城镇居民家庭生育二孩，逐步转变到可以"双独二孩""单独二孩"，目前进入"全面放开二孩"的阶段，下一阶段还可能进一步出台放开生育、鼓励生育等政策。这些政策调整会对人口增长预测产生多大的影响？从2014年实行"单独二孩"政策以来产生的效果看，对家庭生育率或全国人口增长的作用并不明显，远远达不到原来的政策预期；从2016年开始的"全面二孩"政策，效果如何还难以判断。但是，有两个方面的因素需要观察和分析：一是生育政策调整有一个逐步产生效果的过程，也许要3~5年时间才能作出比较客观的评估；二是生育政策还存在继续调整的空间，如果人口增长过快放缓并影响到经济社会可持续发展，生育政策仍可能作出较大的调整。因此，我们既要看到中国人口增长速度和总人口峰值的预测具有回落的趋势，也要看到政策调整引起的多种因素变化将会产生重大的影响。在这里，我们仍假定到2030年，中国的总人口可能达到14亿人左右。与2014年末全国统计人口13.68亿人相比，未来16年人口数量将增加0.32亿人，总体增长2.34%，年平均增长0.145%。

②城镇化率上升的趋势。

中国的人口城镇化率在1990年为26.41%，2000年为36.22%，10年间年均上升近1个百分点；2010年为49.95%，10年间年均上升达1.37个百分点，呈明显加快趋势；2014年为54.77%，相较2010年年均上升1.21个百分点，上升速度仍较快但有所回落。根据国际上的一般经验，一个国家的城镇化率在30%~70%为快速上升阶段，其中30%~50%是加快上升的时期，50%~70%是较快上升的时期。中国的城镇化率从1996年达到30%（30.48%），到2011年超过50%（51.27%），只用了15年就完成加快上升的第一个时期，年均上升幅度达到1.39个百分点。预计未来几年城镇化率将继续较快上升，到2020年将超过60%，然后上升速度逐步放缓，到2030年达到70%左右。

按照2030年人口达到14亿人和城镇化率达到70%计算，城镇人口将增加到9.8亿人。与2014年全国城镇常住人口7.49亿人相比，未来16年城镇人口将增加2.31亿人，年平均增长1.69%。这些新增城镇人口，将对城镇住房形成新的需求。需要指出的是，以上人口城镇化使用的都是常住人口的指标，与这个指标相联系的是户籍人口的指标。现在户籍人口城镇化率比常住人口城镇化率低了约8个百分点，未来以人为核心的新型城镇化政策将大力推进户籍人口城镇化，在国家“十三五”发展规划中，户籍人口城镇化的预期目标就比常住人口城镇化的预期目标高了约5个百分点。与常住人口相比，户籍人口在居住面积、购房需求等方面都会有所增加，因而户籍人口城镇化率的较快上升，将带来较多的住房需求，或者说，在一定时期内将带动住房需求较快增长。

城镇化必然伴随着城镇的建设，一般来说，人口城镇化快速演进的过程也是城镇建设快速推进的过程。城镇建设包括新城区建设和老城区改造，后者会引起原有住房的拆迁，产生部分新的住房需求。同时，由于住房使用寿命、建设质量等原因，将有一批老的住房需要拆迁重建，也会形成新增住房需求。根据有关统计数据，中国在2000年以后建造的住房约占40%，2000年之前建造的住房约占60%，按照住房设计使用年限50年计算，每年拆迁重建的住房将形成相当数量的住房需求。

必须指出的是，以上只是城镇化进程带来的自然住房需求，政府的城镇化政策还会引起市场需求过程的变化，并使全国或区域的住房需求出现阶段性特点。2014年《政府工作报告》提出，今后一个时期，要着重解决好城镇化过程中的“三个1亿人”问题，即促进约1亿农业转移人口落户城镇，改造约1亿人居住的城镇棚户区和城中村，引导约1亿人在中西部地区就近城镇化。这“三个1亿人”政策，将会加快中国人口城镇化的进程，使更多农业转移人口真正在城镇定居下来；将会加快城镇棚户区和危房的改造重建，释放出更多的城镇新增住房需求；也可能改变农业转移人口向东部城镇流动的格局，加快推进中西部地区的人口城镇化和城镇建设。如果这些政策得到有效实施，到2020年，中国的城镇住房需求将出现提前释放和大幅增长的趋势；相应地，2020—2030年，城镇住房需求的增速就会相对下降，从而使城镇住房需求的变动形成明显的阶段性差别。另一方面，地方政府对所在城市的发展政策，如推动城市规划调整、新城建设、旧城重建等，也会对当地城镇住房需求带来重大影响。很多地方换一届领导就调整一次城镇发展规划，导致新的住房拆迁建设需求大量增加。特别是一些地方政府为了增加土地出让收入，人为推动新城建设、旧城改造，加上有关方面的炒作激发投资投机行为，使住房需求超越市场规律过度扩张，脱离了人口城镇化的基本进程，违背了房地产市场运行的一般趋势和特点，最终造成这些城镇的住房需求出现过早趋于饱和的问题。在土地出让收入、城镇规划建设等体制性问题得不到根本解决的条件下，这种现象对城镇住房需求的影响还会持续下去。

（2）人口结构变化对住房需求的影响。

城镇人口结构的变化，也是影响城镇住房需求的长期性因素。从国内外已有研究结果看：人口自然结构对住房需求的影响主要在于年龄结构；人口社会结构对住房需求影响较大的主要是家庭结构；而人口地域结构的影响已在人口城镇化过程中得到反映。因此，下面主要就对城镇住房需求产生长期、持续影响的人口年龄结构和家庭规模结构两个因素进行分析。

①人口年龄结构变化的影响。

二十世纪六七十年代，一些国外学者研究了人口年龄结构对住房需求的影响，认为不同年龄组之间住房需求的收入弹性不同，因而需求强度也不同。格里高利·曼昆和大卫·威卫利用美国20世纪50年代的调查数据，计算出个人年龄周期对住房需求呈“驼峰状”变化趋势，即：20岁以前住房需求水平很低；20~30岁期间住房需求快速增长，30岁左右人群是需求量最大的群体；40岁以后住房需求进入递减区间。尽管格里高利·曼昆和大卫·威卫对美国住房需求和房价的预测偏离了后来的事实，但不少经济学家在控制其他因素的影响后，仍认为人口年龄结构对住房需求确实有影响。从长期看，人口老龄化将导致住房需求减少和房价下降，对多数国家的实验分析也证实了这一观点。

国内学者在认同人口年龄结构影响住房需求的基础上，结合中国国情进行实证分析，得出了不同的结论。比较悲观的观点认为，人口老龄化对中国住房需求的影响已经显现；而比较乐观的观点则认为，未来相当一段时期，中国人口老龄化对住房需求的总体影响还不明显。

从2016年到2030年，中国人口老龄化的趋势是比较确定的，尽管各界对老龄化速度的测算存在着一些差别。如果生育政策的调整取得较好的效果，将会带动人口增长率的稳定和提升，但未来15年的时间不足以形成新一代婚龄人口，还不能带来新的住房需求。如果实施调整结婚生育年龄的政策，如把法定结婚年龄适度提前，有可能加快生育周期和提高生育率，增加新的住房需求。总的来看，人口老龄化对城镇住房需求的影响是一个自然的过程，未来一段时期内，应对这种影响虽然有一定的政策空间，但仅就与这个因素直接相关的变化来说，难以改变其产生影响的基本趋势和特点。

②家庭规模结构变化的影响。

对住房的购买往往是以家庭为单位的，因而家庭数量的变化成为决定住房需求的一个重要方面。一些国外研究认为，家庭规模、家庭生存周期等特征是影响住房需求的主要因素；虽然人口数量在下降，但由于家庭规模的缩小，住房需求仍然在上升。一些国内学者的研究预测显示，2000—2030年，中国的家庭户数量呈快速增长趋势，而且家庭户增长速度快于人口增长速度，家庭规模不断缩小；在假设户主率可变的情况下，2015年和2030年中国平均家庭户规模分别为2.95人和2.64人。另一项研究也预测，中国城镇家庭平均规模将从2011年的每户2.87人下降到2030年的每户2.7人，同时，2022年以后家庭规模小型化产生的新增城镇家庭数量将大于城镇化产生的新增城镇家庭数量。家庭规模的缩小直接引起了住房需求尤其是住房套数需求的增长。

综上所述，人口老龄化趋势使住房需求增长率下降，而家庭规模小型化趋势使住房需求增加，这两种趋势在客观上形成了相互抵消的效果。中国市场经济的发展和经济、社会体制改革的深化，一定程度上会强化家庭规模小型化的趋势，但“两孩化”等鼓励生育的政策又会使家庭规模的缩小受到新的制约。最终结果可能是，与城镇人口增长对住房需求的作用相比，人口结构变化对住房需求的影响相对较小和缓慢。同时还要看到，城镇人口变化影响的主要是住房面积需求的变化，人口结构尤其是家庭规模结构变化影响的主要是住房套数需求的变化，两者虽具有内在的联系，也存在着明显的差别。

（3）引起住房需求变化的其他因素。

在导致住房需求变化的因素中，还有一系列中短期因素，虽然不如长期性因素那样具有持续的影响，但多种因素汇集到一起，对住房需求和房价的影响力也不可低估。1997—2007年，大多数经济合作与发展组织中的国家（除了发生通缩的日本）都经历了一轮住房需求扩张和房价上涨，而这些国家的城市化过程已经完成，人口老龄化率在上升，主要是“其他因素”起了综合推动作用。针对中国10多年来住房需求和房价过快上涨，不同学者从各个方面寻找原因，几乎每个原因都产生了一定的影响，但又都不能单独解释持续上涨的现象。因此，下面我们对人口因素之外的其他主要因素，作一些简要的分析。

①收入增长和财富积累因素。

城镇居民收入增长较快，财富积累不断增加，在消费结构升级的过程中，扩大对住房的购买需求，或住房需求的收入弹性较高，是一件符合逻辑的事情。但是，1999—2013年，城镇居民家庭人均可支配收入年均增长9.2%，商品住宅销售面积年均增长17.1%，住房需求增速高于实际收入增速7.9个百分点；城镇居民家庭人均现金消费支出年均增长10%，商品住宅销售金额年均增长26.4%，住房购买增速高于现金消费增速16.4个百分点；两者的对比情况，远远超过了收入提高、消费升级能够解释的范围。从财富积累的角度看，只能把住房需求过快增长的主要原因归结于城镇居民收入差距大，以及中等收入群体快速增加。

中国城市房价收入比不断扩大的趋势也表明，收入增长和财富积累对住房需求的解释力度很小。从现在起到2030年，经济增速将继续高于人口增速，城镇居民人均收入还将较快增长，但由于两个因素的影响，财富积累对住房需求的拉动作用将明显下降。一是房价平均水平已相对过高。房价超前上涨使住房的保值增值功能降低，使财富增长与住房需求的相关关系弱化。如果未来一段时间房价平均水平没有较大回落，收入增长和财富积累对住房需求的促进作用将是下降的。二是消费升级趋势将发生变化。中国人均GDP（或GNI）进入中等收入阶段后，旅游、文化、健身、养老等消费需求进入快速增长阶段，而居住消费需求的增速将逐步回落，对住房需求的支出比例将相对下降。

②货币供给和利率水平因素。

货币供给过多、利率水平较低，是对住房需求和房价上涨的一种解释。这种观点得到较多学者的认同，也具有现实数据的支持。但货币供给和利率水平作为一种中短期因素，并不能解释住房需求的持续增长，如2003—2007年，货币政策是逐步收紧的，而商品住宅销售面积和销售额则都是快速增长的。

货币供给和利率水平是经常调整变化的，而且往往逆经济周期而变动，因而虽在一定时期内对住房需求产生重大影响，但不能成为住房需求持续增长的主要支撑。从长期发展趋势看（到2030年），货币政策的调整转变几乎是必然的，货币供给和利率水平对住房需求增长将不会有明显的促进作用。

③房价预期和投资投机因素。

过去10多年住房需求的扩张，与房价上涨预期有很大关系。房价预期引起住房投资投机需求大量增加，使住房需求超前释放和被人为放大。投资投机需求的过度扩张，还与国内城镇居民可投资渠道少、购买多套住房保有成本低（没有房产税）等因素相关。在中国特殊的经济社会环境下，由于地方政府发展行为、房地产企业炒作等多种因素的影响，房价上涨预期不断延长和扩散，造成投资投机需求在住房需求中的比重大幅上升。

随着房地产市场供求关系发生变化，国内的房价预期已出现较大变化，越来越多的市场人士认为房价大幅上涨的时期已经过去，尽管一、二线城市和三、四线城市的房价走势预期还有差别。房价预期是一种很强的市场力量，在房价上涨预期普遍存在时，政府对住房需求的抑制性调控并没有改变市场预期；同样，当房价下降或难涨预期得到普遍认同时，政府对住房需求的扶持性调控也不可能扭转市场预期。到2030年，在房地产市场发展的长期趋势中，房价预期及其引起的投资投机因素对住房需求的拉动作用将越来越小。

（4）改革完善房地产需求调控机制。

根据以上分析，在影响住房需求的因素中，长期性因素具有较强的规律性，政府只能因势利导，适当发挥政策的引导作用，因而对房地产需求的调控，重点在于调控中短期因素。需求调控的基本取向是稳定市场，通过政府看得见的手，努力减弱市场的周期性波动。但是，必须建立起长期稳定的调控机制，改变随机性、短期化的调控方式，更多地依靠制度和机制来调控市场需求，形成促进房地产市场健康发展的长效机制。当前和未来一段时间，应把更大的精力用在建立和完善调控机制上，包括由经济手段、法律手段和行政手段构成的调控机制。

①依靠经济手段的需求调控机制。

对房地产市场需求的经济调控，除了结合经济增长趋势，有效运用货币政策和财政政策进行总量调控外，主要是通过住房信贷、税收等经济手段对住房需求实施结构性调控。这不是要改变市场调节的功能，而是要为市场稳定运行创造必要的条件和环境。重点是：

a.坚持和完善差别化的住房信贷政策，使之成为一种稳定的调控机制。近几年的实践经验表明，差别化的住房信贷政策是符合当前中国国情、行之有效的需求调控政策。一个重要理论依据是，在城镇居民收入差距较大的情况下，把有限的住房信贷资金引导到支持低收入居民的住房需求上。主要取向包括以下几点：一是继续完善和规范差别化的住房贷款首付比例、利率水平。根据上文确定的城镇居民引导性居住面积标准的思路，可以将各个城市的人均居住面积标准作为实施差别化住房信贷政策的基本依据。原则上，对购买首套自住房，住房面积符合所在城市引导性居住面积标准的，实行住房贷款优惠政策；对购买第二套住房和住房面积不超过引导性面积标准的，实行正常或中性的首付款比例和房贷利率；对购买第三套及以上住房或住房面积大幅度超过引导性面积标准的，提高首付款比例和房贷利率。二是尽快制定、公布和执行长期化的房贷政策。市场住房需求是不断变动的，即使在一个需求上升或下降的周期里，也会出现回落或反弹的时间段。房贷政策不能反复调整变化，否则虽然对市场需求有逆调节作用，但往往会出现政策性偏差而引起更大的市场波动。住建部、银监会等有关部门应适时清理整合各种暂时性的房贷规定，制定长期性的差别化房贷政策条例，向全社会公布、征求意见后付诸实施，并保持相对稳定性，一般不因经济形势变化而轻易调整。三是理顺差别化房贷政策执行中的利益关系。现在的房贷政策一般由央行等国家部门发布，反映的是政府对住房市场需求的调控意图，商业银行只是被动执行者。但大多数商业银行已是改制上市的公众公司，房贷政策调整的损益完全由商业银行承担，不仅会影响政策的执行效果（商业银行没有参与积极性或面临贷款风险），而且不符合市场化原则。应尽快改变这种做法，建立新的制度安排。除了住房公积金、政策性银行的房贷外，都应参照国际上的有关做法，走以市场化运作为主的道路。对于首次购买引导性面积标准以内住房的自住性需求，可通过个人所得税抵扣或购房补贴等方式给予支持，逐步取消直接由商业银行提供房贷优惠利率的方式，并减少长期利率变化对贷款人带来的风险。

b.改革和完善房地产税收体系特别是房产税制度，形成一种新的稳定调控机制。调整房地产开发、销售、持有、租赁等环节税收政策，加大住房保有环节税负，是促进住房合理消费，抑制住房投资投机性需求，保持住房市场和房价稳定的关键性措施，也是市场经济国家的普遍做法。值得讨论的问题是，不能因为担心房地产市场波动影响经济稳定增长而推迟房产税出台的时间。我们并不能确切知道房地产市场周期的长度，更无法判断不同城市房地产市场分化的走势，因而等是等不起的。同时，并非征收房产税就必然抑制住房需求，相反，合理的房产税有利于市场需求和房价的长期性稳定。与其任由城镇居民去猜测房产税出台的时间和征收的幅度，还不如尽快明确中国房产税的基本框架，尽早落实政策，从而使该有的需求释放出来，使不该有的需求不出现反复。研究开征城镇房产税，从理论上考虑，应体现以下几点要求。一是贯彻税收公平原则。对所有家庭的所有房产（包括原有和新购住房），均按统一标准征收房产税。对于特殊性人才，可由政府或企事业单位按其应享有的住房面积，以住房补贴等方式返还所征税额。二是合理确定征税范围。原则上说，应以所在城市的引导性居住面积标准作为房产税起征点，超过部分开始计税。确定适当的房产税起征点，体现对财产征税的普遍性原则，有利于促进居民家庭选择租房或购买与收入水平相适应的住房。三是设置低税率和累进税率。对房产面积超过当地引导性居住面积标准较少（如不足30%）的，实行较低的税率；超过较多（如30%以上）的部分，实行分段累进的税率。对于拥有多套房产者，按所有住房的总面积减去免征部分后的总额分段计税。实行差别化的房产税政策，有利于调节个人收入和财产分配差距，促进住房资源和社会资金有效配置。四是依据城市房产信息系统联网征税。在完善个人房产登记和城市信息联网的基础上，加强城市、部门之间的沟通、合作和协调；引导居民家庭主动如实申报房产，保留追溯征税和惩罚的权力。五是将房产税列为地方税种。这有利于调动各地对这项工作的积极性，推进培育地方政府的主体税种，减少地方财政对土地收入的过度依赖。需要注意的是，不论房产税政策继续在部分城市试点还是在全国多数城市推开，都应作为一项长期性制度来设计，不搞阶段性、过渡性制度安排，从而使房产税制度真正体现作为财产税的本质要求，符合调节收入分配、培育地方税种、促进住房需求稳定和房地产市场健康发展等基本目标。从全国住房市场统一政策布局，防止各地城市相互竞争、吸引购房需求的角度看，应当改变由各个城市分别制定房产税试点方案的做法，改为由住建部、财政部、税务总局等部门联合制定方案或试点方案，按统一的征税办法分别在不同类型城市试行或全面推开。

c.加强房地产市场监测监控体系，建立健全需求调控的信息机制和监管机制。建立和完善信息、监管的机制，主要涉及以下几个方面。一是建立个人住房信息系统，构建房地产市场基础信息库。择机开展全国城镇房屋普查工作，全面摸清居民住房底数。二是完善房地产统计制度，规范信息发布和加强监测分析。对全国及重点城市商品住房保有量、居民住房自有率、住房空置率、房地产价格等国际上通用的房地产统计指标和数据，尽快建立权威的统计发布制度，避免数据空缺或部门冲突，以利于定期准确传递住房市场信息，支持房地产市场监测监控。三是建立健全舆论导向制度，完善房地产市场监管机制。依托住房市场信息发布制度，加强对媒体和舆论的正确导向，合理引导和稳定市场预期。正确引导房地产市场的观念和行为，依法打击各种扰乱市场秩序的违法违规行为。

②依靠法律手段的需求调控机制。

a.使市场需求在法律法规框架下运行。房地产市场的有效运行，需要完整的市场体系、规范的市场规则、多元的市场主体，还要以一系列相应的法律法规为基础，才能形成稳定的制度和机制。法律法规既要保障市场主体的利益，又要约束市场主体的行为，其中保障和约束市场需求行为是一项很重要的内容。这些法律法规是房地产市场运行的基本条件，又需要在房地产市场发展中不断完善，并且会在不同国家（或地区）形成一定的差异。比如，各个国家都保障消费者有选择购房或租房的权益，不少国家也有限制大量购房、住房空置的法律法规；大多数国家从法律上支持住房租赁市场的发展，又从不同角度制约住房买卖的过度投机。过去10多年，中国居民家庭的人均收入增长、消费结构升级、资产配置格局变化推动了住房需求的快速扩张，但保障和约束市场需求的法律法规跟不上房地产市场的发展，导致住房买卖市场与租赁市场、新房市场与二手房市场以至商品房市场与保障房市场的需求出现了不同程度的失衡，不合理、不规范的需求取向影响了市场的有序稳定运行，一些调控需求的法律法规欠缺甚至存在真空地带。要尽快完善这些法律法规，促进各类市场需求协调发展。主要政策取向是：加快建立健全租售并举的市场体系和机制，修订调控市场需求的法律法规，完善房地产用地、开发、交易、租赁、抵押、中介、监管等制度，明确各级政府的公共职能和责任。

b.使调控市场需求具有法律法规依据。不论运用哪些经济调控手段，建立何种经济调控体系，都需要通过法律法规的形式加以强制并固定下来，形成相对稳定的制度和机制。从实践过程看：一些国家（如德国、新加坡）支撑经济调控的法律法规较多，执行比较严格，市场需求的有序性、稳定性也较强；有些国家（如新加坡）随着调控方向、方式的变化，也对相应法律法规进行调整修订。中国如果要继续对住房市场需求实行差别化的信贷、税收等调控，并将此作为一项长期性的政策，必须尽快建立和完善相关法律法规，使经济调控过程合法化、规范化，才能真正形成长效机制。需要指出的是，制定、修订法律法规的过程，也是完善经济调控的过程。有些经济调控的政策措施是为了应对短期市场波动而采取的，一旦对这些政策措施进行立法立规，就会发现存在问题或弊端，不适宜长期实施下去，不能形成制度或机制。比如：对城镇居民家庭购买首套自住房的信贷优惠政策，基本上可以用法规的形式确定下来，而对购买二套房的信贷政策，能否或如何形成法规就需要进行深入研究；对城镇居民拥有住房征收房产税及征收标准的政策，则应当用法律的形式来提供强制性的依据和支撑。这就表明，对调控市场需求的政策措施进行立法（包括制定和修订行政法规）的过程，也是对政策措施的长期稳定性进行确认的过程。把具有长期应用价值的政策通过法律法规固定下来，可以增强经济调控的持续性效应；同时把应对市场波动的短期性、临时性措施排除出去，也能减少因形势变化带来的负面影响。

c.依法解决市场需求中的各种不规范问题。这些年中国房地产市场需求和交易中出现的种种问题，包括由开发商制造的虚假需求、房地产中介推动的阴阳合同、媒体报道的夸大事实、购房消费者的“房闹”现象等，导致房地产市场秩序混乱、需求信号失真，影响了政府对市场走势的判断，也影响了调控政策的有效性。其中的主要原因，既有法律法规不完善的问题，也有执法效果不佳的问题。要想解决这些问题，既要加快建立健全相关法律法规，又要着力推进全面严格执法。应当尽快破除体制分割的障碍，加强房地产市场执法队伍建设，完善执法过程监管，提升法律法规的威慑作用。

③依靠行政手段的需求调控机制。

运用行政手段调控需求，是政府对市场的直接干预，也是处理政府与市场关系的一种特殊形式。这是中国房地产市场面临的一个突出问题。

在房价持续过快上涨，经济调控政策难以奏效的情况下，政府出台了一些抑制需求的行政调控措施，包括限贷、限购、限价、限售和对地方政府实施问责等。行政调控的实质是政府对市场的直接管制，可以改变市场失灵的趋势，起到较快稳定市场的作用。但也必须看到，行政性措施毕竟与市场化改革的方向相冲突，尽管从短期看是利大于弊，但长期实施将转化为弊大于利。其负面影响主要表现在以下几个方面：一是妨碍市场机制的内在调节功能。行政性措施在短期内可以矫正市场失灵，缓解供求矛盾，但持续下去会损坏市场自我平衡、自我修复的机制，不利于价格与供求关系趋向协调。二是可能使市场需求信号失真。行政性措施影响改善性购房需求和迁移人口购房需求，也使部分自住需求出现观望推延状态，这些都会导致市场需求信号扭曲。三是可能影响市场供给稳定增长。行政手段可能会抑制市场大起大落，但也会改变市场预期，增加不确定性，引发新的波动。

在2014—2015年房地产市场调整期间，大多数城市放开了行政性调控政策，但由于2016—2017年市场出现了以投资投机性需求为主的更大规模扩张，导致房价上涨更加猛烈，各个城市的政府被迫再度启动行政性调控，行政手段的运用范围进一步扩大。这使我们陷入了依赖行政手段的恶性循环。未来一段时间，房地产市场还会出现新的波动，我们仍然面临行政调控政策的选择和运用问题，必须改革完善对市场需求的行政调控机制。主要路径有两个：一是建立进入和退出的机制。必须研究好行政调控政策进入的条件和时点，设计好符合法律规范、副作用较小的政策措施预案；同时，还要事先研究设计政策退出的方案，采取多种措施为行政手段的尽快退出创造条件。二是运用好替代行政措施的手段。行政调控的真正难点在于政策退出时不能引起新一轮市场波动，因而需要选择好具有重大替代作用、能够适时有效运用的经济和法律手段。从根本上说，要努力推动行政手段调控向经济、法律手段调控转变。

（四）简政放权改革中的政府监管改革[①]

1. 简政放权改革是供给侧改革的重要内容和条件

坚持以推进供给侧结构性改革为主线，是中央对未来一段时间经济政策取向的要求。这是自党的十八届三中全会提出全面深化改革以来，我们找到的一条符合经济运行特点的改革思路，是现阶段能够把改革与发展较好结合起来的一条改革主线。推进供给侧结构性改革，总的来说，就是用改革的办法推进结构调整，改善资源配置状况，提高供给质量，扩大有效供给，提升供给结构对需求结构变化的适应性和灵活性，促进经济持续健康发展。

如何在推进结构调整的过程中坚持用深化改革的思路和办法去破除障碍、解决问题，是衡量供给侧结构性改革是否

① 全文发表于《经济学动态》2017年第6期。

正确和能否有效推进的基本标志。如果这个思路不清晰、不坚定，在实践中遇到困难就容易再用老办法、重走老路，背离改革的大方向。当前深化供给侧结构性改革的主要任务，是深入推进“三去一降一补”，特别是根据新情况新问题完善政策措施，推动五大任务有实质性进展。需要明确指出的是，“三去一降一补”是现阶段解决结构性矛盾的5个重要方面，但本身不等于改革或不代表改革进程，不能与供给侧结构性改革画等号。不论是去产能、去库存、去杠杆，还是降成本、补短板，如果不深化供给侧结构性改革，都难以深入推进，难以取得长效，即使有了短期效果也容易出现波动反复。

现在社会上、企业界反映较多的一个问题，就是政府部门在推进“三去一降一补”的过程中，过多采用行政手段去解决问题、取得效果、实现目标，偏离了中央关于供给侧结构性改革的基本定位和路径。要如何看待这个问题？在市场经济条件下，政府在实施管理经济、干预市场的职能时，可以综合运用经济手段、法律手段和行政手段，一般来说，市场经济制度越完善，政府运用经济和法律手段越多，动用行政手段就越少。我国正处于经济体制转轨的时期，虽然朝着建立和完善社会主义市场经济体制的方向前行，但这是一个长期的过程。在这种情况下，由于结构调整涉及许多深层的利益关系和矛盾，政府在推动这些关系调整和矛盾化解中缺乏可用的法律手段，运用经济手段也缺乏必要的法律法规支持，自然而然会较多地动用行政手段。也就是说，如果主要依靠法律和经济手段，推动结构调整的时间可能较长，效果可能较差，甚至没有效果，而动用行政手段则作用较大、效果较快，政府部门运用起来也比较顺手。这是在体制不完善条件下政府较多运用行政手段的内在必然性。比如，对于钢铁、煤炭等产能严重过剩行业的去产能，由于这些行业中国有企业的比重较高，僵尸企业较多，地方保护主义的影响较强，因此市场调节的作用较小，政府采用经济政策和法律手段去推动，效果也比较缓慢，而行政手段则能取得较快的效果，其中包括上级部门通过行政手段对付下级政府的地方保护主义行为。可以说，如果不采用行政办法去产能，很可能会出现过剩产能根本降不下来的现象。但需要清醒地认识到，过度运用行政手段推进结构调整带来的弊端和后遗症是明显的，后果可能是严重的。从行政手段去产能可能产生的问题看，按规定目标减少产能会导致过剩产能的波动（减得过多或太少），引起价格水平的较大波动，淘汰的产能会死灰复燃；部分落后产能没有被淘汰，部分优质产能反而被淘汰，行业整体发展水平没有上升，甚至下降；国有企业可能受到保护，民营企业可能过度承压，民间投资增长将受到影响。

应当指出，政府运用行政手段具有客观内在原因，但这并不能成为过多使用行政手段的充分理由，必须坚定不移地深化供给侧结构性改革。供给侧结构性改革的领域和内容，包括要素尤其是资本和土地投入体制改革、企业尤其是国企国资制度改革、资源流动尤其是配置格局改革，以及增量调整尤其是存量重组方式改革等。“三去一降一补”中每个方面存在的体制机制问题，如果深入第一线进行调研，有可能找到可行的改革路径或举措，同时通过深化供给侧结构性改革，有助于建立促进结构调整优化的长效机制。只有坚持用改革的思路和办法推进结构调整，才能真正解决长期存在的结构性矛盾，并在改革中不断减少对行政手段的依赖。

解决政府部门习惯性运用行政手段去解决经济问题的有效办法，是大力推进简政放权改革。中央政府提出的简政放权改革，是推进行政体制改革、转变政府职能的核心内容，也是深化经济领域市场化改革，激发市场活力的重要环节。回顾我国改革开放将近40年来的历程，从计划经济体制向市场经济体制转变，很多改革举措就是从放权让利、放开搞活开始的，我们沿着这条路一直走过来，并取得了促进经济发展的重大成效。改革开放的实践表明，中央政府通过推进简政放权改革，把权力下放给地方、企业和社会，是解放和发展生产力的重要方式，可以发挥改革对发展的推动作用。一是有利于搞活经济的微观基础和中观层面，使经济体制运行符合市场经济的要求，使市场在资源配置中能够起决定性作用。二是有利于发挥多个方面的积极性、主动性、创造性，使各类企业、各类群体都成为创新创业和推进经济发展的重要力量。三是有利于减少政府的行政事务和减轻政府的责任负担，使政府部门能腾出手来推进重大制度性建设，制定和实施长期发展规划，更好地发挥政府作用。四是有利于减少政府决策和管理的集中性失误，分散经济运行和发展的潜在风险。当然，简政放权过程也会出现波动和反复，从以往的经验看，当经济出现过热、通胀压力加大的时候，在加强宏观调控中，原来下放的权力可能会以不同程度、不同形式被回收。这有经济形势方面的客观原因，即当时如果不这么做，宏观调控就难以取得效果或较快见效。很多发达市场经济国家的政府管制也在经济周期波动中经历了放松和收紧的反复过程。同时，简政放权的波动也有改革推进不坚定的主观原因，毕竟我们处于经济体制转轨的长期过程中，实现完全没有反复、没有波动的顺利改革几乎是不可能的。所以，推进简政放权是深化改革中的一个关键环节，是经济体制改革及其他改革的前提条件。

简政放权改革与供给侧结构性改革是一种什么关系？首先，简政放权是供给侧结构性改革的重要内容。供给侧结构性改革是通过深化改革促进供给结构改善、供给质量提高，相当于在推进结构调整中提供了一种新的制度供给。而简政放权改革的过程正好也提供了这样的制度供给，即以深化行政体制改革来推动经济体制改革，通过转变政府职能来支持市场化改革和市场经济发展。其次，简政放权也是供给侧结构性改革的重要条件。供给侧结构性改革要实现以深化改革推动结构调整的过程，必须增强市场机制活力，提高市场配置资源的功能，而简政放权改革正是为了达到这种目的，因此为供给侧结构性改革提供了重要的前提条件。一是从体制改革的源头创造有利于推进供给侧结构性改革的条件。简政放权是从行政体制自身开始改革，是政府本身的自我革命，解决政府管得过多、过宽和越位的问题，这为其他改革创造了必要的体制条件，可以支持供给侧结构性改革的推进。二是从供给主体方面创造有利于深化供给侧结构性改革的条件。简政放权主要是针对供给领域的市场主体放权让利，为供给领域推进改革、调整结构提供了良好的条件和环境。三是从搞活市场方面创造有利于推进供给侧结构性改革的条件。供给侧结构性改革面对的主要问题是结构矛盾和体制矛盾相互制约，市场机制被扭曲，市场功能发挥不出来。简政放权从解决行政体制的过度集权或不合理性入手，撤销或放开压制市场作用的行政性法规和政策，为供给侧结构性改革破除结构性、体制性障碍提供有利的制度条件。

2. 政府监管体制要适应简政放权改革的要求

简政放权改革在推进过程中，逐步形成了系统化、规范化的表述，就是简政放权、放管结合、优化服务，即“放管服”。其中的放管结合、优化服务，主要指政府管理权限下放过程或之后的监管问题，服务也是监管的基本内容。这里的“监管”概念，与学术界使用的“管制”（或“规制”）概念已经有所不同，不再是原来与其他国家大体一致（主要是从发达市场经济国家引进）的完整“管制”含义，而是去掉了事前的审批管制，剩下事中、事后的管制，成为专指的监管含义。我国政府文件中使用的“监管”一词，以往基本上与“管制”或“规制”同义，现在则既有完整的监管含义，也有专指的监管含义，并没有明确说明或分开。在这种情况下，对于简政放权改革所包含的内容，可以有两种不同的理解：一种是广义的理解，简政放权改革总体上包含事前审批放权和事中事后监管，包括放权的改革与监管的改革；另一种是狭义的理解，简政放权改革只涉及放权的改革，不包括事中事后的监管，同时提出放权要与监管结合起来，但不直接涉及监管方面的改革。为了更好地分析简政放权改革与监管体制改革的关系，需要明确界定两者的含义和范围，使之成为相互独立、边界清晰的两个概念，所以下面对简政放权改革采用狭义的理解。

简政放权改革与监管体制改革的本质都是处理好政府与市场的关系，根本取向就是使市场在资源配置中起决定性作用和更好发挥政府作用。现在需要讨论的问题是，从本届政府开始的简政放权改革，究竟是一项中短期的改革任务，还是一个长期性的改革过程？虽然本届政府确定的减少行政审批事项的目标已经提前完成，李克强总理也强调“放管服”改革已进入攻坚期和深水区，但并不等于简政放权改革可以很快收官或画上句号。从实践过程看，国务院部门行政审批事项还有近2/3，大约1000项，不少地方政府部门没有取消或下放的审批事项还占50%以上，一些地方已经取消的审批事项又悄然“复活”，这说明简政放权还有很长的路要走。而且，越是到后期，推进改革的难度越大，相当一部分行政审批事项涉及政府部门的关键权力，要取消或下放这些审批权力需要深度的、综合的改革。同时，建立和实施清单管理制度作为一项新的制度建设，也需要经历试点、推行、磨合、调整等一系列艰难的改革过程。从理论上看，简政放权改革受到一系列条件和环境的制约，其中一个重要方面就是政府监管体制的适应性，事前审批取消或下放之后，不仅事中、事后监管要跟上，而且新的监管必须转变监管方式，要以新的监管体制为基础。这也是简政放权改革对监管体制改革提出的新要求。从这个角度说，政府监管改革对简政放权改革形成了明显的制约，如果政府监管体制不能适应简政放权过程或之后的监管要求，简政放权改革就难以持续有效推进，已经出台或完成的改革还可能停止或倒退。因此，简政放权改革将是一个比较长期的过程，并且存在着波动反复的风险。

简政放权改革过程中或之后出现的问题，表明了政府监管跟不上或不适应的问题，其中多数属于体制性的问题，需要通过推进监管体制改革去解决。与简政放权改革相比，监管体制改革是应该走在前、走在后还是同步？可以说，原来我们对这个问题研究不够，准备不足。在简政放权改革的初期阶段，中央政府很快就意识到并提出了要放管结合，但中央有关部门和地方政府难以适应这个过程，在政府与市场之间出现了“真空”地带，放松事前审批之后又缺乏有效的事中、事后监管，实际过程中出现了不少新的问题，影响了改革的预期效果。接着中央政府提出要优化服务，形成“放管服”的组合，以推动政府职能转变来解决简政放权后的监管和服务问题，但政府与市场对监管体制的不适应仍然使问题继续出现，难以解决。

如何使政府监管体制与简政放权改革的推进相适应？主要有三种情况或三种选择。第一种可称为被动性适应。就是简政放权中的事前审批权下放之后，事中、事后监管要随之跟上，尽量不留出真空地带。第二种可称为主动性适应。就是根据简政放权进程的要求，及时加强政府监管，两者保持同步推进，相互协调。第三种可称为改革性适应。就是结合简政放权改革，加快推进监管体制改革，尽量使两者在体制上相适应，使监管方式的转变与简政放权的进程相协调。应该说，第三种适应才是真正的适应。监管体制改革不能明显滞后于简政放权改革，两个方面的改革需要协调推进。在某种情况下和某些领域中，监管体制改革可能还需要走在简政放权改革的前面，通过深入研究、系统设计新的监管体制和机制，为简政放权的推进提供新的监管方式和制度条件。

3. 简政放权改革中政府监管改革的基本取向

简政放权改革使传统的监管方式面临挑战，特别是给原有监管体制带来新的挑战。要加快解决一些重要领域政府监管中存在的体制问题，有针对性地推进监管体制的改革，为改善这些领域的监管创造制度条件。根据简政放权改革的需要推进监管体制改革，创新政府监管方式，要注重以下几个方面的取向：

（1）注重推进综合监管。

我国正处于经济结构大调整和深化改革大推进的时期，市场主体的经济活动多样化，企业跨区域、跨行业、跨所有制经营发展的趋势日益增强，简政放权改革虽总体上已全面推开，但在不同方面的改革取向和进展仍存在差异，这就使监管体制改革、监管方式转变面临不同情况，需要有综合性的监管思路，建立综合性的监管体系，以防止监管错位、监管缺失或监管过度等问题。同时，综合性监管可避免多头执法、重复检查等弊端，降低政府监管的制度性成本和各类市场主体的负担，与简政放权改革的目标走向相协调。推行综合性监管，建立跨部门、跨区域、跨所有制的监管机制，还可更好地利用各种信息和技术手段，发挥媒体的监督功能，引导社会公众参与，有利于形成全方位、广覆盖的市场监管格局。

要扩大综合监管的思路和视野，不仅要把大行业、大领域（如金融业、房地产业等）纳入综合监管的范围，加快综合性政府监管机构改革和制度建设，还要把大行业、大领域之间（如金融领域与房地产领域等）的联系也纳入综合监管范围，加强政府监管部门之间的合作和配合。以建立综合性监管体制为基础，协调好综合监管与专业监管的关系、实体经济监管与虚拟经济监管的关系、垄断行业监管与竞争行业监管的关系、国有企业监管与民营企业监管的关系、经营单位监管与事业单位监管的关系。

（2）注重实行审慎监管。

对新经济形态的监管要探索审慎监管方式。从监管体制改革的要求和方向看，还应把审慎监管方式推广到包括传统经济在内的大多数行业，乃至作为一种基本的监管方式全面推行。主要依据是：从近期看，简政放权改革是逐步推进、不断深入的，在这个条件下加强监管面临着体制变动的不稳定、不确定性，使监管过程具有一定的复杂性、可变性，为了实现适当而有效的市场监管，需要推行审慎监管的方式；从长远看，新的政府监管体制要建立在社会主义市场经济体制的基础上，在简政放权改革之后，监管体制如何全面改革，形成什么样的监管模式，需要理论联系实际进行深入探索，在这种情况下，推行审慎监管的方式，有利于在实践中探索完善新的监管体制。

（3）注重加强依法监管。

加强依法监管，对于实施公正监管、阳光监管、规范监管，以及有效监管的监管者，都是必要的和重要的。可以指出，在推进简政放权的同时提出加强政府监管，不会自然而然地走上依法监管的轨道，相反，有可能强化行政性监管而弱化法治性监管。这是因为政府部门在放开事前审批权后加强事中、事后监管，实施的主要仍是行政性监管，以运用行政手段为主，更多依靠行政性法规来监管，而相关法律法规可能存在不健全或不适用的问题。依法监管虽也具有行政性特征，也需要一定的行政手段，但本质上属于法治性监管，主要运用法律法规来监管。法治性监管与行政性监管的区别主要表现在：一是运用法律法规监管与运用行政性法规监管的差别；二是监管过程稳定性、严格性与可变性、弹性大的差别；三是政府不能改变法律法规与可以改变行政法规的差别；四是政府不能干预与能干预的差别，以及上级政府不能起作用与能起作用的差别。只有在监管体制改革中更加注重依法监管，推动行政性监管向法治性监管转变，才能真正建立起适应社会主义市场经济体制需要的新型监管体制，使简政放权改革后的政府监管实现由初期加强监管向逐步放松监管转变。

（4）注重消除体制矛盾。

政府监管改革与简政放权改革都属于渐进式体制改革，表现为行政体制持续调整变动的过程，也是我国深化改革总体布局的重要组成部分，势必面临新旧体制转换过程相互摩擦、相互掣肘的矛盾。当然，如果改革总体设计合理和配套推进顺利，改革措施也会起到相互促进、相互支撑的作用。就推进监管体制改革来说，必然会出现各类监管体制之间的矛盾、监管体制与相关体制之间的矛盾，必须重视化解和消除这些矛盾，才能在改革过程中实现有效的监管，并促使新的监管制度和机制较快形成。其中，有两个监管改革中需要重点研究和破解的体制矛盾：一是房地产市场监管与地方政府卖地体制的矛盾，二是公用事业监管与PPP新体制的矛盾。

4. 监管体制改革要协调好上下互动的推进过程

政府监管体制改革的理论依据，主要有三个方面：一是市场经济条件下政府监管的一般规范，维护市场经济的有序有效运转；二是发达国家的不同监管模式，根据中国的基本国情，选择性参考一些国家的监管经验；三是中国市场化改革过程的监管需求，适应深化改革进程中加强和完善监管的需要。把三者有机结合起来，要根据不同领域、不同行业的具体状况而定，特别是根据简政放权改革中出现的监管问题，在中央与地方上下互动中推进监管体制改革。

（1）鼓励支持各地在监管体制改革中探索创新。

适应简政放权改革过程和之后的需要，推进政府监管体制改革和监管方式转变，是未来一段时间行政体制改革的重要环节，在实践中存在着不稳定、不确定性因素，会面临许多新的困难和问题，搞不好会反过来制约简政放权改革的推进。为了鼓励支持各地从实际出发，在推进监管体制改革中积极探索、大胆创新，政府需要创造一个有利于改革的宽松环境。

一是支持改革中先行先试。就是允许一些地方进行监管改革试点，比其他地方先行一步，通过试点发现放开审批权后出现的监管问题，搞清楚事中、事后监管如何加强、如何有效实施、如何转型，以及如何建立制度和机制，为全局推进改革提供实践经验。特别是对于简政放权推进较快的领域、新经济形态发展迅速的领域，由于更可能出现脱离监管的现象，更容易暴露缺乏监管的问题，更需要推进监管方式的创新，因此更应该支持地方进行监管改革试点。

二是上级部门不轻易干预。地方的改革探索在短期内和某些方面有可能出现与上级部门思路或意图不一致的情况，因此需要耐心观察，综合分析，不要急于下结论，不要求全责备。对于各地从实际情况出发而进行的监管体制改革探索，特别是为适应简政放权改革而推进的监管体制改革创新，上级部门应当给予必要的支持和帮助。只要符合改革的大方向，不偏离国情的大背景，上级部门都不应轻易加以干预，不挫伤地方改革探索的积极性。

三是建立和完善容错机制。对改革探索中的偏差或失误采取宽容的态度，是我国改革开放将近40年来思想观念上的重大进步，也是很多领域改革得以取得成效的重要支柱。未来一段时间深化改革的任务艰巨繁重，需要在实践中不断增强容错理念，建立起必要的容错机制，真正支持改革者的探索。对于推进监管体制改革，可能会出现两个方面的偏差：一个是照搬市场经济国家的理论和做法，不适应中国国情特别是体制转轨中的具体情况；另一个是仅仅针对当前问题去改进监管方式，缺乏具有理论依据和国际视野的长远制度安排。改革中的试错和反复不可避免，要依靠容错机制来提供支持探索的空间。

（2）加强监管体制改革过程的政策导向和协调。

一是划分中央与地方的监管权限，并在改革过程中完善制度安排。中央政府与地方政府的监管权限划分，具有市场经济理论依据和国际经验可供借鉴，但这并没有唯一或不变的标准，而是有多种不同的模式和制度，需要根据我国市场经济发展特点和行政体制改革进程进行选择。要尽快确定中央与地方监管权限划分的基本原则，并在改革中逐步完善制度安排。随着简政放权改革的深化，政府监管权限的下放也是一个必然趋势。要引导各部门、各地方协同推进监管体制改革，加快建立适应简政放权改革推进的、监管权限与职责分明的制度和机制。

二是加强部门和地方之间的监管合作，形成制度性的监管合力。目前的监管合作还停留在国务院部门之间的工作安排上，需要进一步扩大合作协调范围，加强国家部委与地方政府的协调配合，推动各地也建立同样的监管合作关系，加快形成监管合作制度和协调机制，从而全面提升有效监管的能力。

三是树立政府监管中优化服务的理念，提高监管服务的水平。监管也是服务，监管服务是比监管含义更宽的服务概念。优化政府监管服务，适应简政放权过程的市场环境，符合监管体制改革的基本取向。重点是提高公共服务供给的水平，改进政务服务的质量和效率，满足各类市场主体在监管体制、监管方式转变中的客观需求。

四是促进信用监管与智能监管联动，编织好信息化时代的监管网。推动政府监管部门之间数据信息共享平台建设，打破“信息孤岛”和数据壁垒，建立数据信息互联互通和共享机制。广泛运用大数据、云计算、物联网等信息手段，加强线上线下一体化监管系统，推进企业信用信息一张网建设，完善市场主体诚信档案、黑名单制度和市场退出机制，强化智能监管与信用监管联动效应的威慑力。

（3）充分调动各方参与监管体制改革积极性。

一是发挥好政府监管人员在改革中的作用。针对党中央加强反腐和整治政府简政放权条件下干部队伍中的一些不作为现象，引导干部队伍放下包袱，使他们愿作为、敢担当。同时，围绕监管体制改革创新的新需求，加强政府监管人员培训和队伍建设，积极培养一批善于运用大数据监管手段的复合型、创新型专业化人才，提高监管队伍的工作能力和创新水平。

二是发挥好媒体监督在监管体制改革中的作用。新闻媒体具有天然的自发监督、及时监督功能，发挥好他们在市场监管中的作用，把握正确的舆论导向，规范各类媒体特别是小媒体的行为，促进他们遵守法律法规和职业道德，并依法保护他们的正当权益。

三是发挥好公众监督在监管体制改革中的作用。社会公众监督是降低政府监管成本、保持市场稳定运行的重要力量，是推进监管体制改革创新的一个主要依托。要在建立健全企业信用信息公示制度，加快政府信息公开化制度建设等基础上，多措并举完善社会举报制度，包括建立投诉举报热线平台，加强和规范互联网监督，完善有奖重奖举报制度等。

四是发挥好研究机构在监管体制改革中的作用。充分调动智库及专家的积极性、创造性，引导他们加大对监管体制改革创新的理论、政策、法律等方面的研究力度，为建立健全监管制度和机制提供新思想、新成果。鼓励支持专家深入分析政府监管过程出现的问题及原因，为媒体、公众参与社会监督提供理论和知识支持，帮助政府部门培养适应新时期要求的监管队伍。

作者在中国银河证券主办的年度经济研讨会上演讲。

作者在中央电视台主办的“精准扶贫”研讨会上演讲。

叁

治学经验及心得体会

回顾我从上大学开始到现在的读书做学问经历，我发现这个经历与国家改革开放的历史进程是一致的。由于选择了与社会经济生活息息相关的经济学研究，我对我国经济发展和社会变迁的感觉会更加强烈。当你把做学问作为一种职业，每天在忙碌着相同的事情，要说出一些我这些年的心得或体会，需要回头去思考和总结。这与其说是与其他人分享，不如说是反省自己，因为别人只看到你到达了某个境界，只有你自己才知道走了多少弯路。现在的年轻学生，包括本科生、硕士和博士研究生，要走上当学者的路，成为一名经济学家，也许比我们这代人，以及更年长一辈的经济学家少一些曲折，不再受到重大政治运动的冲击和复杂社会问题的困扰，取得多大的成就主要依靠自身的努力。因此，他们在做学问的道路上有更多自由探索的空间，可以在砥砺前行中找到适合自身特点的路径和方法，而我们这代人的经验和教训只有一定的参考意义。

就我个人的体会来说，选择做学问并希望做出点东西来，至少需要关注或思考以下五个方面的问题。

一 兴趣

兴趣是最好的老师，学习某些知识或技能是这样，做学问、搞研究更是这样。学者在介绍自己的研究专长或重点时，国内一般用“研究领域”来表述，而国外往往用“研究兴趣”来说明，这一定程度上反映了“兴趣”对于“研究”

的重要性。如果你想把从事经济学研究作为一生或相当长一段时间的主业，那么你首先需要问自己是否有这个兴趣。

当你进入大学选择经济学科时，你不一定马上会对这门学科产生兴趣，会选择经济学可能是由于就业、收入、发展或其他方面的原因，因为学习经济学知识后在很多领域都可以找到工作和发展方向。当你继续读经济学硕士时，你对这门学科是否感兴趣还是有不确定性，顶多是不排斥而已，因为你可能仍是为了找到更好的工作。但是，如果你选择了进一步攻读经济学的博士，你就必须对经济学研究产生兴趣了，否则，即使你是被迫报考或推荐上的博士生，没有基本的经济学研究兴趣，你也难以写出一篇合格的博士学位论文，难以完成博士毕业之前的论文发表要求。当然，这时候的兴趣还是不稳固的，你拿到经济学博士学位后仍然可以改变自己的兴趣，去从事其他工作，只有当你选择了经济学的教学研究工作时，你对这个方面的兴趣才算初步确定下来。

人的兴趣主要是在生活实践中形成的，借助外力的培养也有一定的作用。父母安排孩子从小学习文体方面的艺术或技能，虽然有时培养不出孩子的兴趣，但很多的时候能把孩子的兴趣激发出来。为什么兴趣对于做学问、搞研究更为重要？这与做学问和搞研究的性质特点有关。干这一行不仅是一项永无止境的工作，而且需要自觉、主动去思考问题，以至长期把主要精力集中到一个很小的研究领域里。在这种情况下，只有兴趣才能使你减少厌烦，你的兴趣有多大，你的投入就有多大、你的持续性就有多强。所谓“书山有路勤为径，学海无涯苦作舟”，没有浓厚的兴趣是做不到的。在大学里我们能发现一种现象，一些老师的教学工作做得很好，受到学生普遍欢迎，但研究工作做得不好，很少写作和发表论文，这某种程度上与他们的兴趣取向有关。

更有吸引力的是，兴趣可以决定成就，研究工作更是如此。这不仅因为浓厚的兴趣促使你比别人投入了更多的时间，还因为一个同样重要的方面，就是兴趣本身反映了潜力。你对研究问题有兴趣，表明你有一定的研究潜力；你对写作有兴趣，表明你有一定的写作潜力；这就像你对某种食物有兴趣，其实是对这种食物有较强的食欲一样。潜力的发挥会使你取得预期的成就，又会进一步增强你的兴趣，从而形成良性循环。

所以，如果你选择了经济学的研究工作，你需要确认你在这方面的兴趣，并努力培养和增强自己对深入研究问题的兴趣。

二 坚持

这里的坚持，主要是指在做学问、搞研究的过程中，要具有坚持不懈、持之以恒的精神，要有“板凳要坐十年冷”的觉悟，才能把研究深入下去，取得较好的学术成就。搞研究、出成果是一件艰难曲折的事情，需要的不仅是一时的热情和短期的拼搏，更多需要的是持续不断的努力，无怨无悔的坚守。从事这个职业的研究人员或学者，最忌讳的是见异思迁，经常转移研究的领域。还要防止的是浅尝辄止，轻易放弃研究的重点。

我国经济的快速发展和结构转变，使大学和科研机构专业人员的收入发生了很大变化，相对收入水平大幅提高，这使教学研究队伍的稳定性明显增强。二十世纪八九十年代，研究人员的收入水平相对较低，尤其是搞经济学研究的，与在企业工作的同学相比收入差距较大，年轻学者结婚后的家庭负担较重，坚持一心做苦学问的压力相当大，加上外部环境的诱惑颇多，很多有才华的学者被迫下海或从事第二职业。现在情况发生转变了，与经济调整背景下企业职员的收入波动相比，大学和科研机构专业人员的收入较高而稳定，特别是高校中研究能力强的教授收入颇丰，拿到“长江学者”“杰出青年”等头衔的更是年薪动辄上百万，做学问比在企业工作挣钱更稳定甚至更多，这使学者坚持搞研究的压力减轻，出成果的动力增强。

对于年轻的学者，包括博士研究生、博士后，坚持仍然是做好学问的重要条件，主要含义有以下几点：

一是坚持做好研究的信念。既然选择了长期做研究的职业，就要树立起能做好研究的自信心。特别是做应用经济学问题研究的，要努力排除来自外部环境的诱惑和干扰，坚持把投入时间精力当作“长线投资”的理念和行动。这不是简单地为经济学研究的工作赌上自己的一生，而是应当相信并可以相信，符合自身特点和社会规律的投入必然有较高的回报。

二是坚持自己的研究领域。注重守住自己相对熟悉、逐步形成优势的研究领域，把自己培养和发展为这个领域的知名专家。研究领域的最初选择，应与自己的博士学位论文题目、博士后研究选题结合起来，再根据研究的推进逐步由小向大扩展，即使研究单位或团队布置了新的研究任务，也要尽量与自己的研究领域联系起来。我刚到中国社科院工经所工作时，一些老师告诉我们，只要在一个研究领域坚持了10年以上的人，自然就能成为这个方面的专家。后来我在实践中发现，只要你在某个研究领域形成了一定的专长，发表了一定水平的科研成果，社会上的研究机构就会不断邀请你去参加相关的研究课题或研讨会、评审会，你就能获得越来越多的机会，并持续提升自己的知名度。毕竟，这个社会不缺少各种杂家，但很缺乏真正的专家（不是“砖家”）。所以，长期跟踪研究一个不大不小的领域，一段时间内集中研究一个专业性问题，既是社会经济发展和研究行业分工的基本需要，也是你取得研究成就和扩大学术影响的有效路径。

在广阔的非洲大草原上，一只非洲豹正在捕捉一只羚羊。羚羊在前面狂奔，豹子在后面猛追，追赶中经过许多惊恐观望的羚羊，有些羚羊离豹子很近，但豹子没有转向它们中的任何一只，而是继续追捕前面已选定的猎物。为什么？因为豹子明白，前面的羚羊和自己都跑得很累了，坚持下去就能够扑倒猎物，如果转而去捕捉更近的羚羊，刚起跑的羚羊狂奔起来它是追不上的，三心二意不断改变目标，最终将一无所获。这表明，坚持的成本是最低的，成功率是最高的。社会生活中的事情大都这样，研究问题更是如此。

三是坚持利用好研究时间。做研究工作，如果没有足够的时间投入，再聪明的人也会力不从心。很多学术大家对时间都抓得很紧，说白了就是很努力、很刻苦。记得哈佛大学前校长说过一句得罪女性研究者的话，他认为女性搞不了数学研究，因为她们做不到每周工作80个小时。这曾经引起了部分美国女性的声讨。其实，每周工作80小时意味着每天平均要工作11.4个小时，如果一周休整1天处理其他事情，则其余6天平均要工作13.3个小时，就是不做家务的男性也很难达到要求！搞经济学研究既要掌握各种相关的理论，又要了解时刻变化的实践，对时间投入的要求相对较高，利用好时间是成功的一大要件。

如何利用好时间？我的体会主要有以下几点：第一，坚持阅读的时间。不论家务、应酬等非专业的事情多忙，都应坚持阅读浏览相关研究领域的资料文献，了解相关经济现实的发展动态，处理好精读与泛读的关系。第二，坚持必要的思考。有了想法、观点，乃至思想火花，及时用笔记下来。有位老经济学家，80多岁了，半夜里想到一个观点，马上起床开灯写下来，这种精神值得年轻学者学习。第三，坚持集中时间写作。每个学者的写作习惯不一样，写作时要求的环境条件也不同。于光远先生在机场、车站候机候车时都能蹲在地上写作，去到哪里写到哪里，成为经济学大家中的高产者。利用晚上、节假日的时间进行研究写作，环境和心态比较安静，思维相对活跃，思路比较清晰，效率也更高一些。

三　疑问

学问是学与问，问是因为有疑惑，疑惑包括不理解和怀疑、质疑。做学问和搞研究，创新是我们追求的基本目标，在读书学习中不能满足于接受和记忆，而需要不断发现问题，提出疑问，养成怀疑、质疑的习惯。可以说，有疑问才有思考，有质疑才有批判，这些都是通往创新的必由之路。

经济学的探索和创新主要来自三个方面，这些方面几乎都是从对有关经济理论的疑问开始的。一是某些重大经济事件的发生突破了经济理论的解析框架。如世界性经济危机、金融危机的爆发使原有的经济理论难以给出有说服力的解释，从而找不到解决问题的办法和出路。二是新的经济现象需要新的理论来分析和支持。由科学发现、技术革命带来的产业革命，新技术发展带动的新产业、新业态、新模式等新经济形态的发展，都会提出相应的经济理论需求。三是现有的一些经济学理论、观点、假设、方法被发现存在问题。这是经济学发展的基本动因和进程。以上几个方面带动的经济理论探索和创新，不论是实践发展的需要还是理论发展的过程，都是由“疑问”引起并推进的，疑问是理论探索的动力，是学术创新的源泉。

对于年轻学者来说，读书做学问需要有怀疑的勇气、思考的习惯、批判的精神。大胆的怀疑并不是乱怀疑，而是有理论或实践依据、有严谨逻辑推理的怀疑。总体上说，从研究生阶段开始，就应逐步培养个性化读书、批判性思考的习惯，不完全迷信书本，不轻易盲从权威。进入独立研究阶段之后，专业上的书读多了，基本的原理掌握了，就应进一步树立从实际出发探索真理的精神，形成注重疑问、质疑、批判、创新的学术争鸣风格。当然，在研究过程中通过质疑、批判提出自己的学术观点，必须脚踏实地，深入钻研，谨慎求证。

四 认真

认真是一种态度，一种风格，一种习惯，更是一种精神。认真必然带来严谨，是做学问、搞研究的人需要具备的一种素养。搞经济学研究的人要与数据打交道，进行计量分析，认真严谨便显得更为重要。年轻学者从进入研究阶段开始，就应该把“认真”两个字放在心上，并落实在行动上。

搞学术研究：只有认真严谨，才能深入分析问题，由表及里，由此及彼；只有认真严谨，才能潜心探索规律，做到一丝不苟，于细微处显功夫；只有认真严谨，才能坚守科学原则，慎思创新观点，注重系统论证；只有认真严谨，才能努力克服困难，不轻易退缩，不回避矛盾；只有认真严谨，才能保持学者风范，不人云亦云，不趋炎附势。

我观察过许多著名的学者，尤其是老中青经济学家，发现他们大多数是处事非常认真的人。不认真的学者或许也能出成果，但要发表高质量的学术成果，要获取高水平的科研奖项，没有认真严谨的精神是难以实现的。

可以说，认真有很多好处，只有一点不好，就是需要多花一点时间，而这从长期来看是值得的。长期从事学术研究工作的人，也许有过于认真的职业特点，在日常活动、家庭生活中可能会成为一个毛病，但对于应对很多比较复杂的事情来说，却会变成一种少出差错、不出大问题的优势。

五　奉献

做学问、搞研究是很辛苦的，不仅要把晚上的时间用上，节假日的时间也常常被占用。作为一种复杂的脑力劳动，天天思考着一两个问题，琢磨着提出一些有创新性的观点，脑子很少有休息的时候。从认识论角度看，研究人员的思想长期游弋在从“必然王国”通向“自由王国”的过程，永远都处在只有起点没有终点的路途中。人们曾经认为，做哲学研究需要高度的抽象思维，研究深入了人就不正常了，成名成家之后人就变得疯疯癫癫，国际上确实也有一些大哲学家成为著名的“疯子”（一般人无法理解他们的思想）。做经济学研究离现实生活比较近，很少听说经济学家成为“疯子”，但因研究问题投入得太深、时间不够用，导致不食人间烟火的事例是常有的，甚至是普遍的。这说明干这一行在精神上的付出是巨大的，对父母、对子女、对亲戚、对老师、对同学、对朋友都有不少亏欠。

怎么办呢？我们只能把做学问和搞研究当作对社会、对未来的一种奉献。年轻的学者需要尽早树立奉献的理念，并随着研究深入增强奉献的精神。只有这样，你才可能摆脱研究工作的枯燥乏味，提升深入研究问题的兴趣；你才可能减少与生活幸福的同学、朋友横向攀比，把自己的工作视为一份高尚的事业；你才可能抵制外部环境的干扰和诱惑，坚守自己选择的研究领域和发展方向；你才可能不畏研究过程的艰难和挑战，保持严谨治学和锐意创新的风格；你才可能避免滋生甘于平庸的念头，勇于攀登成为经济学大家的高峰。

相反，如果没有这种奉献的理念和愿意奉献的精神，你在研究写作过程中会经常感到比较苦、比较累、比较孤独、比较失落、比较不受理解、比较缺乏动力等，这就在无形中加大了自身的压力。如果我们自己都不能理解自己，自己都不能确立自信的理念，如何能做好这项神圣的研究工作，不断推出高质量学术成果呢？

作者在中国人民大学经济学院举办的宏观政策研讨会上演讲。

作者在华侨大学和中国社科院财经战略研究院等单位合作举办的“中国宏观经济论坛（2017年度）”上主持会议。

作者在”老龄化与消费增长”研讨会上演讲。

附录

主要学术成果代表作

长期经济增长的需求因素制约①

——政治经济学视角的增长理论与实践分析

郭克莎 杨阔

内容提要：本文围绕长期经济增长的需求制约，引入政治经济学的分析视角，对现代增长理论的缺失问题和增长阶段转变的国际经验进行分析，进而探讨中国经济增长的长期趋势和政策选择。现代增长理论忽略需求因素的制约，对经济现实缺乏解释力和应用性，面临实践过程日益突出的挑战。日本、韩国和中国台湾地区经济发展阶段变化后长期增速大幅回落，主要是受到内需增长尤其是投资增速下行的影响。中国改革开放以来，经济高速增长主要是由需求扩张拉动的，经济进入新常态之后的长期增长趋势主要取决于内需增速的变化，影响需求长期增速的因素既有供给结构问题也有需求结构问题，长期增长政策应把供给侧结构性改革与需求侧结构性改革结合起来。

关键词：政治经济学　长期经济增长　需求因素　增长理论　国际经验

我们推进供给侧结构性改革，从特定角度说，就是为了化解需求因素对经济增长的制约。习近平同志指出：“我们

① 全文发表于《经济研究》2017年第10期。本文受国家社会科学基金重大项目“‘十三五’时期供给侧改革与需求侧协同下的我国产业结构调整与升级研究”（批准号：16ZDA004）资助。

讲的供给侧结构性改革：既强调供给又关注需求，既突出发展社会生产力又注重完善生产关系；既发挥市场在资源配置中的决定性作用又更好发挥政府作用；既着眼当前又立足长远。从政治经济学的角度看，供给侧结构性改革的根本，是使我国供给能力更好满足广大人民日益增长、不断升级和个性化的物质文化和生态环境需要，从而实现社会主义生产目的。”[①]这从中国特色社会主义政治经济学的高度，深刻地阐明了研究供给与需求关系的出发点和落脚点。受此启发，我们引入政治经济学的视角来分析经济增长问题，试图拓宽增长理论的研究内容和框架，破解现代增长理论对经济现实缺乏解释力的问题，提升中国增长理论研究对实践的指导意义。政治经济学研究增长问题的视角，主要有以下几个取向。一是不仅研究生产力问题，也重视研究生产关系问题，分析制度问题和改革过程对经济增长的作用。国际上的一些经济学家已证明了制度变迁对于一个国家长期经济增长的重要意义，中国改革开放以来的经济高速增长也表明了体制机制变化对于增长的重大作用。二是不仅研究生产问题，也重视研究分配、交换和消费问题，分析从分配模式到消费格局对于经济增长的作用，既研究供给过程的变化，又研究需求过程的变化及影响。三是不仅研究市场自发作用问题，也重视研究政府政策的作用问题，分析经济增长中政府与市场关系的变化趋势和作用机制。依据政治经济学的分析视角，围绕长期增长的需求制约，下面将对现代增长理论的缺失问题

① 参见《人民日报》2016年5月10日第2版。

和增长阶段转变的国际经验进行分析，并讨论中国经济增长的长期趋势，提出一些政策选择思路。

一 现代经济增长理论对需求因素的忽略

（一）经济增长理论中的供给与需求因素

经济增长思想始于17世纪的威廉·配第，经魁奈、亚当·斯密、李嘉图等人传承与发展，形成了古典经济增长思想。西方经济学把经济增长作为一个独立经济问题进行理论研究的是哈罗德和多马，他们的增长模型大体上标志着现代增长理论的诞生。此后，经索洛（Solow）、斯旺、米德、丹尼森、罗默、卢卡斯等人的推进，现代增长理论的内容不断扩展。

古典增长思想基本上在供给领域研究增长问题，重视资本积累的作用，没有考虑需求因素。首先把需求因素引入增长研究的是作为现代经济增长理论发端的哈罗德-多马增长模型。受马克思的资本积累思想与凯恩斯理论及政策的影响，哈罗德-多马增长模型重视储蓄转化为投资的重要性，实质上提出了需求因素特别是投资需求对经济增长的制约。主要观点是：继续强调资本积累对经济增长的决定性作用，分析了储蓄率、投资率与经济增长的变动关系，认为当实际储蓄率偏离合意储蓄率时，会导致投资率过高或过低，而当投资偏离储蓄时，将引起需求与供给总量失衡，使实际增长率偏离均衡增长率。

之后兴起的新古典增长理论又把研究视角拉回了供给领域。索洛-斯旺模型在资本要素之上添加了劳动要素。索洛-米德模型又添加了技术进步要素，提出“技术进步是经济增长的最重要因素”，突破了占统治地位的“资本积累决定论”观点。新古典增长理论研究的仅是供给层面的增长问题，把增长理论完全转化成总量生产函数模型，基本抽象掉需求因素的制约作用，或把需求因素看作短期扰动因素加以忽略。根据新古典增长理论的一系列假定，即使增长过程出现需求波动引起的短期失衡，实际增长率也会自动回归均衡增长率。

新增长理论在供给层面将技术进步、产品创新、劳动分工、制度变迁等因素内生化，为了解释各国经济增长差异，将全要素生产率(TFP)的增长差异视为经济增长率差异的主要决定性因素，同时又将TFP差异归因于供给面产生的效率差异，例如存在技术壁垒和进入壁垒、技术型劳动力供给不足、厂商间资源配置效率低下等。显然，新增长理论没有突破新古典增长范式仅研究供给领域、忽视需求因素的局限性。正如古来齐（Gualerzi）指出：“内生增长模型并没有考虑需求的作用。”

（二）现代增长理论忽略需求因素的主要表现

1. 哈罗德-多马增长模型

哈罗德-多马增长模型开始把需求因素间接引入增长问

题研究，但在$S=I$[①]的假设前提下，依然强调资本积累是经济增长的唯一决定性因素，忽略需求因素对于增长的制约。例如，根据凯恩斯的边际消费递减倾向、投资边际效率递减导致投资需求不足等理论，$S=I$的假设前提忽视了投资需求不足使储蓄无法完全转化的制约。再如，模型假定资本-产出比率不变，意味着资本-劳动比率、资本的边际生产力和劳动的边际生产力固定不变，忽视了劳动生产率提高会带动劳动收入增加及消费需求扩大，从而对经济增长的拉动作用。

2. 新古典增长模型

新古典增长理论在供给自动创造需求、储蓄恒等于投资、资本市场具有完全弹性等假定前提下，把需求因素视作短期干扰而加以忽略，但与哈罗德-多马增长模型相比，新古典增长模型在涉及需求因素方面也隐含着一些进步，主要表现在：

索洛-斯旺模型在资本要素之上添加了劳动要素，突破哈罗德-多马增长模型关于“资本-劳动比率、资本和劳动边际生产力不变”的假设，提出“资本-劳动比率可变，资本和劳动的边际生产力递减”。因此，劳动者收入不仅取决于劳动力要素的数量，亦取决于劳动的边际生产力，包含着收入增长及消费需求扩大的意义。不过，在增长公式中，假定资本和劳动的增长弹性属于“完全竞争的市场结构，资本的边际生产力和劳动的边际生产力保持不变”，又陷入了自相

① 在哈罗德-多马增长模型中，S代表储蓄，I代表投资。

矛盾，没有真正跳出原有假设的限制。

索洛-米德模型有了一些实质上的进步。在其增长公式中，需求因素的引入体现在两点：其一，真正突破了哈罗德-多马增长模型关于“资本-劳动比率、资本的边际生产力和劳动的边际生产力不变”的假设，代之以“资本的边际生产力和劳动的边际生产力可变”的假定；其二，增加了技术要素的作用，暗含着对于技术要素所有者的收入及其需求因素的重视。然而，索洛-米德模型又假定“技术进步会使产出提高，但对资本的边际生产力和劳动的边际生产力没有丝毫影响”。这忽视了技术进步对于资本的边际生产力和劳动的边际生产力的作用，进而忽视了技术进步对于劳动者和资本所有者的收入提高及需求扩大的促进作用。同时，尽管从外部增加了技术变量，并把索洛余量归结为技术进步的贡献，但索洛-米德模型没有把技术进步要素与智力劳动者联系起来，以致索洛余量找不到相应的要素主体，不得不定义为外生余量。例如，索洛在1957年使用全要素生产率分析方法检验新古典增长模型时发现，资本和劳动的投入只能解释12.5%左右的产出，另外87.5%的产出不得不被归为一个外生的用以解释技术进步的“余量”。索洛余量在索洛-米德模型中是一个黑箱，其产生机制以及相应的要素主体和收入皆是悬而未决的秘密，这为新增长理论探究这个黑箱的内部机制提供了契机。

3. 新增长理论

如何解释索洛余量的理论黑箱直接引致了新增长理论的

诞生。潘士远和史晋川把新增长理论大体划分为：内生增长的凸性模型、外部性内生增长模型、新产品出现与内生增长模型、劳动分工与内生增长模型、收入分配与内生增长模型、制度与内生增长模型。

新增长理论的鲜明特点是将技术进步、收入分配、劳动分工、制度变迁等因素内生化，主要研究范围依然在供给领域，并没有把需求因素引入增长模型。但从理论引申的视角看，可以发现其中包含了需求因素的一些内容。其一，罗默（Romer）的知识驱动模型与R&D（research and development-based）模型，以及卢卡斯（Lucas）的人力资本模型，有一个共同的引申取向，即对于知识资本或人力资本的投资引起的需求扩大。从模型分析看，企业对知识的投资主要以技术形式和人力资本形式实现，卢卡斯认为“表现为劳动者特殊劳动技能的人力资本才是经济增长的真正源泉”，二者都会直接带来投资需求，同时人力资本投资又与智力劳动者的收入增长和消费需求扩大相关。其二，罗默指出，新技术的产生主要是市场利益驱动下追求新技术盈利的结果，新技术的生产量由新技术的市场供给和市场需求两方面共同决定。这便直接涉及作为新增长理论核心的技术进步要素形成的需求因素制约。卢卡斯认识到其模型存在的局限性，认为影响经济增长的另一种相反力量与需求结构有关，这种力量将通过生产新的重要商品而创造出新的比较优势，从而改变经济的生产方式和增长率。其三，凸性增长模型对于产品质量升级因素的重视，内生化新产品增长模型对于新产品出现因素的强调，都包含着需要消费需求实现经济增长的潜在含义。其四，“杨格模型”（Yang and Borland，1991）认为，需求和供给是分工因素的两个方面，论述了市场规模、劳动分工、经济增长三者之间的逻辑传导关系，包含着需求因素的内在作用。其五，内生化收入分配的增长模型认为，经济增长与收入分配存在双向影响，经济增长会造成收入分配不公，即工人群体收入相对下降而企业家群体收入相对上升，收入分配不公又会引致需求总量不足，进而制约经济增长，为此必须改善利润与工资收入分配比例（Person and Tabellini，1994；Perotti，1996；Alesina and Rodrik，1994）。这真正反映了新增长理论对于总需求因素的重视。总的来看，尽管新增长理论仍把研究视角限制在供给层面，没有突破新古典增长理论的局限，但其中不少流派的观点包含着与需求因素有关的内容，特别是收入分配增长模型已涉及需求总量变化对经济增长的制约。

以上分析表明，从哈罗德-多马增长模型到新古典增长模型再到新增长理论，在不断增加供给要素种类的过程中，也不断增加要素收入种类，涉及更多要素所有者的需求因素，对于要素所有者收入及其需求的重视程度有所提高。然而尽管如此，现代增长理论依然主张长期经济增长是由供给领域中的要素投入和TFP增长推动的，需求因素仍作为一个短期因素在增长分析中被忽略。

（三）现代增长理论忽略需求因素的原因分析

现代增长理论普遍将增长模型设计为总量生产函数的形

式，如宋冬林和毕秀水（2005）指出："新经济增长理论在构建经济长期动态变化的模型时，内含总供给是经济长期变化的决定性因素这一重要前提，因而都将总量生产函数的构造视为建模的关键。"总量生产函数的构造决定了总供给和经济增长，需求因素的制约被抽象掉了。

1. 理论基础

从现代增长理论诞生、发展至今，无论是包含凯恩斯"需求管理"思想的新古典综合学派，还是旗帜鲜明地反对"凯恩斯革命"的新自由主义学派，一直都认同"自由竞争条件下市场自动出清"的经济思想。由于凯恩斯理论主要立足于短期总需求分析，而增长理论主要研究长期总供给变化，两者成了"两股道上跑的车"，尽管凯恩斯主义、新凯恩斯学派反复兴起并对宏观经济理论和政策产生重大影响，但并没有对经济增长的理论基础带来实质性冲击。这个理论基础就是强调市场作用的新古典经济学。在现代（西方）经济学中，新古典经济学一直居于主流地位，很多新的经济理论的形成和发展都建立在它的市场假设基础上，包括需要以宏观经济环境为条件的现代增长理论也没能例外，因此也成为新古典经济学的一项内容或组成部分，新增长理论也没有跳出新古典增长理论的框架。在这种条件下，经济增长理论在研究长期增长问题时，自然将视角集中于供给领域，从供给层面不断深挖推动经济增长的因素，并进一步将之内生化，而需求因素的影响则自然被忽略或淡化。

从增长理论的发展过程看，哈罗德–多马增长模型在

$S=I$的假定下得到了一个“刀锋上的均衡增长”路径，但同时期的经济学家们普遍不满意这种结果。为了能得出市场经济可以实现持续稳定增长的结论，20世纪50年代中期索洛、斯旺、米德等人依然在完全竞争的市场假定下建立新古典增长模型。如吴易风指出：“新古典增长模型采用了新古典经济学的分析框架，迎合了当时逐步兴起的新自由主义思潮。”新增长理论虽不赞同新古典增长理论关于“市场机制能够保证经济沿最优增长路径运行”的观点，承认市场机制存在动态失灵，主张通过政府的力量来消除市场机制的缺陷，使经济重新回到最优增长路径上来，但是，“由于新增长理论家仍然囿于西方经济学的基本原理并采用动态一般均衡法构建模型，因而这种进步是有限的”（吴易风，2003）。同时，新增长理论主张的政府干预只是在供给层面进行干预，强调政府应更多地考虑教育、研发、公共物品设施、贸易改革和知识产权等影响长期增长的因素，并没有真正涉及需求领域的问题，依然没有跳出新古典均衡分析范式的理论基础。由此可见，现代增长理论的发展过程基本上是以新古典经济学的“市场长期有效、供给自动实现”的思想为理论基础，忽视需求因素的局限具有理论上的必然性。

2. 实践背景

现代增长理论特别是作为主流的新增长理论，对需求因素的忽视也有实践背景的原因，主要在于以下三个方面。

一是凯恩斯“需求管理”的经济实践遭遇严重挫折。20世纪60年代中期国际通胀恶化的经济现实，使新凯恩斯主义的宏观需求管理主张受到质疑。20世纪70年代西方主要发达国家持续出现失业和通胀并存即滞涨，使宏观经济管理理论遭遇更大困境，“需求管理”的理论主张与经济实践出现了不可调和的矛盾。由于调控需求的宏观政策在当时备受挫折，新凯恩斯经济学受到来自新奥地利学派、货币学派、供给学派，以及随之兴起的理性预期理论等新自由主义经济学派的猛烈批评，新自由主义学派“反对需求管理，强调市场有效”的理论观点重新受到重视，在西方经济学界和政府宏观管理部门再度上升到主导地位。

二是“卡尔多特征事实”的影响。卡尔多（Kaldor）的研究发现，世界经济增长具有六个明显特征，即“卡尔多特征事实”。而现代经济学中广泛采用的平衡增长与卡尔多特征事实是一致的，强调在一个多部门经济增长模型中，整体经济与部门经济的增长率可以维持在一个相对稳定的常数上，而且其中的资本-产出比、实际利率、资本和劳动在国民收入中的份额也可以保持相对稳定。卡尔多特征事实中显示的平衡增长的实践特征，为现代增长理论忽略易变的需求因素，从供给层面寻求稳定的均衡增长路径提供了一定支持。

三是“库兹涅茨特征事实”的影响。库兹涅茨（Kuznets）基于国民收入核算分析提出了不同于卡尔多的观点。他的经验研究发现，现代经济增长同样具有6个显著特征，即“库兹涅茨特征事实”，强调的是技术进步、制度等因素引起的要素生产率提高以及非平衡增长的特征。这为非平衡增长分析提供了事实依据，对现代增长理论尤其是新增长理论忽略需求因素，更多从供给领域探究技术进步、劳动分工、制度等新的增长因素产生了影响。

3. 研究方法

这里主要分析现代增长理论忽略需求因素在方法论上的原因。受牛顿力学机械决定论的属性及其确定、简洁、定量化研究方法启发，20世纪之初以萨缪尔森为代表的一批经济学家为寻求对经济规律确定化、简洁化、定量化的科学描述，将自然科学中数学形式的机械决定论研究方法引入经济学分析，其中包括对经济增长的理论研究。影响经济增长的因素不是来自供给领域就是来自需求领域，供给领域即生产环节发生的主要是投入与产出的技术关系，可以用生产函数进行描述，十分符合此时期经济学家关于“可持续稳定增长”的理念，同时符合在研究上转化为数理分析的技术取向，即通过确定的数学函数关系进行相关经济规律的拟合与描述。而需求领域则处于流通环节，主要涉及商品和价格的实现及产生的影响，面临诸多不确定因素，不符合经济学家对于增长规律的研究方式，也不符合数理分析的技术取向。因此，数理研究的分析方法和技术取向，使经济学家自然偏好于供给层面的因素分析，并采用特定的总量生产函数进行拟合，而不重视需求层面因素对经济增长的影响。

从发展过程考察可更清楚地看到这种研究方法的特点。为论证“可持续稳定增长”的可能性，哈罗德–多马增长模型抽象掉资本–产出比率的变化，假定其为常数，将长期增长过程简化为增长率与储蓄率之间的线性生产函数关系，均衡增长率由储蓄率和资本–产出比率之比来简单机械地决定。索洛–斯旺模型假定总量生产函数线性变化，即在数学上总量生产函数为一次齐次式或线性齐次式，进而将长期增长过程简化为线性生产函数，均衡增长由资本和劳动二要素机械地决定。索洛–米德模型在保留总量生产函数为线性齐次式的基础上，进一步假定技术变化对于资本和劳动的边际生产力没有影响，从而保证总量生产函数线性变化，均衡增长过程由资本、劳动、技术三要素机械地决定。

从分析方法和技术的视角观察新增长模型，在AK（accumulation of knowledge）线性模型中，生产处于规模收益不变或递增两种状态，相应地，经济以常数线性均衡增长，或者经济增长率以常数线性均衡增长。在R&D（research and development–based）线性模型中，卢卡斯、罗默认为人力资本与知识的积累和溢出可引致经济线性均衡增长。在ED（development of division of labor）线性模型中，贝克尔和墨菲（Becker and Murphy）运用柯布–道格拉斯生产函数等计算出经济的线性均衡增长率。可见，“新增长理论采用的基本分析法依然是动态一般均衡法”（宋冬林、毕秀水，2005），采用总量生产函数的线性技术或凸性技术分析手段，把经济增长简化为产出与人力资本等一个或几个独立供给要素之间的线性生产函数关系。正如有的研究指出，“新经济增长理论对生产函数的构造，最显著的特点是资本积累导致的资本边际产品不趋于零，要么是不变，要么是趋于一个正数”。

显然，现代增长理论普遍采用确定化、简洁化的机械决定论的分析方法和技术，不仅割裂了供给层面增长因素之间的内在联系，更突出的是，鉴于需求因素易变的非线性特征很难用稳定的一次齐次性或二阶齐次性数学函数进行拟合，对需求层面的增长因素影响采取了抽象掉或忽略掉的处理方式。

4. 路径依赖

从古典增长思想重视资本积累的遗风，到哈罗德–多马增长模型继承此遗风并使之长期化、动态化，再到新古典增长模型的继承和突破即添加劳动、技术两要素，并留下“索洛余量”的黑箱，最后到新增长理论对于“索洛余量”黑箱的破解，现代增长理论的发展逻辑带有显著的路径依赖特征，始终从供给领域去解决前一时期的理论遗留问题，前一时期在供给领域的理论局限性往往成为后一时期理论创新的直接诱因和突破口。可以说，现代增长理论继承古典主义重视供给因素的历史遗产，一批杰出的经济学家针对前人的理论缺陷而在供给领域不断扩展深化，同样地，也普遍忽视了增长过程中需求因素的影响及其深入分析的必要性。这与研究过程中的路径依赖不无关系。

（四）现代增长理论对经济现实的不适应

现代增长理论忽视长期经济增长中的需求因素制约，假定供给增长可以通过市场自发地实现，市场机制长期有效。然而在现实经济中，这种增长理论越来越受到挑战，特别是在世界经济面临长期低迷、中国经济发展进入新阶段的大背景下，需求因素不仅影响短期经济增长，而且对长期经济增长形成了明显制约。在重大历史事件或发展阶段转变引起的需求制约经济增长的条件下，在很长一段时期而不是短时间内，市场没有力量调节总供求关系，供给无法自动创造需求。增长理论忽视需求因素制约造成的理论不适应性，将会日益突出地表现出来。

1. 依据经验事实的分析和批评

近、现代经济发展过程使需求总量和结构发生巨大变动，需求因素成为一国经济长期增长的主要动因。一些经济学家依据经济增长过程的经验事实，对需求因素的作用和忽视需求因素的影响作了不同角度的分析评论。主要涉及内容包括：

一是需求因素与经济增长的直接关系方面。来自发达国家的经验事实研究是：贝克曼在20世纪50年代就分析指出，“在美国那样的经济中，创造足够的需求……来吸收生产能力的问题，也许在不远的将来变成永久性的”（加尔布雷思，1965）。费尔德曼等人（Feldman et al.）实证分析了美国1963—1978年的经济增长过程，认为最重要的因素是需求的增加，而技术进步对于行业的重要性仅仅表现为增长更快或下降更快。沃克和瓦特（Walker and Vatter）通过对“二战”后美国经济史的经验分析，发现需求因素的作用十分重要，忽视需求因素的正统经济增长理论无法解释美国20世纪60年代之后的生产大幅下降。奈尔微克（Nalewaik）面板分析美国20年的个体消费和收入数据发现，当前消费与未来收入增长之间呈显著正相关关系。而20世纪初美国经济因为消费需求快速增长而保持年均5%的高增长率。奥斯特哈温和林登（Osterhaven and Linden）对欧盟的实证研究也认为需求因素是各国增长的最重要因素。需求对日本经济增长的作用与影响更加突出，“下村治研究认为，只要创造出充分的需求，便可有10%以上的年率增长”（安场保吉，1997）；山田伸二（1999）指出，日本20世纪90年代“失去的十年”应归因于长期以来对内部需求的忽视。许多学者认为，由国内需求带动的工业化加速过程引致了日本高速增长，而需求因素特别是居民消费变化又导致了增速下降，随后日本始终面临最终需求不足而遭受长期经济停滞（孙执中，2006；吉川洋，2003）。

来自发展中国家的经验事实研究是：竹内宏（1987）发现，韩国在1960—1987年间耐用消费品的国内需求和出口的快速增加带动了长期经济增长。以韩国制造业快速增长的1955—1975年为例，这一时期国内需求对于制造业增长的直接贡献率高达71.1%（赵利济、金赢亨，1996）。华（Wah）指出20世纪70年代马来西亚的长期经济增长主要得力于国内需求特别是居民消费，以及公共支出对内需增长的拉动。墨菲等（Murphy et al.）指出，“钱纳里（Chenery）等人在分析发展中国家特别是人口大国的工业化进程时发现，产出增长主要源于内需和出口的增长，而内需又处于支配地位”。费利佩和林（Felipe and Lim）分析了5个亚洲国家（中国、韩国、印度、菲律宾、泰国）需求因素对于经济增长的绩效，研究表明这些国家的经济增长是国内需求和净出口同时增长的结果。

二是需求因素促进技术创新和经济增长方面。许多学者持有“需求拉动创新”的观点。这个观点认为，专利发明活动也是追求利润的经济活动，同样受到市场需求的制约，在刺激专利活动方面，需求比知识进步更重要。关于对具体国家的研究，霍尔和琼斯（Hall and Jones）处理美国、日本、法国高技术企业的面板数据发现，销售需求的增长引致了研发增长。兰德斯通过分析英国技术创新的原因，对理论经济学家单纯强调供给因素的观点给予了批评，他发现“需求产生的压力作用于生产方式才促成新技术在英国的诞生”。

三是需求因素促进结构变迁和经济增长方面。许多研究者持有“需求因素促进结构变迁进而引致增长”的观点。塞尔奎因和钱纳里（Syrquin and Chenery）通过研究发展中国家的工业化进程，认为结构转变是经济发展的核心特质与解释经济增长的根本因素，研究发展中国家的经济增长必须重视需求结构变动以及引起的生产结构变动。比尤娜和卡波斯（Buera and Kaboski）通过研究也认为，在对不同发展阶段上的结构变迁与经济增长关系的研究方面，未来的方向应是将需求因素与供给因素相结合去理解经济增长过程。

2. 理论偏离现实面临的实践挑战

以上经验研究显示，20世纪90年代之前，忽视需求因素的现代增长理论已表现出对于经济现实的不适应；而从20世纪90年代以来，大部分研究证明这种不适应性更加突出。在国际金融危机过后的现阶段，世界经济增长更面临总需求不足的制约。正如萨默斯所言：“没有发达国家市场的快速扩张和需求增长，新兴经济体的增长速度将会放缓，而发达经济体长期增长停滞的原因是需求制约。”[①]这使忽视需求因素的经济增长理论面临日益严峻的挑战。

——现代增长理论忽视需求总量增长的作用，难以解释和化解现实经济中需求不足制约经济增长的矛盾。现阶段需求总量增长不足主要来自以下几个方面：一是国内以及国际收入分配失调造成的需求增长不足；二是高失业率和居民收入增长停滞，导致居民消费尤其是低收入者消费需求增长不足；三是高收入者边际消费倾向下降导致居民消费需求增长不足；四是投资的边际收益下降造成投资需求增长不足。由于忽略这些需求总量增长不足的因素及其制约作用，现代增长理论难以深入解释经济低迷的内在原因，也不能有效找到促进经济增长的可行方法和路径。

——现代增长理论忽视需求结构变动的作用，难以解释和化解现实经济中需求结构制约经济增长的矛盾。现阶段经济增长的需求结构制约，一是反映在需求结构的合理性上。例如日本、中国等东方国家普遍存在过度节约型消费，而美国、欧洲等西方发达国家和地区则多数存在过度超前性消费，两种不合理的消费需求结构都对世界经济增长带来影响。二是反映在需求结构的升级速度上。需求结构变动快于或慢于产业结构变动，都会制约经济增长的进程和速度。需求结构升级落后于技术进步的速度，会导致新生产业、产品创新缺乏及时、充沛的市场需求支撑，阻碍新的生产能力形

① 参见《英国金融时报》2014年4月6日。

成和扩大，导致新的经济增长过程难以延续或加快。由于忽略了需求结构变动的因素及其制约作用，现代增长理论没有深入研究需求结构背后的问题及原因，也不能有效破解需求结构问题对经济增长的制约。

以上两个层面，反映了现代增长理论的缺失和代价。从政治经济学视角分析，需求总量增长和结构变动的背后，具有错综复杂的经济社会原因，包括体制和政策问题，忽视了需求因素的制约也就同时忽视了这些矛盾和问题，从而使现代增长理论失去对经济现实的解释力和应用性。因此，有必要拓宽现代经济增长理论的研究视角，重视需求因素与长期增长关系的深度分析，以全面探究决定经济增长的动力和源泉。正如古来齐（Gualerzi）所指出的："问题不是应该在多大程度上考虑外生增长因素，而在于如何构建一个与动态增长相一致的需求理论。"特别是在世界经济面临长期低迷困扰、中国经济发展进入新常态的背景下，这显得更为迫切和重要。

二　发展阶段变化后需求制约经济增长的国际经验

"二战"后以来，一批新兴工业化国家或地区的经济增长，经历了从高增长期到增速显著回落的过程。一些亚洲国家或地区由于国民储蓄率和投资率高，以及工业比重和制成品出口比重高等原因，经济高增长期较长、年均增长率较高，但也都经历了速度大幅回落的增长阶段变化，同样没有脱离这个增长规律。下面以对中国大陆有较强借鉴意义的日本、韩国和中国台湾地区为模本，对发展阶段变化后需求制约经济增长的过程及原因进行分析。

（一）日、韩和中国台湾地区经济发展阶段变化后长期增速的回落趋势

日本、韩国和中国台湾地区在工业化过程中都经历了长达20年以上的高速增长，年均增长速度都超过了8%，被视为“东亚奇迹”。随着工业化进入后期阶段，他们的经济增速先后出现了显著回落。经济增长阶段转变的时点，日本大概在1973年左右，韩国在1996年左右，中国台湾地区在1994年左右。“在高速增长期结束后的17~20年期间，日本的GDP年均增速回落到4.3%，韩国回落到4.2%，台湾地区回落到4.5%”，即由高速增长区间回落到中速增长区间。

（二）日、韩和中国台湾地区需求制约经济增长的历史轨迹

日本、韩国和中国台湾地区经济增速有规律的大幅回落，反映了经济发展阶段的变化，其中的根本性动因或决定性因素是什么？在供给领域没有重大变化，生产能力依然很强的条件下，我们只能从需求机制方面去寻求解释。通过考察日本、韩国和中国台湾地区在这一时期的投资、消费和出

口数据变化可以发现，需求因素尤其是投资和消费增速的长期变化同经济增速的长期变化是一致的，投资和消费增速的回落是经济增长回落的决定性因素。

日本发展阶段变化后经济增长的需求制约。从高速增长期（1950—1973年）到中速增长期（1974—1990年），日本的需求增长变化与GDP增长变化呈现出显著的相关性（见附图1），需求增长阶段性回落与GDP增长阶段性回落表现出显著的一致性（见附图2），其中投资和消费增长率的阶段

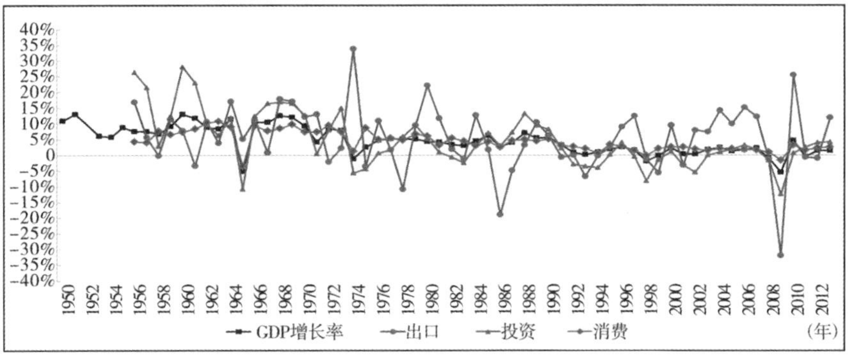

附图1：日本的GDP、投资、消费、出口的增长率波动

资料来源：根据wind数据库、互联网等相关数据（日本缺少1952年数据）计算绘制。

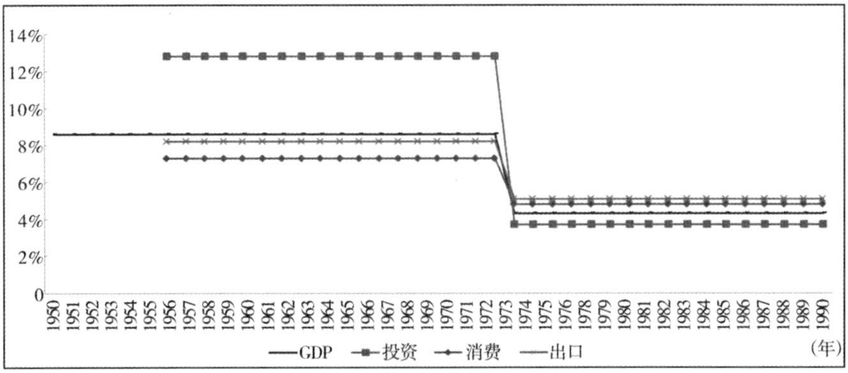

附图2：日本GDP、投资、消费与出口的年均增长率阶段性回落的特点

资料来源：同附图1。

性变化起到了决定性作用。这一点可从附图1的三个波动特点得到印证。一是纵观整个高速增长期与中速增长期，较之于出口增长率，投资和消费增长率的波动与GDP增长率波动之间显现出更为明显的同步相关性。二是在高速增长时段，出口有四个年份的增长率处于零点附近，分别是1958年、1961年、1967年和1972年，其中有三年是负增长，但由于同一时期投资和消费稳定快速增长，出口的负增长并没有阻碍GDP的高速增长；但当投资和消费出现负增长的情况，仅出现一次（1965年），GDP随之负增长。三是在中速增长时段，出口增长率大起大落，如1974年的增长率高达33.9%，而1986年又跌至-19%，但这并没有影响GDP中速增长的态势，原因是投资和消费增长相对稳定。

韩国发展阶段变化后经济增长的需求制约。从高速增长期（1963—1996年）到中速增长期（1997—2013年），韩国的需求增长变化与GDP增长变化也呈现出明显相关性（见附图3），需求增长率的阶段性回落也决定了GDP增长率的阶段性回落（见附图4），其中投资和消费增长所起的主导作用也是明显的。从附图3中观察，较之于出口增长率，投资和消费增长率波动与GDP增长率波动的一致性更强，当投资和消费的增长率降至零点以下时，GDP增长率随之大幅下降，尽管出口增长率仍很高（见1972年、1980年、1998年、2011年等）；而当出口增长率降至零点以下时，由于投资和消费稳定增长，GDP增长率并未大幅下降（见1974年、1982年、1985年、1989年等）。从附图4中可看到，经济发展阶段变化后，韩国的出口仍保持高速增长态势，年均

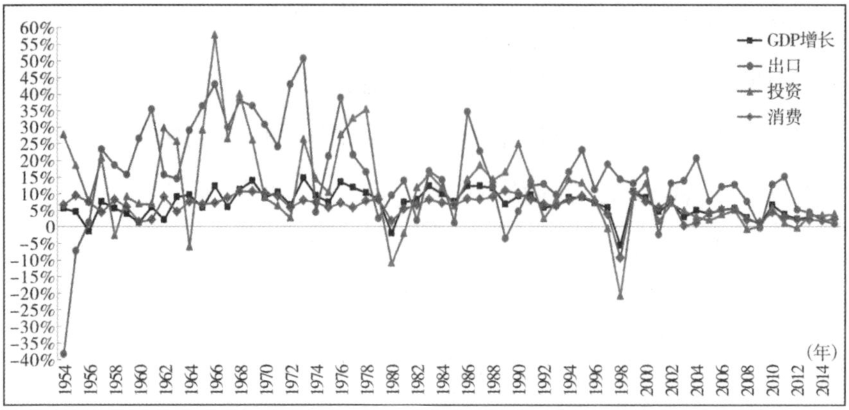

附图3：韩国的GDP、投资、消费、出口的增长率波动
资料来源：同附图1。

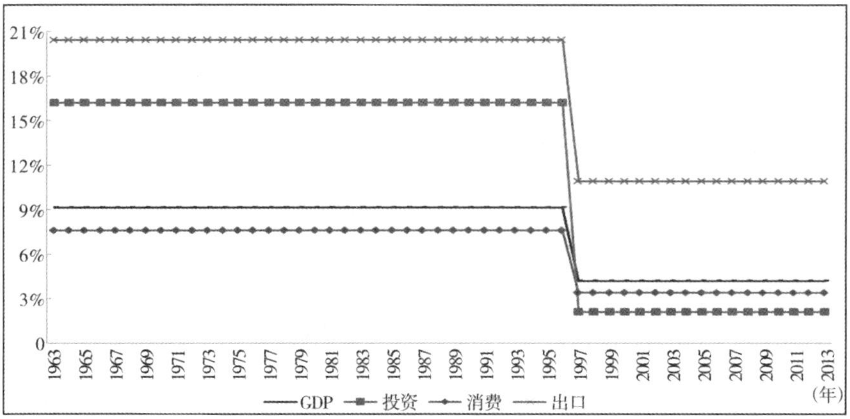

附图4：韩国GDP、投资、消费与出口的年均增长率阶段性回落的特点
资料来源：同附图1。

增长率高达10.9%，但由于投资和消费的年均增长率显著回落，GDP年均增长率随之回落至中速水平。丹尼·罗德里克（Rodrik，1994）的研究也证明了这一点，他认为投资增长才是韩国经济高速增长的真正动力，出口仅是高速增长的次要因素。

中国台湾地区发展阶段变化后经济增长的需求制约。与日本、韩国的趋势和特点大体相同，台湾地区在高速增长（1952—1994年）和中速增长（1995—2014年）期间，需求增长的长期变化、阶段性回落，与GDP增长的长期变化、阶段性回落也是显著相关和一致的（见附图5、附图6），投资和消费增长率的变化也起到了主要决定作用。有所不同的特点如下。其一，相对于出口、投资的增长，中国台湾地区消费增长率波动与GDP增长率波动的一致性更为明显。其二，中国

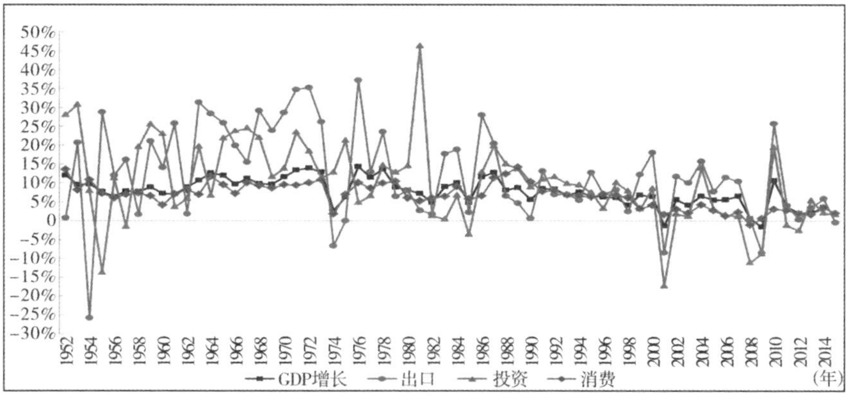

附图5：中国台湾地区的GDP、投资、消费、出口的增长率波动图
资料来源：同附图1。

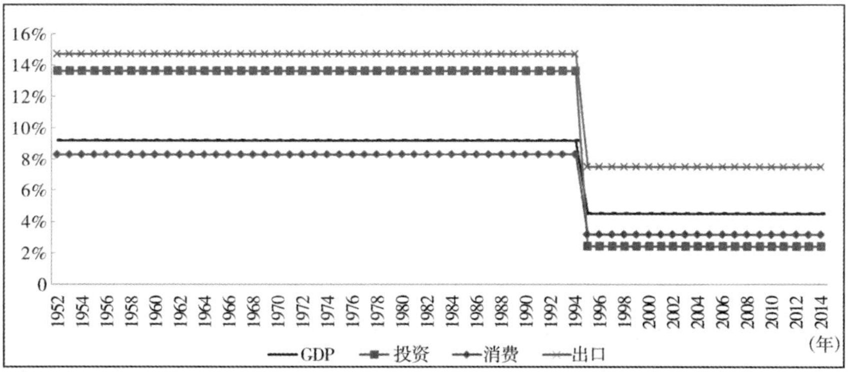

附图6：中国台湾地区GDP、投资、消费与出口的年均增长率阶段性回落的特点
资料来源：同附图1。

台湾地区出口增长率的波动性最大，经常大起大落，但GDP增长相对稳定，主要得益于内需尤其是消费增长较为稳定。其三，经济发展阶段变化后，中国台湾地区的出口增长仍呈现中高速态势，年均增长率达到7.5%，但由于投资和消费年均增长率显著回落，GDP年均增长率回落至中速水平。对此，丹尼·罗德里克（Rodrik，1994）的研究同样指出，投资是拉动中国台湾地区经济高速增长的真正动力，出口因素是相对次要的。

（三）以日本为例分析需求制约经济增长的内在原因

1. 需求因素制约对于经济增长阶段变化的影响分析

经济增速阶段性回落的主导因素，主要是需求因素还是供给因素？从政治经济学的视角看，这是需要深入研究的问题。一般而言，当市场需求充沛而某种或多种基本生产要素供给紧张时，经济增长面临的主要是供给领域的影响，供给因素制约占主导地位；相反，当存在普遍的产能过剩与资源闲置而市场需求却基本饱和时，经济增长面临的主要是需求领域的影响，需求因素制约占主导地位。按照这个逻辑推论，我们来考察日本在发展阶段变化后经济增长过程面临的制约因素。

从需求因素的变化情况看。经济进入工业化后期阶段之后，需求因素在增长速度上的显著回落具有必然性。在消费需求方面，伴随高额大众消费阶段的结束，消费增速相应回落。在投资需求方面，随着重化工业化、高加工度化过程中大规模投资建设的结束，投资增速也显著回落。在出口方面，受工业化阶段变化和经济总量增大的影响，进出口结构发生变化，对外投资较快发展，净出口增速及对经济增长的作用趋于下降。在这种趋势下，相对于供给能力的持续增长，需求因素的制约逐步增强，市场饱和的现象日趋明显。

日本经济高速增长时期，投资年均增长率高达12.8%，投资重点集中于重化工业和高加工部门，其中1956—1969年期间，重化工业的设备投资额占全部产业的比重高达76%（薛敬孝、白雪洁，2002）。在大规模投资带动下，日本居民收入与消费水平快速提高，消费年均增长率达7.3%。许多日本学者及研究机构把1956—1973年视为日本消费革命时期，即电气化消费时代（日本内阁府，2008）。同时，在出口战略导向下，日本的出口年均增长率高达8.2%，常年的贸易顺差为日本国内投资和经济增长提供了重要的外部市场。

第一次国际石油危机（1973年）之后，日本经济发展进入技术密集型产业主导的工业化后期阶段。从那时到1990年的中速增长阶段（此后日本经济进入第一个“失去的10年”），日本投资年均增长率回落至3.7%，消费年均增长率回落至4.8%，出口年均增长率回落至5.1%，其中投资增速回落幅度最大，与高增长期相比年均下降了9.1个百分点，降幅超过70%。从需求变化的原因看，在消费增速回落方面，这个阶段日本的主导消费不再是高额的耐用工业品，而是转向消费比重较低的教育、医疗、保健、文娱、旅游等与提高生活质量相关的服务。在投资增速回落方面，投资增长率的显著回落与消费和出口增速的回落直接相关。如同张乃丽和刘巍指出的："日本当时城市化进程基本结束，有效的公共投资空间狭小，如无重大技术进步引起的耐用消费品和生产设备大面积更新换代，就不可能大幅度拉升国内需求。"鹿朋指出，企业抑制设备投资，转为储蓄，从而总体投资不足，使经济增长受阻。在出口增速回落方面，受两次石油危机冲击和美国经济滞涨引起的贸易保护主义影响，20世纪70年代到80年代中期，日元汇率逐步上升，升值幅度累积达到30%；1985年广场协议之后，日元快速升值，出口受到猛烈冲击。

从供给因素的变化情况看。在工业化的中期阶段，大规模投资建设使工业产能持续快速扩张。当工业化逐步进入后期阶段时，工业品市场需求接近饱和，但由于价格调节的滞后性和盲目性，工业投资和产能还在继续扩张，直到发生严重产能过剩并被普遍发现。日本经济发展阶段转变的历史过程也是这样，在经济高速增长之后的20世纪70年代便出现了产能过剩现象，并一直延续到20世纪80年代，最终通过日本产业大规模的海外转移而得以缓解。显然，产能过剩和产业转移主要是国内市场需求不足导致的，由此形成的对经济增速下行的影响，根源在于需求领域而不在于供给领域。

2. 投资和消费在需求因素制约中的地位分析

在工业化中期的高增长阶段，出口扩张对经济增长起了重要的拉动作用，这在出口导向型的发展中国家表现尤为明显，并成为经济持续高增长的重要因素。持续的贸易顺差

（不平衡增长）是有条件、有制约的，经常项目顺差或资本项目逆差虽可以带动国内高投资，但经济持续高增长最终要依赖内需尤其是消费高增长。

从日本的情况看，在高增长阶段，投资尤其是企业设备投资是拉动GDP高增长的主要因素。实证研究表明，在1955—1972年期间，日本内需扩大对经济增长的贡献率达到85.4%，出口扩张的贡献率仅为13.9%。吕铁进一步指出："在日本高速增长的1956—1973年17年中，民间消费对国内生产总值增长的贡献率有10年高于60%，仅有2年低于50%；民间消费支出对国内生产总值的拉动大多在5%~7%之间，仅有5年低于5%；而净出口对国内生产总值的拉动从未高于1%。这表明，高速增长时期日本的增长模式是以民间消费支出为主的内需型经济增长。"苏宏伟、魏杰和白成太等的实证分析也印证了消费和投资需求对于总产出的决定性影响效应。

同样，日本在发展阶段变化后长期经济增速的回落，主要需求制约也是内需增速的回落，特别是投资由高速增长转为中低速增长。其中，1974—1984年期间，日本出口仍保持较高速增长态势，但投资和消费增速的大幅回落决定了GDP增速的大幅回落，在需求因素制约中占了主导地位；在1985年之后，出口增速回落幅度加大，进一步强化了投资和消费的制约作用，使GDP增速回落到中低速增长区间成为不可避免的大趋势。

三 中国经济增长的长期趋势与政策选择

近几年，对于中国经济增速下行的趋势，经济学界有不少分析和争论。大多数研究认为，经济增速下行是由潜在增长率下降决定的，包括要素投入变化，如劳动人数减少、资本投入减速等，以及全要素生产率增长率下降。但是，只有劳动投入量的长期变化可以作出大体判断，而资本投入，特别是全要素生产率的变化趋势是不容易预测的，它们的走势不仅取决于供给因素的变动，而且受到需求因素变动的影响。值得指出的是，现在对长期经济增速变化原因的讨论，基本上都在供给领域中进行，很少有人从需求方面加以分析。

在上面对现代增长理论和相关国际经验的分析之后，我们可以进一步讨论中国经济长期增长中需求因素的影响，并对未来长期增长政策提出思路和建议。主要观点如下：

（1）中国改革开放时期的高速经济增长主要是需求扩张拉动的。

一个国家（或地区）经济出现高增长期，除了重要资源（如石油）的大规模开采外，一般发生在工业化初、中期阶段，表现为工业或制造业的高速增长，主要拉动因素有两个：一是在供给领域，技术进步或制度变革导致生产率大幅度提高；二是在需求领域，技术应用或制度变化引起需求大幅度扩张。两个方面是相互联系、相互促进的。从中国高增长期的情况看，改革开放以来经济高速增长的主要动因，是制度变革促进了生产率提高，同时带动了需求扩张，其中需求持续扩张对实现高增长发挥了更大的作用。中国经济体制改革的主要脉络，是推动计划经济向市场经济转变，体制变革在初期阶段带来的基本变化，就是短缺经济逐渐转变为相对过剩经济，这个过程融合了生产率提高和总需求拉动的双重作用，农村改革、企业改革等带来的微观经济变化在其中扮演了重要的角色。在确立发展社会主义市场经济和国内消费品市场进入相对过剩阶段之后，需求因素对经济增长的重要性进一步上升。宏观层面的改革相继推进，中央开始对地方政府放权，特别是分税制改革、土地批租制度等的广泛实施，使地方政府成为一个具有中国特色的重要发展主体和区域竞争主体，他们通过招商引资等方式推动了投资需求的持续扩张，对经济高速增长起了重大作用。

提出经济高速增长主要由需求扩张拉动，还有以下几个方面的依据：

①需求增速长期快于经济增速。从有必要统计数据作为分析依据的年份开始，1982—2010年期间，中国名义GDP年均增长16.4%，而全社会固定资产投资年均增长21.2%，社会消费品零售总额年均增长15.6%，内需增长总体上快于经济的增长。这个时期外需对经济增长的作用是正的，29年中货物和服务净出口对GDP增长的拉动为年均0.4个百分点。在整个高增长期中，以当年价格计算的总需求增速明显高于GDP的增速，经济高速增长很大程度上是需求高速增长拉动的。如果需求增速长期低于GDP增速，则经济增长势必是自我循环的（如计划经济时期），因而高增长是不可持续的。

②增长过程不断出现通货膨胀。衡量GDP增长与需求增长的关系，一个判断指标是通胀水平的变动。如果GDP增长

主要是由生产率提高带动的，物价总水平一般会比较平稳；如果GDP增长主要是由总需求扩张拉动的，物价总水平势必呈上涨趋势。改革开放以来的高增长时期，中国GDP的高速增长几乎都伴随着物价总水平的快速上涨，几个高增长年份都出现了高通胀趋势。从价格变动走向市场化的1992年到这轮国际金融危机发生的2008年期间，中国CPI年均上涨5.1%，长期通胀率大幅超过一般通胀水平（3%以下）。这表明，需求过度扩张拉动经济高速增长的特征是很明显的。

③经济增速大起大落主要受内需影响。改革开放以来的高增长期中，不仅经济增速的大幅上升是需求扩张拉动的，经济增速的大幅回落也是需求特别是内需增速的制约。如1998年中国经济受东亚金融危机影响，经济增速下行压力大，当年宏观调控“保八”没有成功，第二年增速继续下滑，而这两年净出口仍为正数（对经济增长的拉动分别为1.3和0.1个百分点），但内需增速受到冲击大幅下滑；1998年、1999年社会消费品零售总额增速均只有6.8%，1999年全社会固定资产投资增速下滑到只有5.1%（那一轮投资扩张的高点是1993年，当年固定资产投资增速达到61.8%），内需增速下降到低于GDP的增速，成为经济增速大幅下滑和此后回升乏力的基本导因。

（2）中国经济增速变化的长期趋势主要取决于需求增速的变化。

2010年以来，中国经济增速下行的压力一直较大。虽然宏观调控把稳增长放到首要位置，坚持实施扩大总需求的积极财政政策和稳健货币政策，但需求增速仍较大幅度下滑。

从2010年到2016年，GDP增长由10.6%下降到6.7%，净出口对GDP增长的负面影响年均不足0.2个百分点，而社会消费品零售总额增长由18.3%下降为10.4%，全社会固定资产投资增长由23.8%下降为7.9%，内需增速下降是GDP增速下行的主要因素。

随着需求对经济增长的制约中长期化，我们需要深入思考和讨论的问题是，究竟是什么因素决定着中国经济增长的长期趋势？根据上文对日本、韩国和中国台湾地区发展阶段变化后需求因素制约长期经济增长的分析，我们认为，中国在2012年经济发展进入新常态或新阶段之后的10~20年时间里，经济增长的长期趋势主要不取决于总供给能力的变化，而更多取决于总需求水平的变化，与供给领域中要素投入或生产率的变动相比，需求增速的变动对经济增速的变动形成了更为突出的制约。主要依据有以下两个方面：

①工业化进入后期阶段，需求增速出现阶段性回落。加入WTO后进出口贸易扩张和住房制度改革后商品房市场发展对工业品需求的双重拉动，使中国的工业化获得了一段高速推进期，从全国整体情况看，基本上完成了工业化中期阶段的任务。政府为应对2008年国际金融危机冲击而实施的大规模经济刺激，包括10大产业振兴计划和扶持房地产市场带来的拉动作用，使中国工业发展完成了最后一次高速度冲刺，也标志着工业化进入了后期阶段。这个阶段总供求关系的主要变化是：需求增长由高速回落到中高速，跟不上供给能力的增长；国内工业品市场饱和，制造业投资增速下行；工业产能过剩向其他产业蔓延，传统产业产能过剩问题日益突

出；内需的变化在总需求中占主导地位，外需的作用不能抵消内需变化的影响；需求增速下行具有惯性或自加强效应，宏观调控政策难以改变其下移的趋势。同时，中国工业化阶段转变又遇上世界经济低迷的长周期，需求增长受到国内外因素的双重冲击。

②经济运行格局发生变化，对需求的拉动作用减弱。一是实体经济投资增长缺乏动力。在高增长时期，上项目、扩投资是拉动经济回升的主要动力。在经济进入新常态或新阶段的条件下，传统产业的市场前景不明朗，新经济的范围和空间还较小，民间资本对实体经济的发展缺乏方向和信心，加上金融市场化改革滞后，金融部门的垄断地位带来获利优势、助长市场投机，社会资金脱实向虚的趋势突出，导致实体经济缺少长期投资的动力和活力。二是居民扩大消费的后劲不足。10多年来尤其是应对国际金融危机以来，全国主要城市房价经历了几轮大幅上涨，居民收入和资产大部分陷入房产当中，并引起居民收入和财富差距明显扩大，对新时期居民消费将产生长期性的不利影响。三是地方政府作为发展主体的作用空间缩小。由于工业等传统产业的增速下行，房地产市场面临新的调整压力，地方政府不能再运用大量出让土地的手段，同时地方政府性债务普遍较为沉重，银行信贷等融资平台受到新的限制，地方政府难以有力推动长期投资的增长。当然，中央新出台的一些重大改革开放举措，如建设雄安新区、“一带一路”倡议等，如能得到持续有效实施，也可能对扩大内需和部分外需产生拉动作用，减缓需求增速下行的幅度和压力。

（3）需求增速变化的影响既有供给结构问题也有需求结构问题。

在市场经济条件下，结构问题对总供求关系的影响，主要表现为供给结构与需求结构不协调，部分潜在需求不能转化为现实需求，导致总需求不足，使部分生产能力闲置或产品库存积压，总供给不能有效增长或持续增长。从日本、韩国和中国台湾地区发展阶段变化后的历史过程看，需求增速阶段性回落的结构原因，主要表现在两个方面：一方面，生产结构特别是工业结构在技术创新、市场竞争的带动下不断升级，部分产业、产品生产能力快速增长，而需求结构的变化跟不上技术进步的速度，需求增长落后于生产能力的增长；另一方面，需求结构受居民收入上升、人口老龄化等影响，对中高端服务业的需求快速增长，而产能过剩行业占用了大量资源存量和增量，不利于服务业部门的资源流入和加快发展，供给结构的调整变化受到影响而相对滞后，制约了需求的实现和扩大。

中国经济发展进入新常态或新阶段以来，经济增速持续下行的基本原因是总量矛盾与结构矛盾交织在一起并相互影响。从结构矛盾对总量矛盾的影响看，供给结构问题与需求结构问题交织在一起并相互制约。供给结构的主要问题历来是存在的，就是生产结构中工业的比重过高，服务业的比重过低，在经济发展阶段变化的过程中，需求结构相应发生变化，对工业品的需求比重下降，服务业的需求比重上升，供给结构不适应市场需求的问题更加突出，导致工业增速大幅下行，工业及相关产业产能严重过剩。新增的供给结构问题是，生产过程中技术进步和结构升级比较缓慢，传统产业、中低层次产品比重大，不适应经济发展进入中等收入阶段后需求结构升级，即对新兴产业、中高端产品需求比重上升的趋势，造成工业及相关产业产能过剩矛盾难以缓解，多数产业增速面临长期下行压力。需求结构的主要问题也是一直存在的，就是投资率过高，消费率太低，过度依赖于出口增长。当国内外市场发生变化，特别是国内市场出现阶段性变化，投资增速大幅下降，出口增长明显收缩，原有的需求结构对总需求增速产生了重大影响。新增的需求结构问题是，消费需求受收入分配结构、人口老龄化，以及消费结构、消费环境等制约，加上受投资增长变化的影响，增速也出现持续下行的趋势，2016年社会消费品零售总额增长已下降为10.4%，比2010年降低了7.9个百分点。如果政府主导的基建投资扩张不能稳住市场化投资减速的趋势，消费增长与投资增长的下滑可能形成共振、相互拖累，使总需求增速面临持续下行的压力。这些结构性矛盾，很大程度上与经济体制问题有关，其对经济增长的影响将持续相当长一段时期。

（4）长期增长政策：把供给侧结构性改革与需求侧结构性改革结合起来。

当前稳增长的主要政策，是以推进供给侧结构性改革为主线，适度扩大总需求。扩大总需求是为了应对经济周期波动，缓解短期总需求不足的矛盾，但经济刺激的幅度不能过大、时间不能过长。供给侧结构性改革是通过破解体制性矛盾，推动产业结构调整和升级，提升供给质量和增加有效供给，使供给结构适应需求结构变化，并引导和带动需求增长，但这只能解决部分需求问题而不是全部需求问题，不可能长期促进需求增长。中国经济进入新常态或新阶段之后的需求增长问题，是一个发生了趋势性变化的长期问题（只不过由于周期因素影响而表现出短期特征），包括需求总量和需求结构的相互影响，其中也存在着体制性障碍的影响，与供给侧结构一样制约着经济的长期增长。作为长期经济增长政策的主要依托，应当在深化供给侧结构性改革的基础上，适时推进需求侧结构性改革，通过需求侧改革促进需求结构调整和需求持续扩大，为供给侧改革提供长期市场支撑。

推进需求侧结构性改革的主要取向是，根据中国经济进入新常态或发展阶段转变的趋势，有针对性地深化需求领域的体制改革，用改革的办法推动需求结构由过度依靠投资向主要依靠消费转变，持续提高最终消费率，并通过消费稳定增长拉动长期投资增长，不断拓展国内大市场，支持供给侧改革和产业结构调整升级，促进经济长期稳定增长。在影响经济增长的需求因素中：从表面和短期看，最突出的因素是投资；但从实质和长期看，最重要的因素是消费，只有消费需求稳定较快增长，投资增速才能稳定和可持续。因此，短期内适度扩大总需求的重点是实施好积极的财政政策和稳健的货币政策，引导市场预期，稳定投资增长；中长期政策重点是供给侧改革与需求侧改革并举，既依靠深化改革推进供给结构调整升级，提升全要素生产率和供给质量，又依靠深化改革推进需求结构调整优化，建立扩大内需特别是扩大消费的制度和机制。

参考文献

［1］安场保吉．日本经济史：第8卷：高速增长．北京：北京三联书店，1997.

［2］布罗代尔．15至18世纪的物质文明、经济和资本主义：第1卷：日常生活的结构：可能与不可能．北京：北京三联书店，2002.

［3］郭克莎．中国经济发展进入新常态的理论根据——中国特色社会主义政治经济学的分析．经济研究，2016（9）：4–16.

［4］加尔布雷思．丰裕社会．上海：上海人民出版社，1965.

［5］兰德斯．解除束缚的普罗米修斯．北京：华夏出版社，2007.

［6］鹿朋．产业升级视角下日本经济泡沫的反思．现代日本经济，2008（4）：13–17.

［7］刘建江，罗双成，凌四立．化解产能过剩的国际经验及启示．经济纵横，2015（6）：111–114.

［8］吕铁．日本治理产能过剩的做法及启示．求是，2011（5）：47–49.

［9］潘士远，史晋川．内生经济增长理论：一个文献综述．经济学（季刊），2002（3）：753–786.

［10］H·钱纳里，S·鲁滨逊，M·塞尔奎因．工业化

和经济增长的比较研究．上海：上海三联书店，1989.

［11］日本内阁府2008年国民生活白皮书，2008.

［12］山田伸二．世界同时通货紧缩．北京：中国财政经济出版社，1999.

［13］宋冬林，毕秀水．新经济增长理论前提批判．经济评论，2005（2）：120–123.

［14］宋海荣．新经济增长理论的述评及其政策取向．统计与决策，2005（17）:113–115.

［15］苏宏伟．中日总产出波动与消费结构演变交互关系比较分析．现代日本经济，2013（5）：9–19.

［16］孙执中．荣衰论——战后日本经济史（1945—2004）．北京：人民出版社，2006.

［17］田愉．战后日元汇率走势回眸［J］．国际金融研究，1998（7）：17–19.

［18］魏杰，白成太．日本增速换挡过程中需求结构变迁对中国的启示．经济理论与经济管理，2016（9）：70–83.

［19］吴易风．经济增长理论的历史辨析．学术月刊，2003（2）：40–48.

［20］薛敬孝，白雪洁等．当代日本产业结构研究．天津：天津人民出版社，2002.

［21］俞剑，方福前．结构变迁与经济增长的传导机制演变．经济学动态，2015（7）：112–125.

［22］赵利济，金赢亨．韩国经济腾飞的政策剖析．武汉：华中理工大学出版社，1996.

[23] 张乃丽，刘巍. 日本“经济泡沫”成因的逻辑判断与统计分析（1985~1991）. 现代日本经济，2013（2）：1-14.

[24] 竹内宏，牟青. 论南朝鲜成为工业先进国的条件. 经济社会体制比较，1987（2）：21-23.

[25] ACEMOGLU. D，ZILIBOTTI. F，2001. Productivity Differences. Quarte Journal of Economics，116（2），563-606.

[26] ALESINA. A，RODRIK. D，1994. Distributive Politics and economic growth. Quarterly Journal of Economics，109（2），465-490.

[27] BARRO RJ，1990. Government Spending in a simple models of endogenous growth. Journal of Political Economy，98（5），103-126.

[28] BARRO RJ，BECHER GS，1989. Fertility choice in a model of economic growth. Econometrica，57（2），481-501.

[29] BARSEGHYAN，LEVON，2006. Entry costs and cross-country differences in productivity and output. Working Paper.

[30] BECKER GS，MURPHY KM，1992. The division of labor，coordination cost，and knowledge. Quarterly Journal of Economics，107（4），1137-1160.

[31] BUERA. F，KABOSKI. J，2007. Scale and origins of structural change. Working Paper.

[32] BUERA. F, KABOSKI. J, 2008. Can Traditional Theories of Structural Change Fit the Date. Working Paper.

[33] CASELLI. F, WILBUR II, 2001. The US Structural transformation and regional convergence: a reinterp retation. Journal of Political Economy, 109 (3), 584–616.

[34] ECHEVARRIA. C, 1997. Changes in Sectoral Composition Associated with Economic Growth. International Economic Review, 38 (2), 431–452.

[35] FELDMAN SJ, MCCLAIN. D, PALMERK, 1987. Sources of Structural Change in the United States 1963—1978: An Input–output Perspective. Review of Economics and Statistics, 69 (3), 503–510.

[36] FELIPE. J, LIM JA, 2005. Export or Domesticled Growth in Asia. Asian Development Review, 22 (2), 35–75.

[37] FOELLMI. R, ZWEIMULLER. J, 2007. Structural Change, Engel' s Consumption Cycle sand Kald or Facts of Economic Growth. Working Paper.

[38] GUALERZI. D, 1996. Natural Dynamics, Endogenous Structural Change and the Theory of Demand: A Comment on Pasinetti. Structural Change and Economw Dynamics, 7 (2), 147–162.

[39] HALL RE, JONES C I, 1999. Why DO Some Countries Produce So Much More Output per Worker than Others? . Quarterly Journal of Economics, 114 (1), 83–116.

[40] HERRENDOFF. B, TEIXEIRA. A, 2005. How

Barriers to International Trade Affect TFP. Review of Economic Dynamics, 8 (4), 866–876.

[41] KALDOR. N, 1961. Capital accumulation and economic growth. Macmillan Press.

[42] KLENOW PJ, HSIEH CT, 2006. Misallocation and manufacturing TFP in China and India. Working Paper.

[43] KONGSAMUT. P, REBELO. S, XIED, 2001. Beyond Balanced Growth. Review of economic studies, 68 (4), 869–882.

[44] KUZNETS. S, 1973. Modern economic growth: findings and reflections. American Economic Review, 63 (3), 247–258.

[45] LUCAS RE, 1988. On the mechanism of economic development. Joarnal of Monetary Economics, 22 (1), 23–42.

[46] MATSUYAMA. K, 2002. The rise of mass consumption societies. Journal of Political Economy, 110 (5), 1035–1070.

[47] MURPHY KM, SHLEIFER. A, VISHNY RW, 1989. Industrialization and the big push. Journal of Political Economy, 97 (5), 1003–1026.

[48] NALEWAIK JJ, 2006. Current consumption and future income growth: synthetic panel evidence. Journal of Monetary Economy, 53 (8), 2239–2266.

[49] OSTERHAVEN. J, LINDEN JV, 1997. European

technology, trade and income changes for 1975—1985: an intercountry input-output decomposition. Economic Systems Research, 9 (4), 393-412.

[50] PARENTE SL, PRESCOTT EC, 1994. Prescott. Barriers to Technology Adoption and Development. Journal of Political Economy, 102 (2), 298-321.

[51] PEROTTI. R, 1996. Growth, Income distribution and democracy: what the data say. Journal of Economic Growth, 1 (2), 149-187.

[52] RERSON. T, TABELLINI. G, 1994. Is inequality harmful for growth. American Economic Review, 84 (3), 600-621.

[53] RESTUCCIA D, ROGERSON R, 2007. Policy distortions and aggregate productivity with heterogenous plants. Working Paper.

[54] RODRIK. D, 1994. Getting interventions right: how south korea and taiwan grew rich ? . Working Paper.

[55] ROMER PM, 1986. Increasing Return and Long-run Growth. Journal of Political Economy, 94 (5), 1002-1037.

[56] ROMER PM, 1990a. Endogenous technological change. Journal of Political Economy, 98 (98), 71-102.

[57] SABILLON. C, 2008. On the causes of economic growth: the Lessons of History, Algora Press.

[58] SOLOW RM, 1957. Technical change and the

aggregate production. Review of Economics and Statistics, 39 (3), 312-320.

[59] SYRQUIN. M, CHENERY. H, 1989. Three decades of industrialization. World Bank Economic Review, 3 (2), 145-181.

[60] WAH LY, 2004. The role of domestic Dem and in the economic growth of malaysia: A Cointegration Analysis. International Economic Journal, 18 (3), 337-352.

[61] WALKER JF, VATTER HG, 1999. Demand: the neglected participant in the Long Run U.S.P roductive record. American Economist, 43 (2), 73-80.

[62] YANG. X, BORLAND. J, 1991. A microeconomic mechanism for economic growth. Journal of Political Economy, 99 (3), 460-482.

[63] YOSHIKAWAH, 2003. The role of Demand in Macroeconomics. Japanese Economic Review, 54 (1), 1-27.

[64] YOUNG. A, 1998. Growth without scale effects. Journal of Political Economy, 106 (1), 41-63.

[65] ZWEMULLER. J, BRUNNER JK, 2005. Innovation and growth with rich and poor consume. Metroecomomica, 56 (2), 233-262.

当一位投资者认为一只股票被高估，并且股价很快会下跌，他可能决定“做空”这只股票。首先，他借了一定数量的股票，然后将它卖出。在低于卖价回购相同数量的股票之前，他等待股票下挫。在将股票归还给他的出借人之后，他赚取买卖股票的价差—除非任意之一的几个很难预测的变量干扰，股票未能下跌。

由于这些变量很难预测，甚至老练的投资者做空也很困难。这需要巨大的才能和经验去从下跌的股票中分离最佳的做空思路，即：阿米特·库马尔在几十年的市场分析和交易中开发和磨练的技能。本书分享了他的做空框架，建立了下跌股票共有的主题和市场的特有优势和周期。有主要的案例研究和成功的基金经理比尔·阿克曼（潘兴广场资产管理公司）和马克·罗伯茨（华尔街之外咨询集团）的独家采访。库马尔告诉投资者如何避免陷阱，如何借鉴精心研究的做空思路来获利。投资者可能不总是按做空思路操作，但他们可以用库马尔的做空框架来甄别估值过高的股票，从而避免损失。专业和业余投资者都将受益于这种将做空转化为一种长期战略的基本研究方法。

献给我的导师、家人、朋友和客户——我力量的源泉。

目 录

第三部分 做空的风险与机制

前 言

忠告

做空不适合胆小的人。一些人通过做空创造财富，很多人通过做空也失去财富。做空股票只适合财务经验丰富、心智成熟而且有很强的亏损承受能力的投资者。它可能潜在地威胁到您的财富。虽然这本书可能是一本有用的寻找成功做空思路的指南，但是当涉及到事实上做空股票时，您必须对自己的投资负责。在采取任何行动之前，请咨询您的财务顾问。

谁应该读这本书?

这本书为个人和专业投资者、金融类学生和教授、股票市场记者和其他股票爱好者提供了一个发现杰出的做空思路、避免常见的陷阱和热门股票的研究框架。投资者和专业分析师会发现这本书对于发现和投资新的做空思路是很有用的。

金融专业的学生寻求专业分析师的职业生涯可以受益于这本书。金融教授可以借鉴本书中的各种例子和做空框架，以补充传统股票分析教科书的不足。股票市场记者、股票博客和其他股票市场爱好者会发现这本书密切关注的可能被股票市场忽略的做空思路背后的那些常见主题是有用的。

您为何应该读这本书？

购买股票是一种天生的心理倾向。道琼斯工业平均指数（DJIA）从20世纪20年代的100点之内持续上升到2007年的14000之内，产生年复合回报率约为6%。做空股票在这一背景下似乎像是逆流而行。上涨的潮汐常常举起甚至最不适航的船只。

自17世纪以来，交易所的交易在阿姆斯特丹开始时，做空者从价值不大的股票中获利；然而，做空的书籍寥寥可数。好的投资书籍在长线思路中阐述了下行风险；然而风险分析总能从做多思路中找到一个风险或另一个风险。

做空股票并非完全是买入股票的对立面，长做多思路的风险分析可能并不总是检测到明确的做空信号。发现做空思路需要更多的分析。我在本书中提出了一个揭露下跌股票背后的常见主题的框架，以寻找杰出的做空思路。

虽然做空本来就有风险，但是投资者可以从精心研究的做空思路中获利。当一个做空的观点指出一个特定行业的特有问题，投资者可以做空这个行业的股票和行业基金以获取超出市场回报率的收益。虽然投资者可能并不总是选择做空思路的行动，但是他们还可以通过使用该框架来分析他们现有的投资组合的弱点以避免损失。

书的结构和内容

我把这本书分成三部分：第一部分我勾画了寻找做空机会的框架。第一章解释了仅基于高估值的做空风险，并勾画出一个更全面的识别做空思路的框架。第二章解释了杠杆业务的固有风险和产生一个做空思路的经营指标。第三章描述了商业模式问题和可以压低股价的增长故事转折点。第四章指出可以让企业陷入困境的主要财务假设问题。第五章解释了历史可以是一个很好的导航，为正在发生的危机找到出路，还解释了经济衰退和危机可能导致信贷周期的紧缩，从而暴露出特定商业模式的漏洞。

第二部分探讨投资框架和作为做空思路来源的知名投资者的公开建议。第六章深入研究了本杰明·格雷厄姆原创的价值投资原则和价值投资者关于做空的观点。它还包含一个对著名价值投资者基恩·马里·艾维拉德的独家专访。第七章穿越激进投资的历史，包括对著名激进投资者和空头比尔·阿克曼的独家专访。第八章举例说明什么时候跟知名投资者共舞或者与他们对赌是有用的，以及什么时候远离他们。第九章包含对马克·罗伯茨的独家专访和华尔街之外咨询集团做空思路研究的样本。

第三部分介绍了做空的风险和机制。第十章考虑了什么时候坚持或者放弃您的头寸，并提供了应避免的失误、陷阱和热门股票的事例。第十一章描述了做空机制和如何使做空不要成为购买股票的对立面。

我已用了贯穿全书的案例研究来说明现实中的做空框架。我已收集来自于我过去的研究和一家有着二十年成功记录、专注于做空研究的公司——华尔街之外咨询集团的案例。

致 谢

我要感谢一些阅读这本书的早期版本的朋友，他们提供了宝贵的反馈。杰里姆·阿克塞尔罗德、潘卡·内瓦提雅、阿贾伊·辛格、帕拉瓦·古普塔、维努德·纳鲁丽和阿米特·古普塔给了有用和详细的建议，我很感激。

特别感谢华尔街之外咨询集团的马克·罗伯茨接受本书的独家专访。我还感谢马克分享了他的一些关于做空研究的宝贵经验。感谢基恩·马里·艾维拉德分享他价值投资的见解。

我要感谢比尔·阿克曼抽出时间阅读本书的第一版并分享他的宝贵反馈，还要感谢他同意接受当前版本的采访。

我要感谢哥伦比亚大学商学院的教授：布鲁斯·格林沃尔德，他提出的一个行业的进入壁垒框架是非常有用的；感谢苏黎世·桑达黎珊，她在课堂上关于高级衍生金融工具的讲座萦绕在我脑海中，但在不久之后，帮助我理解了随之而来的金融危机。

我也要感谢访问哥伦比亚大学商学院的杰出投资者，他们分享他们的见解和他们的失误，并回答了提问。他们的演讲塑造了我的研究过程并帮助我了解了投资心理学。特别感谢吉姆·查诺斯，他的演讲使我看到做多和做空的区别。

最后的但同样重要的，我感谢给予我爱和支持的妻子。

深深感谢我的女儿，她每天急切地问：“爸爸，您的书准备好了吗?”让我有灵感来完成这本书。感谢我的父母、兄弟、和家人的信任与支持。

第一部分

寻找做空思路的框架

第一章　做空的尽职调查

由于发起人的原因，一只股票按照其真实价值的 5～10 倍进行估值是很常见的；但是，现实中，很难找到一只股票按照其真实价值的 10%至 20%进行交易。所以，你可能会认为做空很容易，但事实并非如此。

——沃伦·巴菲特

安然公司是一个会计欺诈和财务骗术的典型。2001 年，吉姆·查诺斯就成为安然公司的早期做空者，他在《华尔街日报》看到一篇关于大型能源上市公司销售收益会计实务的文章，他第一次关注到这只股票。在美国国会证词中，他说，他之所以对安然公司产生兴趣，是因为销售收益法允许管理层预估未来的盈利能力，并引诱他们凭空创造收益。

在与华尔街分析师的交往过程中，查诺斯发现分析师们的买入评级并没有被分析支持，相反，却被利益冲突所折损。这些不祥的征兆，加上安然公司的高估值，使安然公司成为查诺斯的一个完美做空对象。像查诺斯这样的做空者已经在股市中充当了“矿坑中的金丝雀”的角色。

几年后，在 2007 年，掌管一家同名的对冲基金的约翰·保尔森，通过做空次级抵押贷款赚取了几十亿美元。保尔森告诉美国国会委员会，他曾在2005年和2006年独自进行了详细的研究，他断定抵押贷款证券定价完全错误。他认为许多AAA级投资级别债券将变得一文不值，因为债券项下的次级抵押贷款的抵押品虽然获得了100%的融资，但都没有首付。像其他成功的做空者做空次级债一样，保尔森认为金融公司，如雷曼兄弟公司、贝尔斯登公司、美国国际集团陷入困境是因为他们有过高的杠杆率。

保尔森指出，与它们的有形普通股股东权益相比，雷曼兄弟公司的次级抵押贷款已超过其40倍，事实上，雷曼已经是在负重前行了。许多金融机构的股东权益太少，以致无法承受暴露在次级抵押贷款和相关复杂的衍生金融工具的损失。美国次贷危机开始于2007年3月，美国第二大次级贷款人——新世纪金融公司到了崩溃的边缘。

同月，我们哥伦比亚大学商学院代表团在奥马哈造访了沃伦·巴菲特，我有机会向他寻求关于住房危机持续性恐慌的意见。巴菲特告诉我，市场恐慌是有其理由的，对即将发生的次贷危机产生恐慌也是真实的，因为房主还没有偿还抵押贷款。巴菲特凭借自己的洞察力，在随之而来的金融危机中通过在购买陷入困境的公司受益匪浅，然而他并没有做空股票。

相反，巴菲特出售标准普尔500指数长期股权投资的看跌期权，也就是说，在未来十到十五年间，如果大盘指数大幅下跌，他承诺买入标准普尔500指数。巴菲特不是做空的门外汉，从1957年到1968年，他经营自己的巴菲特合伙人公司，巴菲特合伙人公司产生26倍的回报率（准确地说是2610.6%），主要来源于购买股票，然而，他在伯克希尔哈撒韦公司初创期也做空公司股票。

那么，为什么巴菲特现在没有做空呢?

在伯克希尔哈撒韦公司，巴菲特管理着大约1000亿美元的股票投资。他能找到适合他赌注规模的多头思路（先不提空头）非常少，因为他喜欢集中下赌注。当股票走势跟他预测的方向相反时，他就提高多头赌注，但他不能提高他的空头赌注。集中做空可能是灾难性的，这不符合他的风险参数。

跟巴菲特一样，对冲基金也往往做赌注特别大的多头思路，因为做多通常比做空更有价值。他们喜欢依靠自己专有的研究，但他们也有机会获得来自华尔街分析师、公司管理团队和其他来源的大量的做多思路。

对冲基金的激励机制通常包括2%的管理费和20%的与客户利润分享安排。与那些力争击败指数基准收益的只做多的投资经理不同，对冲基金力争兑现不分市场状况的绝对收益。对于对冲基金而言，如果没有做空对象，在熊市中兑现绝对收益是不可能的。毕竟他们怎么能“对冲”熊市中的下行风险呢？他们的客户愿意分享自己部分利润作为绝对收益期望的回报。

对冲基金的投资任务要求它们做空股票并对冲它们的做多赌注。研究做空思路需要更长的时间，因为对冲基金寻找早期的负面信息可能不容易获得。同时缺乏专注于做空的股票研究公司。因此，对冲基金和其他基金经理通常会接受做空思路，而不是做多思路，特别是如果他们是在做多或可能是错误的交易方面。对冲基金总是可能找到估值过高的股票，您可能想知道为什么它们不容易简单地做空高估值股票。

高卖、低买：高估值公司适合做空吗?

尽管低买和高卖通常对于做多思路奏效，仅基于高估值的做空通常也不会奏效。当一家公司的商业模式面临着明确的问题时，做空思路的投资观点才奏效，而高估值仅作为锦上添花。让我们来看看公司如何估值，以便理解为什么高估值不足以成就一个好的做空。

虽然有许多方法和指标来衡量一家公司，估值的基本思路归结为利润或公司潜在的现金流或公司拥有的资产价值。市场预期的收入、利润、现金流和资产价值驱动公司的股票价格。更高的预期使估值倍数上升（见文本框，“市盈率估值 101”）。

市盈率估值 101

市盈率（P/E）或股票价格与每股收益（EPS）比率是最常用的估值指标。10 倍市盈率意思是投资者愿意支付 10 美元/每股获取上一年的 1 美元/每股的收益。

让我们考虑一个简单的问题。如果你的银行承诺在你的余生给你 5% 的年存款利率，你需要存多少钱才能每月获得 10000 美元（或每年 120000 美元）呢？答案是 240 万美元。在这种情况下，你的投资（240 万美元）价值是年收益（每年 120000 美元）的 20 倍。简单地说，你投资的市盈率是 20 倍，也就是说，你愿意付出每一美元银行利息收入的 20 倍，因为预期收益率（或收益率）为每年 5%。

你会失去你的银行存款是一个极低的可能性。投资于美国国债（政府债券）、投资级企业债、货币市场基金同样承担损失的低风险，但是，这些投资比简单的银行存款风险高。

投资者期望比存款更高风险更高收益率（或收益率）的投资，并会付出更低的市盈率倍数。股票比债券风险更高，所以它们的预期收益率会更高。如果一只股票以每股20美元进行交易，市场预期收益保持上一年的每股收益2美元不变，收益率为2/20（10%），市盈率倍数为20/2（10倍）。

现在，如果市场预期的每股收益在未来三年每年翻倍，市场仍将支付10倍的市盈率倍数吗？在这种情况下，该公司将在未来三年获得4美元、8美元和16美元或总共28美元每股收益（高于目前的股价）。如果大多数的收益流向它们的现金结存（记住：公司按权责发生制原则报告收益，而不是按照收付实现制原则），他们理论上可以在2.5年后通过回购它们的所有股票将公司私有化。

通常，低市盈率表明市场预期更低的盈利水平，高市盈率表明市场预期收益增长。一家有增长预期的公司的市盈率会高于10倍，并可能达到荒谬的水平（100~500倍），这取决于炒作和市场情绪。

相比它们的公允估值，市场可以疯狂地沸腾，引起广泛而持久的股价异常。虽然在这动荡期间你能坚持你的做多思路，当昂贵的做空对象持续上涨，贷款人很可能会迫使你去回补你的空头头寸。因此，仅根据高估值做空股票可能不是一个好主意。

举个例子，两家公司去年每股收益都是1美元，根据市场对它们未来收益的预期，它们的股价可能分别为每股10美元和每股30美元。股价30美元（或市盈率为30倍）的A公司预计将比股价10美元（或市盈率为10倍）的B公司获得更多的收益。让我们假设公司A未来两年的每股收益从1美元增长到3美元，而公司B继续赚取每股1美元。在这一点上，如果市场认为公司A已经达到了完全的盈利潜力，并决定支付A公司10倍市盈率（与B公司市盈率相同），A公司的股价将保持为30美元。

在这种情况下，如果我们仅仅因为公司A按较高市盈率倍数交易而做空它，我们会低估了该公司的增长潜力，做空它将赔钱或充其量保本。在更乐观的情况下，如果市场认为公司A在未来几年能以相同的比率保持盈利增长，公司A将继续维持溢价倍数。在这种情况下，做空将会赔钱。

了解可持续增长的驱动因素（产品的市场规模、产品的独特功能、竞争动态、产品保质期、竞争对手设计并带给市场的替代品或竞争产品的所需时间）和偏离成长轨迹的明确理由或催化剂是很重要的。做空一家很难预测的开放式增长的公司不是一个好主意。这样的做空往往是错误比正确更多。

在90年代末的互联网泡沫时期，没有历史销售数据的公司按照期望的倍数进行交易，似乎传统行业的估值方法不适用于美国的科技公司。即使科技公司有出色的销售，如思科公司，也按照疯狂的倍数进行交易。企业价值销售比率或市销率是最常用的快速增长科技公司的估值指标。

1998年7月，思科公司公布的年收入为85亿美元，由于高端交换机单位产品销售量大增，收入比上一年高出30%，股票按接近收入10倍、市值约为850亿美元进行交易。一年后的1999年7月，思科公司公布的销售额增长了40%，达到121亿美元，股票按收入的大约20倍、市值约2100亿美元进行交易。[4]1999年7月，预计思科公司的收入继续按40%增长多年，它的估值似乎可以延续吗？也许，但思科公司下一年的业绩证明了只基于估值的做空是危险的（图 1.1）。

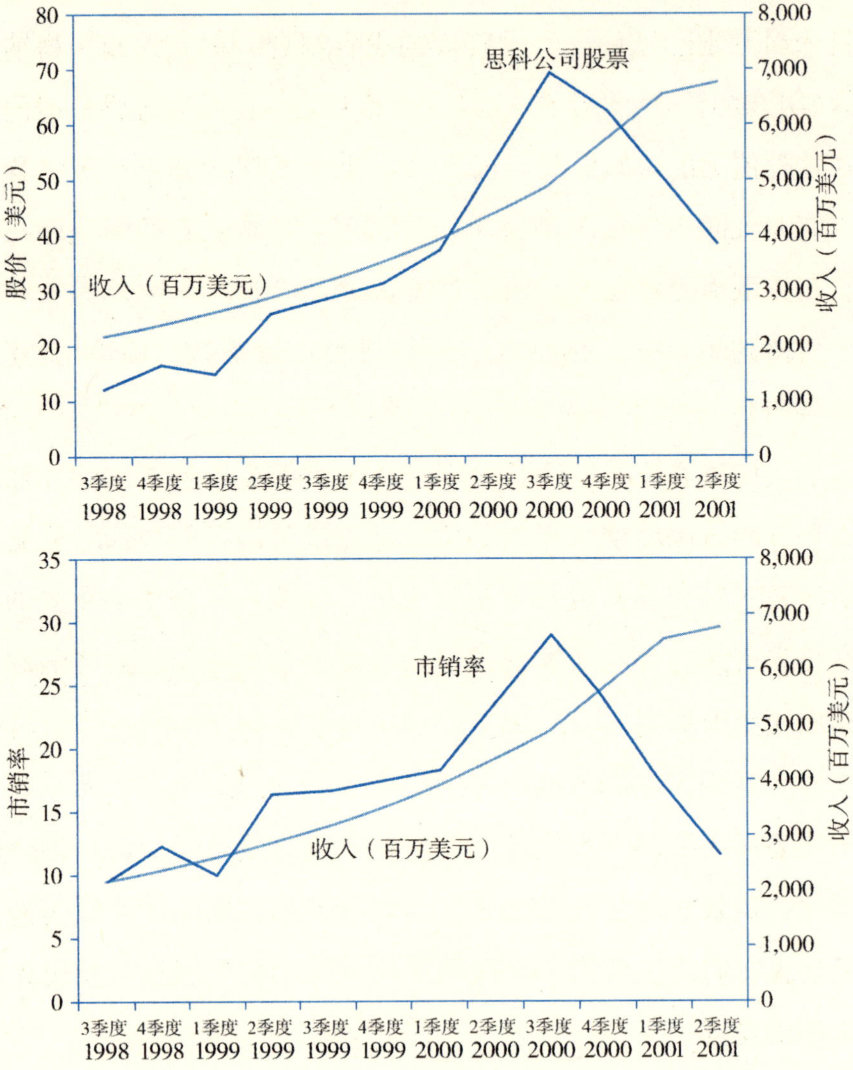

图 1.1　思科公司 1998－2001 年收入、股票价格、销售利润率

资料来源：思科公司提交给美国证券交易委员会的文件。

2000 年 7 月，由于交换机和路由器的销售继续增长，思科公司公布收入增长了 60%，达到 190 亿美元。思科公司当时按接近收入的 25 倍、市值超过 4500 亿美元进行交易。就市盈率而言，思科公司按市盈率大约200倍进行交易，市盈率由1999年的90倍提高到200倍。在市销率20倍或者市盈率90倍时做空会导致一个负110%的回报，集中做空思科公司可能已经摧毁了投资者的投资组合。正如约翰·梅纳德·凯恩斯经常被引述的话所说的那样："市场可以保持非理性的时间比你能保持偿付能力的时间更久。"凯恩斯，像本杰明·格雷厄姆一样，在1929年的股市崩盘中，他的投资遭受了巨大损失；他的引述是一个很好的提醒，资本配置不当会导致灾难性的投资组合回报。

事后诸葛亮。很容易明白为什么在2000年市销率为25倍时卖出思科公司而不是1999年市销率为20倍卖出思科公司会是明智的。当思科公司的收入按年40%至50%的比率增长，交换机和路由器的市场规模是难以估计的；也很难预测思科公司是否将保持市场中的技术领先者地位。随着思科公司经营规模的扩大，它的毛利率也不断增长。频繁的并购交易可能会进一步混淆思科公司的增长预测。如果我们有一个水晶球来预测市场规模，它将仍然是不可能猜中市场愿意为思科公司股票支付的最疯狂的倍数。

思科公司的故事说明做空成长型或高估值股票的典型时序难度。尽管如此，如果我们能发现这种公司商业模式的缺陷或识别可能会永久性地伤害它们成长前景的催化剂，高估值可以是寻找做空思路的一个很好的出发点。

要点

仅凭估值做空高价股票是危险的。

研究做空思路需要有与做多思路相同的基本技能

基础性研究可以发现商业模式的缺陷。可能的空头头寸的基础性分析与多头头寸的基础性分析没有什么不同，这涉及到理解商业模式、分析财务报表、识别企业和行业增长的驱动因素、企业估值、评估下行风险和找到投资理论的优势。

本杰明·格雷厄姆的《证券分析》、《沃伦·巴菲特论文集》和菲尔·费雪的《怎样选择成长股》这样的投资经典提供了企业基础性分析的杰出框架，并借鉴了成功的价值投资者思想的见解。同样，彼得·林奇的《成功投资》和成长型投资者的投资观点提供了框架（例如：市场规模、分析前进的趋势和新产品的增长潜力）以分析混配或成长型公司，并找到它们成长前景的信念。

理解一家公司的再投资经济学从而识别增长杠杆是很重要的。成长市场中的公司往往投资于产品研发、配送能力（例如：商店、仓库）、制造产能、品牌营销，或销售团队的扩张。这些投资中的每一项都允许公司增加或抢占市场份额；然而，企业这样的再投资可能不一定必然地导致盈利增长。

关键是看任何企业的以下七个方面，它们绝不是一个详尽的清单，而是基本面分析的一个很好的清单。

基本面分析核对表

1. 行业：市场规模、市场集中度（前五名市场份额）、竞争，行业的特征（资本密集性、季节性等）、行业阶段（新生的、成熟的等），行业周期性或结构性变化的征兆

2. 产品：独特的功能和竞争力、研发投资、营销投资、可扩展性、客户忠诚、转换成本、替代品、产品保护（专利保护、监管障碍等）

3. 财务报表分析与估值：

（a）成熟企业

损益表：收入驱动因素、固定和变动成本、最近十年息税前利润或营业毛利、净利润、股本或资本回报率、盈利质量以及企业的周期性/季节性

资产负债表：投资资产质量和流动性、杠杆和契约，资产负债表项目（存货或营运资金等）

现金流量：收益收敛或发散的原因、资本支出（Capex）和融资

（b）新企业：收入和收益增长的驱动因素、现金的来源和使用以及现金烧钱率，加上可用的上述成熟企业的任何附加相关指标

（c）估值：行业的相关估值倍数，如：市净率、市盈率、市销率、企业价值与销售比率（EV/sales）、企业价值与息税前利润比（EV/EBIT）、企业价值与扣除资本支出的息税折旧摊销前利润比、资产净值、贴现现金流量、自由浮动、自由资金流以及自由现金流量倍数等。

4. 客户：出口与内销占收入的百分比、客户集中度（大于收入5%－10%的客户）、在行业价值链中的公司地位和竞争优势

5. 管理团队：执行历史、股东价值创造、资本配置、声誉、道德、内部持股与高管薪酬、最近的内幕交易

6. 企业的经济周期：目前的经济状况、周期性、季节性、成长周期、目前的增长阶段、货币周期和货币走势

7. 近期和长期的威胁：法律、产品周期或替代品、竞争、监管或主权风险、商业模式的结构变化、专利到期、产品需求减弱

结构型做空、战术型做空和配对型做空

在深入挖掘做空思路背后的尽职调查过程之前，让我根据投资视野的不同，把做空分为三类：（1）结构型做空，有一至两年的预期；（2）战术型做空，一周至一季度的预期；（3）配对型做空，投资者通过临时做空该股的竞争对手、供应商、客户等，对冲多头。对这三种分类的每一类的尽职调查过程是不一样严格的。

一般而言，一个成功的结构型做空的观点可以指出商业模式的缺陷、行业的结构性变化、财务骗术、改变中的竞争格局、异常的高估值、最高的营业毛利和最重要的多种即将到来的短期负面触发因素。我还将把周期性做空纳入到这一类别，因为大多数的长期问题首先是周期性问题，最终演变成长期问题。

战术型做空是典型的完全基于投机、动量（根据事后的负面新闻做空一支下跌的股票）和意气相投行业（例如：在一个奢侈品品牌的负面新闻公布后，奢侈品市场预期衰退，做空奢侈品品牌行业的其他

股票）的短线交易。一些高频交易公司也使用既定的定量策略做空股票，并在几毫秒到一整天之间持有空头头寸。我将不涉及基于技术或定量分析的战术型做空，也不涉及超越波峰到波谷修正概念的图表分析。

配对型做空，顾名思义，是做多和做空交易的结合，如做空波音公司和做多欧洲宇航防务集团（两家公司处于同一行业），或做空康宁公司和做多百思买集团（做空供应商和做多客户）。通常，配对型交易背后的动机是对冲做多交易的系统性风险；这样的做空交易往往是草率的，也没像做多交易那样被研究过。分析师可以从一份报纸上的做空文章的头条新闻、一个朋友、华尔街甚至他们的擦鞋匠以及其他信息来源获得这样的做空思路。

在本章中，我专注于尽职调查的过程，找到基于公开文件和盈利的分析或提交的业绩单的结构型做空。分析专注于它们的商业模式问题，如产品和服务需求的不断下降、新的产品替代品的出现、不断上升的投入成本、其他分销渠道的威胁、盈利能力下降和竞争压力。随着这些问题的发展，投资者在报纸和其他媒体更广泛报道问题之前，试图通过初步研究找到一个优势。

分析师依赖传言（菲尔·费雪推广此方法）、渠道控制、专有调查、实地考查、管理层访谈、思想盛宴等等来提高他们做空思路的信息优势。然而，其中一些研究工具可能是资源密集型的和昂贵的，更适合基于估计下一个季度销售、盈利或现金流的战术型做空。

要点

结构型做空是对其业务或者商业模式有结构性问题的公司的长期

做空。战术型做空专注于短期问题，并依赖传言、调查和渠道控制。

做空框架：寻找什么

1. 结构型做空

a. 不可持续的杠杠商业模式

ⅰ. 违约威胁、信用评级下调

ⅱ. 债务融资资产的价值下降

ⅲ. 同店销售下降、长期经营租赁

ⅳ. 严重依赖融资、信贷周期紧缩

b. 商业模式问题

ⅰ. 失去关键客户、产品、高管或补贴

ⅱ. 行业处于长期或周期性的下降趋势

ⅲ. 市场份额损失迹象和企业利润率的威胁

ⅲ. 价格下跌、原材料成本上涨或两者兼而有之

ⅴ. 政府对商业行为的调查、欺诈

ⅵ. 摒弃问题的并购、高价收购

ⅶ. 退出高毛利业务或进入低毛利业务，导致较低的营业利润率

c. 价值陷阱：在某些指标上可能看起来很便宜的股票，但在现实中不可能有护城河保护它们的业务，并且可能面临长期的慢性问题

d. 破碎的成长故事：激烈的竞争、竞争者或客户的竞争产品、过时的产品

e. 财务报表问题和骗术

2. 战术型做空

a. 宏观经济问题和经济衰退的迹象

b. 成功投资者宣布空头头寸

c. 首次公开发行股票（IPO）锁定到期、主要投资者退出、内幕

交易

3. 配对型做空：做空竞争者或客户对冲多头头寸

股票为何下跌？

让我们一起看看负面的股价波动背后的一些关键因素和相关的故事。其中一些事件和原因可以证明是做空观点的预后指标。这些可能都不是购买或做空股票的唯一原因，并且做空思路中没有更高信念的基础研究捷径。甚至对于资深的做空者而言，获得做空思路都是很难的。包含在做空框架中的以下的催化剂可以帮助获得和审查做空思路。

内部调查或监管调查

内部调查或监管调查公告对股票而言，总是负面的惊喜，特别是如果调查是在紧接着已经宣布的负面消息或对该公司的指控后宣布。很明显，这种调查无法预测；然而，如果一家知名媒体、一位知名投资者或一位知名分析师提出了令人信服的会计虚假陈述或不道德商业行为的证据，调查的机率大增。

通常情况下，当这样的消息发生时，该股票变成一只热门股，盘整几天，并引发多空之间的拉锯战。这可能不是做空交易的最佳时机，但这是一个研究股票以识别连锁反应和其他负面的催化剂以及目前估值相关的下行风险的好时机。在这种情况下，高估值可作为锦上添花。

2011 年 4 月，戴蒙德食品公司（DMND）宣布了一项约 24 亿美元的向宝洁公司收购品客薯片的协议，包括 15 亿美元戴蒙德食品公司股票。戴蒙德食品公司（Diamond Foods）总市值约为 13 亿美元，这转型性交易将使他们 2011 年的销售额翻一番。六个月后，《华尔街日报》指出，戴蒙德食品公司在 9 月份而不是在 7 月份（他们财年的最后一个月）向核桃种植户陆续付款，已经夸大了其 2011 年的盈利。当一些知名的做空者开始指出可能降低戴蒙德食品公司毛利率并潜在威胁品客薯片交易的核桃业务的严重缺陷（见第四章）时，戴蒙德食品公司股票从历史最高点回落。

消息发布后，戴蒙德食品公司仍按大约 50 倍的高估值市盈率（戴蒙德食品公司单独盈利）和包括品客薯片盈利的大约 30 倍的市盈率进行交易。戴蒙德食品公司的股票从《华尔街日报》文章发布后的 10 月中旬的 92 美元高点下跌了约 17%。11 月 1 日，戴蒙德食品公司宣布对涉嫌会计违规进行内部调查，导致品客薯片的收购交易推迟结束。该股在公告发布后下跌约 18%。

11 月 22 日，一位回避内部调查的戴蒙德食品公司的董事之死被报道为自杀，戴蒙德食品公司股票价格进一步暴跌大约 20%。美国证券交易委员会（SEC）对涉嫌违规行为展开调查。然而，品客薯片收购交易仍被列入议事议程，到 2012 年 2 月 8 日该股股价恢复到 37 美元，反弹了大约 35%。

2 月 9 日，经过初步的内部调查，戴蒙德食品公司解雇了首席执行官（CEO）和首席财务官。消息发布后，因为对品客薯片的收购交易的机会现在看来渺茫，戴蒙德食品公司股票下跌 37%。2 月 15 日，凯洛格公司宣布收购品客薯片，结束了该交易的所有猜测。到 2012 年 11 月 19 日，戴蒙德食品公司股票价格随后又下跌 40% 至 13 美元，同时，该公司重述财务数据，力图挽回声誉。

总的来说，重要的是要注意公司或政府监管机构如司法部、总检察长、联邦通信委员会和联邦贸易委员会宣布的调查。这些公告有时会带来好的做空思路，尤其当股票是按高估值倍数进行交易。

投资者公告和内幕交易

市场密切关注外部人士（机构投资者和基金经理）和内部人士（公司高管）的股票交易。某些公司专门发现这种交易的异常趋势，如当一家公司的主要投资者通常通过悄悄地提交表13（F/D/H等）以披露他们股份的显著增加或者减少时。

高管或内部人士可通过提交的表4以披露其所持股份，或通过提交的表10b5以披露股票减持计划。异常或大量的内部人士股票出售可以表明内部人士都知道更广泛市场未知的负面新闻。2012年12月10日，《华尔街日报》报道了曼哈顿检察长对内幕交易案件展开的调查，调查在公司宣布重大负面新闻之前，公司高管出售他们所持股票（许多情况下按10b5计划）。

在首次公开发行股票和分拆上市的情况下，原始股东和内部人士不允许在最初的锁定期（通常在公开发行之前90~180天）出售其所持股份，锁定期满日是公开的。由于新增流通股进入市场交易，股票价格预期将下跌，所以股民要非常密切地关注锁定期满日。

大多数情况下，由于知名或者战略投资者退出股票和著名的做空者预警，股价将出现负面的反应。很重要的是要注意浮动筹码（可供交易股票）和空头净额比率（市场上做空的股票数量占浮动筹码的百分比）。筹码高度集中（少数几个投资者集中持股）或高空头净额比率（大规模做空的股票）降低股票的流动性（股票交易容易），并导致股票价格更大幅度的波动或逼空。

在美国，做空者不需要披露其所持股份，然而，他们可能会选择公开他们的空头头寸，并通过公开的访谈和报告来宣传他们的论点。最成功的报告指出了一个商业模式、会计违规或迫切的该公司前景的威胁的明显缺陷，在很大程度上做空的观点似乎是非常容易理解。然而，做空者并不总是期待这样的股票归零（甚至是安然公司和雷曼兄弟公司的著名做空），重要的是要确保目前的估值允许做空交易的安全边际。

做空需要逆向思维。因此，当一位著名的投资者在一只廉价的股票中持有大量的多头头寸，这可能值得检查这只股票是否是一个价值陷阱。发现价值陷阱可能是最棘手的任务。你不仅需要深入分析公司的财务报表，而且你也需要预测其产品的不利需求趋势、更广的行业或宏观经济指标。

最后的但同样重要的，卖方分析师下调评级通常导致股票当天下跌。短期战术型看涨期权经常基于分析师的渠道检查或调查。在另一些的情况下，分析师在差的盈利报告或不佳的产品发布或在股票接近目标价格后，可能将这只股票降级。它通常很难获得基于短期战术型看涨期权的做空思路，但是，指出一家企业结构性问题的长期看涨期权可以每隔一段时间产生好的做空思路。

失去关键客户、产品、高管或补贴

一家公司的营业收入来源于一个关键产品的销售或销售给一个主要客户，自然有更高的失误和失败的风险，类似于把所有的鸡蛋放在一个篮子里。最常见的例子是仅有一种药物的生物技术和制药公司。药物可能专利保护终止、保险公司或医疗保险报销计划可能降低药物的覆盖范围、药物可能导致意想不到的副作用、临床试验可能不会成功和替代药物可能进入市场，以上很多事情可以使这些公司出岔子。一般来说，做空商业化药物公司的风险总是比做空药物处于研发过程中的公司小得多。

案例研究：奎斯特科制药公司（QCOR）

2007 年 8 月，奎斯特科制药公司对其唯一的药物“阿克撒”采用了一种新的定价模型，该药用于治疗多发性硬化症（MS）和婴儿痉挛症。奎斯特科制药公司有效地将阿克撒的价格从 2007 年的 1650 美元一剂提高到 22222 美元一剂。奎斯特科制药公司的营业收入在接下来的三年中翻了一番，从 2007 年的 4900 万美元增长到 2010 年的 1.15 亿美元，股价翻了很多倍，从每股 0.5 美元涨到 2010 年底的大约每股 15 美元。[5]

在医疗改革法要求制药公司提供返利以支付医疗保险处方药计划保险缺口（即所谓的甜甜圈孔）的一部分之后，做空者注意到奎斯特科制药公司。奎斯特科制药公司 25% 的销售额来自的医疗保险投保的患者。奎斯特科制药公司通过增加一倍的销售队伍做出反应，提高治疗被商业保险公司支付的多发性硬化症患者的阿克撒处方量。因此，多发性硬化症的阿克撒处方量从 1212 张增加到 3090 张，促使年销售额增加了 87%，在 2011 年达到 2.17 亿美元，股票价格在 2011 年翻了一番。

做空者在这只股票上的运气不佳，多空之间的拉锯战持续到 2012 年。2012 年 7 月，一位著名的做空者提出理由证明阿克撒的有效成分也存在一个普通药里，这使股票下跌了 23%。然而，2012 年 9 月奎斯特科制药公司获得更低的医疗保险返利资格后，其股票价格收复失地。（图 1.2）

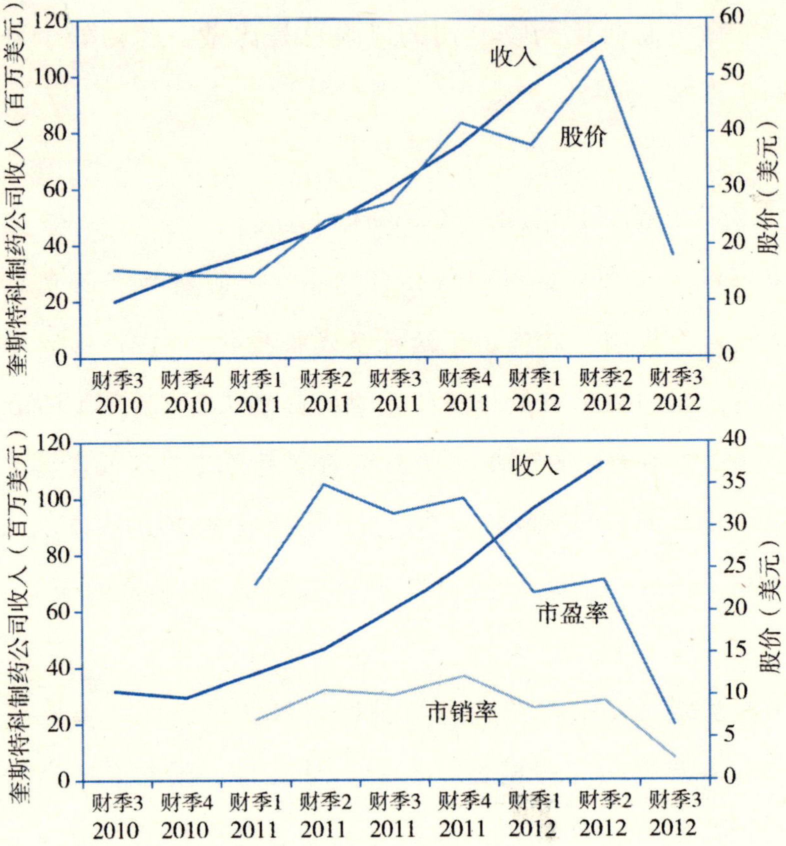

图 1.2　奎斯特科制药公司 2010 -2012 年的收入、股票价格，P 市销率、市盈率

资料来源：奎斯特科制药公司提交美国证券交易委员会的文件。

故事并没有结束。2 周后，2012 年 9 月 18 日，安泰保险公司公布了阿克撒临床政策公告，将限制韦斯特综合症（婴儿痉挛症）治疗的报销。消息公布后，由于市场担心其他保险公司也会纷纷效仿，奎斯特科制药公司股价下跌近 50%。在这个消息之后，美国证券交易委员会宣布对奎斯特科制药公司的营销手段进行调查。随着 40% ~50% 的严重的空头净额比率，奎斯特科制药公司是一只热门股票。奎斯特科制药公司股价继续保持低迷，直到 2013 年 6 月 12 日，它宣布它将从诺华集团购买促肾上腺皮质激素开发和商业化的权利。2014 年 4 月 7 日，万灵科制药公司宣布将以大约56亿美元的现金和股票收购奎斯特科制药公司。

高价药往往会遇到商业保险公司和医疗保险的报销问题，当一个更便宜的竞争性药品进入市场，它们的问题进一步恶化。在其他情况下，高价药可能引起立法者的注意。例如，吉利德科学公司面临着对索非布韦定价策略的审查，索非布韦是在2013年12月6日前仅4个月批准的一种的丙肝药物。虽然有多元化药物投资组合的公司风险较小，单一药物公司很容易经营失败，商业模式的风险使他们成为做空者的更具吸引力的候选股。

使用单一产品主题去识别做空候选股适用于许多其他行业，如智能手机制造商。我会很快将这一行业与药品生产商进行比较，指出智能手机制造商持续盈利能力带来的其他问题。智能手机这样的产品没有像药品生产商那样得到长期专利强有力地保护，并且智能手机的设计周期比药品的设计周期短得多（药品要经过多年的临床试验过程）。

更短的产品保质期、设计时间、升级周期、竞争和消费趋势的变化使得手机制造商难以赢利地扩大市场份额超过两年。一旦一家手机制造商的拳头产品在市场上失去光彩，他们营业收入的下降似乎没有尽头，如在摩托罗拉（2006年他们的刀锋余波之后，单位产品销量下降了85%）、诺基亚（2010年当竞争对手的智能手机进入市场和诺基亚进入产品衰退期，诺基亚单位产品销售量下跌超过20%）、加拿大移动研究公司的黑莓手机（2010年产品失策后，单位产品销量下滑超过30%）、宏达电子（HTC）（2011年由于定价失策和竞争，单位产品销量下降超过20%）的案例中。

其他产品问题

市场不喜欢不确定性，并且它们不欢迎一家公司的盈利能力或增长前景的负面头条新闻，即生产和产能扩张问题、供应链中断、产品上市推迟、过多的库存、投入成本上涨等等。有时，这些头条新闻可以指出公司的更广泛和更长远的问题。

案例研究：皮尔格林荣耀公司（PPC）

玉米和大豆的价格（养鸡场的主要投入）在2007年开始上涨，损害了鸡肉生产商的利润。他们的股价从2007年的最高点下跌了20%－30%。我的基金经理已经持有皮尔格林荣耀公司的多头头寸，并请求我研究这家公司。

鸡肉生产商没有对冲玉米价格，玉米期货表明它们将遭遇更多的困境。尤其是对皮尔格林荣耀公司而言，这是不好的消息，它花了13亿美元收购了金石柜公司，收购资金完全由担保贷款和过桥贷款提供。根据皮尔格林荣耀公司2007年的盈利，由于它的负债与息税折旧摊销前利润的比率为3.2，超过了规定的该比率最高为3的限制性合同条款，所以它将被要求为它的长期负债支付更高的利率。

2007年，皮尔格林荣耀公司花了大约24亿美元购买玉米和大豆原料。如果玉米和大豆的价格正如商品期货建议的那样又上涨20%～30%，他们的销售成本会另外增加4亿美元至6亿美元。皮尔格林荣耀公司可以通过涨价将一部分成本转嫁给客户，然而，历史数据显示鸡肉价格很少能上涨超过5%，因为消费者往往转向购买牛肉。在2006年鸡肉供过于求之后，2007年，养鸡业已经在削减产量。2007年的工厂利用率维持在85%，皮尔格林荣耀公司急剧的产量增加似乎是不太可能的。

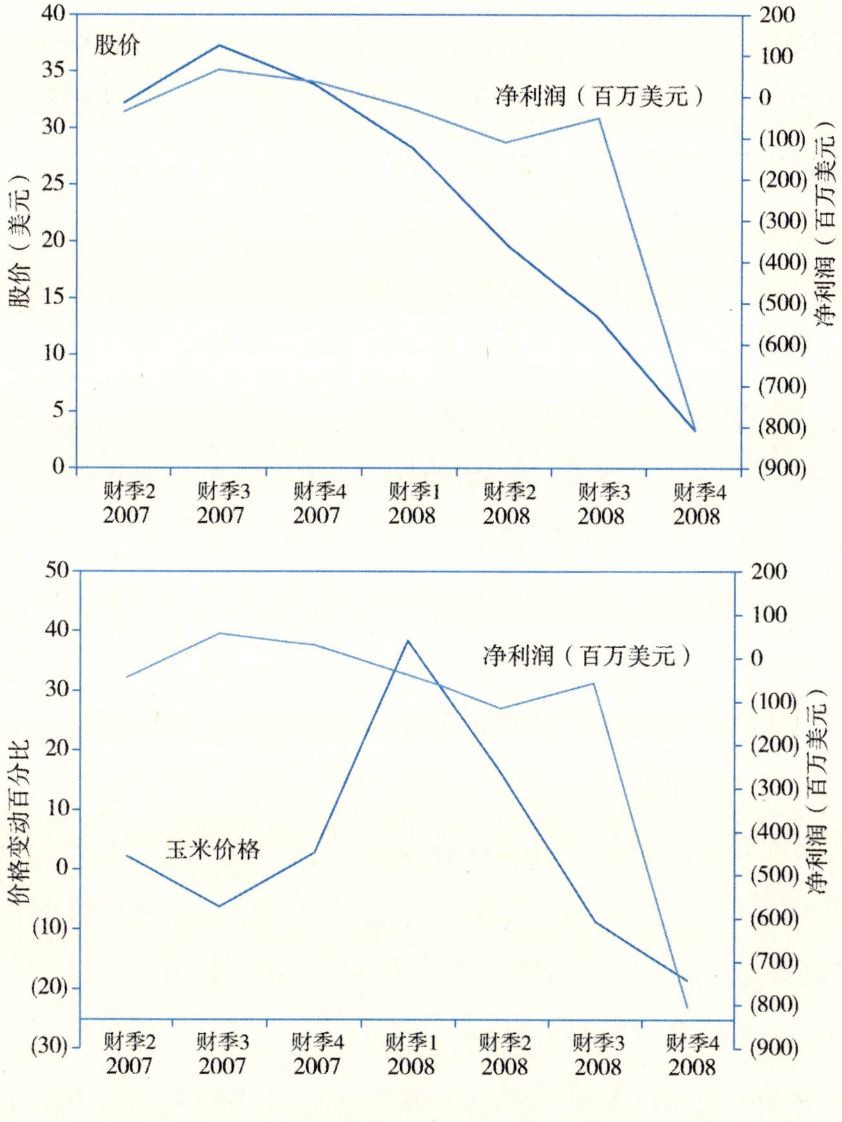

图1.3　2007－2008年皮尔格林荣耀公司净利润、股价、玉米价格上涨

资料来源：皮尔格林荣耀公司提交美国证券交易委员会的文件和美国农业部。

在涨价5%的最好情况下，皮尔格林荣耀公司将公布至少1亿美元的亏损，他们仍然可能会有违反债务合同的风险。他们还面临与燃料价格、劳动力短缺和长期债务利率上升相关的其他成本问题。皮尔格林荣耀公司似乎是一个很好的做空候选股，我们出售了我们的股份并做空。皮尔格林荣耀公司2008年公布了巨额亏损（图1.3），并申请破产保护。

行业趋势：周期性和长期性

当一个行业开始显露出衰退的迹象，重要的是要了解衰退本质上是长期性的、周期性的还是短期性的。投资研究或分析的这方面是一门艺术，这没有了解和预测这种趋势本质的神奇框架。行业专家、卖方分析师、市场研究公司和新闻媒体投入大量资源研究和出版短期的和长期的主题与趋势。通常情况下，基于一个行业明确下降趋势的做空赌注往往是跟随聪明投资者（或资金）的热门交易。

当互联网的出现威胁到传统的新闻传播时，所有的报纸股票进入了一个为期多年的衰退期。诸如内容（视频、音频、新闻等）的在线传送和21世纪初的外包的趋势已经证明是不可逆转的。承诺源自比较优势的成本效益的类似趋势也可能持续很多年。在消费者行为的转变过程中出现的其他长期趋势，如产品过时或替代、颠覆性技术和长期的产能过剩或供过于求（例如：电信萧条），也可能威胁一个行业的长期前景，甚至导致它们的死亡。

行业像公司一样要经历成长、成熟或衰退的周期，一个行业内的公司的盈利能力自然与行业的发展阶段密切相关。在成长期，行业或公司可以由客户、资本市场或政府投资提供资金；这些资金来源最终决定其资产负债表的特征。一般情况下，重资产行业（例如：航空公司、银行、公用事业）是负债累累，而轻资产行业（例如：服务、软件）往往由客户提供资金，并保持无债务。

当一家公司所在的行业进入周期性或结构性衰退期，资产负债表或筹措资金的优势可以给这家公司的改造和生存能力注入生机。然而，当一个行业提供的产品变成商品化产品（例如：个人电脑）时，甚至对有杰出资产负债表的公司而言，扭转盈利能力下降也变得很难；它们成为投资者的价值陷阱。优秀的管理者有时能很早发现下降趋势，并决定彻底退出经营，例如国际商业机器公司（IBM）在2004年决定退出个人电脑业务。

卓越的管理者有时可以成功地改组业务。2004年，史蒂夫·乔布斯将苹果公司从个人电脑业务引开以给数字音乐和移动电话行业带来了一场革命。然而，甚至卓越的管理者能扭转长期衰退的颓势都是罕见的。2007年，尽管有强劲的现金状况和其成功创始人的回归掌舵，戴尔公司也无法扭转其业绩下滑。巴菲特可能在他漫长的投资生涯中看到了很多卓越的高管采取过的失败的第二次行动。他用一条巧妙的语录描述这种现象："当一个有卓越才华声誉的管理层果断处理一个有糟糕经济状况声誉的企业时，这是企业完好无损的声誉。"

财务报表问题

揭露会计舞弊是做空者的理想工作，但它需要特殊的会计取证技能。会计取证不是一件容易的事，不过这很容易注意到一些常见的问题，比如销售与应收账款之间的异常分歧、高存货、资产估值（分类和按市场价格计价假设的变更等）和会计假设的主要变更。第四章将更详细地讨论一些常见的会计问题和相关实例。

当一家公司披露会计问题时，由于投资者开始质疑其财务报表的真实性，其股票必然下跌。会计问题可以从良性的错误分类演变为复杂的财务骗术。最常见的丑闻包括收入确认问题（虚增销售）、费用分类（低估成本）和隐瞒负债（包括特殊目的实体和虚假交易）。

会计是商业语言。没有阅读财务报表就投资于一只股票类似于盲飞。会计问题往往是商业模式更大问题的征兆，发现财务报表违规是不够的。好的会计做空案例故事也能指出公司试图掩盖的财务骗术问题。

例如，当吉姆·查诺斯看到安然公司在 1999 年提交的 10 - K 表时，他的公司发现安然公司产生了 7% 的资本收益率（低于其资本成本），并激进地使用销售收益会计实践人为地增加利润。查诺斯发现安然公司在电信行业的扩张是一个关键的失误。基于电信行业加剧的产能过剩，他也看空电信行业，当安然公司宣布电信举措时，它似乎没注意到这点。这种信念结合严重的内幕交易（内幕交易作为做空思路的主要指标的一个例子）坚定了他看空安然公司的观点。

公司的官方资讯：盈利、投资者会议、会议

市场密切关注预定的公司官方资讯，如季度盈利公告、投资者会议、管理层访谈、行业会议。最密切关注的官方资讯是季度盈利公告，其中，公司公布财务报表、前瞻性指引与展望、盈利预警、关键举措的状况以及管理层在财报电话会议过程中回答分析师的提问。

2000 年，美国证券交易委员会（SEC）采用了公平信息披露规则以防止上市公司重大非公开信息（肯定影响股票价格的信息）的选择性披露。换句话说，在向公众公布之前，上市公司不能提供敏感信息给一组精选的投资者。因此，公司被授权通过新闻稿或公共事件发布

这样的信息，如定期的财报电话会议。在这样的官方资讯之前，公司进入了缄默期；在此期间，它们的管理层拒绝讨论与盈利相关的话题和其他重大信息。

盈利公告中最广泛关注的数字是营业收入和每股收益。如果这些数字未达到一致预期（华尔街分析师预测的中值），市场可以立即投票否决股票。在其他情况下，公司可能达到或超过这些预期，但如果该公司的前瞻性指引达不到预期或如果它发布盈利预警，其股票仍将下跌。估计营业收入、盈利和其他关键指标并将它们与盈利公布前的市场预期进行比较是很重要的。

公司通常仅在盈利公告中公布某些行业特定的指标，市场也密切关注这些指标。一些最常见被关注的行业指标包括航空公司的可利用客英里和客座利用率、工业企业与材料行业的订单出货比率和产能利用率、零售企业的可比同店销售额、银行业的净息差和不良资产以及媒体和软件公司的用户增长。第四章提供了一个每个行业普遍关注的指标列表。

公司也往往在年度或者专门的投资者会议中宣布主要的产品发布、重组计划和关键战略。这些官方资讯增强市场的预期，当管理层未能达到这些期望时，股票往往下跌。身陷困境企业的管理层变动有时会产生很好的做空候选股，特别是当它们正挣扎于行业不景气、令人畏惧的竞争对手、劣质的收购或其他特定的问题中时。身陷困境企业的投资者会议活动尤其重要，因为它们给管理层一个清晰地提出他们的扭转战略的平台。

在 2012 年投资者会议上，惠普公司的首席执行官梅格·惠特曼宣布惠普公司将无法在未来的两年内恢复元气和增长，消息发布后惠普公司股价下跌 8%。此前，惠特曼是 eBay 公司的首席执行官，她曾领导这家公司成功的首次公开发行上市和营业收入持续增长 10 年，eBay 公司营业收入从 1998 年的 400 万美元增长到 2008 年的 80 亿美元。她临危受命于惠普公司，被聘任为首席执行官来扭转该公司。

自从 2010 年罢免了明星级首席执行官马克·赫德后，惠普一直在努力调整，后来在 2011 年又解雇了继任的首席执行官李艾科。由于不断下滑的个人电脑需求，李艾科未能赢得投资者的信心，并因收购奔迈公司（Palm）和自主公司（Autonomy）而被批评。市场寄希望梅格·惠特曼早于 2014 年宣布扭转惠普公司的计划，所以她的投资者会议反响不好。

这些预定的官方资讯是做空者的关键催化剂，因为他们会消化新信息并寻找可能影响他们做空观点的重要线索。当一只股票有高的空头净额比率（严重做空），即使这些官方资讯的轻微的正面消息也可以迫使做空者大规模退出，并使股票价格猛涨。

一些行业部门更频繁地发布重要指标，每周或每月发布一次。零售商和汽车制造商每月公布销售相关数据。公司也可以在重要产品发布会后宣布产品上市后的销售数量。这些数据的发布是影响股票价格的密切关注的催化剂。

公司的官方资讯：推迟解决棘手问题的并购

并购可以成为大型公司商业模式的核心部分，如强生公司、谷歌公司和威富公司；它们的公司开发团队不断地寻找能带来协同效应和增长的目标。然而，当公司进行变革性或大型收购时，他们可能遇到整合问题，尤其是当它们没有好的并购历史时。在一般情况下，当它们似乎掩盖增长放缓和重大业务问题时，并购公告值得密切检查。

案例研究：医疗管理系统控股公司（HMSY）

医疗管理系统控股公司核实医疗补助受益资格和审核医保索赔以确保医院和其他医疗机构提供服务的正确支付。州医疗补助计划占其营业收入的70%。在2012年6月美国最高法院支持“平价医疗法案”后，医疗管理系统控股公司的股价上涨约27%。多头将该裁决看成是医疗管理系统控股公司的福音，因为它维持受益于增加的医疗补助支出。

医疗管理系统控股公司在2011年12月以3.68亿美元的价格收购了医疗数据见解公司（HDI）。医疗管理系统控股公司的核心业务增长放缓，医疗数据见解公司的医疗保险追偿审计承包商（RACS）服务的显著的新收入使其相形见绌，并且华尔街愿意忽略其核心业务增长放缓。研究和与业内人士讨论表明医保的医疗保险追偿审计承包商收入可能减缓甚至下降。

医院通过上诉越来越多的医保的拒绝报销，特别是医疗管理系统控股公司做的，强烈地对医保的医保报销追偿审计承包商的审计做出反应，他们赢得了上诉，找回了失去的收入。它们向美国国会和法院投诉激进的医保报销追偿审计承包商，试图改变或澄清医疗保险条例，阻止由于模糊报销规则而产生的不当支付。

华尔街对作为医保补助的医保报销追偿审计承包商的医疗管理系统控股公司的业务开展的营业收入增长过于乐观。其研究表明：与几乎所有的医保支付错误相比，给有偿服务供应商的不当支付只占医疗补助支付错误的一半。医疗补助的医保报销追偿审计承包商计划也可能不如医保的医保报销追偿审计承包商计划获利高，因为风险代理收费的上限为12.5%。

医疗管理系统控股公司于2012年10月4日下调了营业收入和盈利的预期，这一切都在其医疗补助计划的持续问题中。消息公布后，医疗管理系统控股公司的股价下跌约14%。三周后，医疗管理系统控股公司公布了第三季度盈利，由于更高的营运成本，未达到华尔街对其营业收入和盈利的预期，造成医疗管理系统控股公司的股价暴跌约24%，低于23美元的目标价格。

资料来源：华尔街之外咨询集团。

公司的官方资讯：昂贵的收购

收购公司可以依靠现金、股票、债务或前三者的组合为并购交易提供资金。融资的本质为管理层提供了对自己公司股票估值看法的关键见解。在一般情况下，如果管理层认为他们公司的股票被低估了，他们不使用公司股票进行收购。在这种情况下，他们使用现金或廉价的债务（或现金和债务的组合）为购并交易提供资金是更明智的。

相反，如果管理层认为自己公司的股票被高估了，他们可以自由使用自己公司的股票进行收购。所有的股票并购交易往往在牛市顶峰周期期间增强。20世纪90年代的科技热可能经历了这种并购交易的最大股份交易金额。两个最大的和最著名的并购交易是1830亿美元的沃达丰公司与曼内斯曼公司的股票合并和1110亿美元的美国在线公司与时代华纳公司的股票加债务的合并。这两个并购交易以失败告终，并成为商学院案例研究的主题。

案例研究：脸谱公司（FB）

作为一家私营企业，脸谱公司在7年内向大量的大小投资者筹集了大约15亿美元的资金，如彼得·蒂尔、微软公司、高盛公司和俄罗斯数字天空技术公司。当脸谱公司决定转变成上市公司，它公布公司的现金余额为38亿美元，更为重要的是，2011年公司经营现金流量为15亿美元。

脸谱公司在变幻莫测的首次公开发行中按每股38美元发行了4.84亿股，筹资总额为184亿美元；然而，约70亿美元留在脸谱公司账上，其余流入脸谱公司售股股东的腰包。脸谱公司2012年5月18日的现金余额大约是110亿美元。脸谱公司的股票在作为上市公司的第一年股价腰斩，但它在此期间的现金余额几乎没有变化。在此期间，脸谱公司花了约10亿美元购买服务器、存储设备和建立数据中心，同时它花了5亿美元购买其他公司和专利，其中包括2012年9月10亿美元现金加股票收购照片墙公司（Instagram）的3亿美元。

当脸谱公司宣布它截至2013年9月的这个季度取得8.81亿美元的新闻广告收入—比上一个季度多5.76亿美元，它重获华尔街的喜爱。华尔街对此公告表示惊叹，它宣称脸谱公司现在是一家移动公司。这个季度报告后不久，脸谱公司被推测出价30亿美元现金收购快照聊天公司（Snapchat）；然而，快照聊天公司拒绝了它的收购要约。

脸谱公司这个时候以远高于首次公开发行价格进行交易。2013年12月19日，该公司以每股55美元的价格第二次发行了2700万股，另外募资约15亿美元。当公司现金紧张或当它们想利用市场极度兴奋或高股价来变现时，它们通常第二次发行股票。判断脸谱公司想不想利用高股价变现为时过早。

在二次发行之后，脸谱公司自从作为一家私营公司成立以来，已经筹集了约100亿美元的外部资本。2013年，脸谱公司产生了超过40亿美元的经营活动现金流量；到目前为止，其最大的现金使用是大约

20亿美元的硬件和数据中心支出，其次是大约15亿美元的研究和开发支出。2013年年底，脸谱公司的现金余额保持不变，大约是110亿美元，他们真的似乎并不需要现金。其二次发行背后的原因也不是很清楚。

在二次发行的2个月内，2014年2月19日，脸谱公司宣布将收购即时通讯软件公司WhatsApp公司，收购价为190亿美元（40亿美元的现金、120亿美元的股票和30亿美元的限制性股票份额）。这个交易产生的天价，显然是以牺牲现有股东的利益为代价的。如果WhatsApp公司的4.5亿用户每年支付1美元的服务费，它可能产生3亿美元至4亿美元的现金收入。虽然这笔交易的40亿美元现金部分将削弱脸谱公司的现金储备，但它没有挖坑，也没有损害它进一步交易的能力。然而，150亿美元的股票稀释是不是将导致脸谱公司股东的超额回报是一个不同的问题。脸谱公司正在像纸一样处理其股票，创造了战术型做空机会。脸谱公司股价在随后的一个月内下跌超过20%，市值缩水近380亿美元，是收购WhatsApp公司交易规模的两倍。

脸谱公司成功地用移动广告收入更新其商业模式，进军电视广告和视频广告（尽管现在市场主要由YouTube公司控制）。然而，照片墙公司（Instagram）和WhatsApp公司的收购表明脸谱公司为用户体验创新的超支收购战略。迄今为止，虽然脸谱公司在这些交易中保存现金是更精明的，它愿意不惜任何代价收购这些公司表明脸谱公司可能会对未来的收购多付价款。为什么注意这些交易成本是很重要的呢？让我们比较一下脸谱公司和谷歌公司的商业模式，客观地判断脸谱公司的当前估值。

全球有近20亿台台式机连接到互联网，与次对比的是17亿智能手机用户群。谷歌公司占有桌面广告的80%的市场份额，调整后的收入为550亿美元，而脸谱公司按年度计算产生近120亿美元的收入。两家公司都没有进入中国市场。2014年7月，脸谱公司的市值为2000亿美元，市场认为脸谱公司是移动广告行业中的谷歌公司。为什么？

如果我们假设移动广告在未来四年内增长超过四倍，达到480亿美元，移动广告市场将变得与桌面广告市场几乎一样大。假设脸谱公司在这四年内赢得整个市场，与谷歌公司相比，谷歌公司则花七年从120亿美元增长到480亿美元。在这点上，如果脸谱公司获得企业价值与销售额比率为6倍，高于谷歌公司的企业价值与销售额比率的5.5倍，脸谱公司的市值将是达到2880亿美元，股价将上涨48%达到每股112美元。如果我们将四年后的股价折现，脸谱公司股价大约值每股76美元，正好是目前的交易价格。

脸谱公司股价是完美的吗？因为劣质的收购或昂贵的收购，是否在脸谱公司增长轨迹上有速度颠簸的空间？只有时间会给出答案。

宏观经济官方资讯：美联储会议、原油库存以及更多资讯

美国联邦储备系统（以下简称“美联储”或中央银行）提前看12家区域银行的经济数据，并通过针对利率和货币供应的货币政策对数据趋势做出回应。定期美联储会议的新闻稿提供了对经济状况和美联储政策立场的领会。财政政策和贸易平衡也对经济周期有直接的影响。

此外，其他机构发布周期性数据来为经济把脉。这些领先的、一致的和滞后的指标可能对整体市场或特定行业产生影响。例如，石油和天然气库存的逐步增长可能导致石油股的抛售；相反，石油和天然气库存的下降可能导致航空公司、炼油厂和公用事业股票的抛售。最密切关注的指标包括首次申请失业金人数与失业率、国内生产总值、

密歇根消费者信心指数、原油库存、凯斯希勒房价指数、生产者价格指数（PPI）和消费者价格指数（CPI）。

经济数据和政策也对金融资产的价格产生直接影响，在经济动荡时期，影响尤其显著。在2008年金融危机、2000年科技泡沫破灭、1997年亚洲金融危机、20世纪90年代储蓄和贷款危机、1987年股市崩盘、1973年和1979年能源危机、20世纪30年代大萧条和1907年银行业大恐慌期间，急剧的市场修正是美国股市史上最为著名的。

引发从金融资产大规模外逃的事件几乎是不可能预测的，如雷曼兄弟破产、俄罗斯违约或中东危机。然而，投资者会衡量导致危机的市场恐慌，并在每次危机中通过一些风险指标来衡量，如泰德息差（图1.4）、芝加哥期权交易所市场波动性指数、信用违约互换指数、主权信用违约互换、期限结构和国债拍卖。

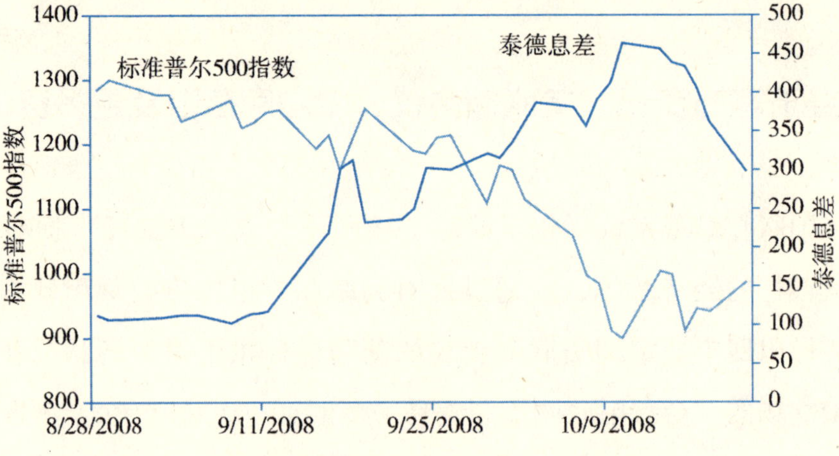

图1.4 在2008金融危机中泰德息差与标准普尔500指数的负相关

资料来源：美联储、标准普尔道琼斯指数。

熊市可能看起来像是做空者的天堂，然而，做空限制、法规和恶性熊市反弹可能使做空变得复杂。建立经济衰退的模型来发现做空机会是与建立公司财务指标的模型不同的技巧，已经超出了本书的范围。我曾讨论过过去危机的共同特征、货币政策的影响和关键的经济指标（见第五章），它们可以发出紧缩信贷周期或衰退的信号。分析师可以从这些指标中寻找蛛丝马迹以确定商业模式更容易受到经济紧缩周期和经济衰退影响的公司，并专注于他们对相关行业的分析。

概括

- 有三大类做空：（1）1 ~ 2 年前景的结构型做空，（2）一周至一个季度前景的战术型做空，（3）配对型做空。
- 结构型做空是对其业务或者商业模式有结构性问题的公司的长期做空。战术型做空专注于短期问题和依靠传言、调查和渠道控制。
- 仅凭估值做空高价股票是危险的。
- 在基础研究中有七个主要方面值得分析：行业、产品、财务报表分析与估值、客户，管理团队与激励机制、商业周期和风险。
- 在寻找做空思路时，寻找商业模式问题（关键客户、产品等问题）、不可持续的经营或财务杠杆、价值陷阱，财务报表问题和战术问题的征兆。
- 使股票下跌的关键催化剂，包括调查、投资者公告、主要客户或产品的失去、产品问题、行业增速放缓、会计问题、公司事件和宏观经济问题。

注释

1. 吉姆・查诺斯（2003 年 5 月 15 日）。关于《对冲基金策略与市场参与》的小组讨论的事先准备好的声明。请检索：http://www.sec.gov/spotlight/hedgefunds/hedge-chanos.htm

2. 美国国会听证会（2008 年 11 月 13 日）。《对冲基金和金融市场》。请检索：https://house.resource.org/110/gov.house.ogr.20081113_hrs15REF2154.1.pdf

3. 惠特尼·蒂尔森（2001 年 4 月）。《2001 年伯克希尔哈撒韦公司年度会议的注释》。请检索：http://www.tilsonfunds.com/motley_berkshire_brkmtg01notes.php

4. 思科系统公司（1998 - 2001 年）。10 - K 表和 10 - Q 表。请检索：http://www.sec.gov/edgar.shtm

5. 奎斯特科制药公司（2010 - 2012 年）。10 - K 表和 10 - Q 表。请检索：http://www.sec.gov/edgar.shtm

第二章 杠杆业务：有利方面和不利方面

我对他所要求的一磅肉是极大代价买来的。这是我的，我将拥有它。

——夏洛克《威尼斯商人》

莎士比亚的经典作品《威尼斯商人》的这一幕与公司信贷协议违约（特别当公司破产）时债权人的要求是一个简略的类比。当一家公司的合同（借款合同）违约，债权人在顺序上先于股东公开宣布自己对企业财产的所有权。在一个清算销售的事件里，股东可能最终什么也得不到，而债权人可以要求一切。负债累累的公司对于股东的不利方面可能是灾难性的，他们需要特别注意合同和债务公司是否可以继续满足其信贷协议的要求。

公司借款的常见原因

公司借款购买资产、补充短期营运资金（向供应商、员工等付款），或用于投资于长期固定资产（厂房、房地产等）。相关的债务报告在资产负债表上。

在某些情况下，公司签订承诺或合同，这可能需要很长一段时间

（例如10年租金合同）的付款或承担与它们业务相关的特殊目的实体的负债（隐含的或明确的）。虽然这样的承诺或合同是类似于借款，公司可能没有义务把它们作为债务报告在其资产负债表上。

债权人与股东

债权人和股东的权益位于资产负债表的权益方。债权人通常对公司资产拥有第一权利，并在资产重组、破产或清算事件中有优先于股东受清偿的权利。换句话说，当公司在清算或破产期间被迫出售资产，它们必须在股东之前偿还其债权人。

如果公司在偿还债权人的债务之后没有剩余财产，其股东权益将化为乌有，即股票价格归零。债权人间的清偿优先权通常是按以下顺序：高级担保债权人（对公司资产有留置权）、无担保债权人、普通债权人、优先股股东、供应商、员工和普通股股东。

债权人和股东有效地拥有和控制公司资产，其所有权的权益出现在资产负债表的权益方。因为资产负债表必须始终平衡，一项资产价值的减少必然导致其他资产价值的增加或股东权益的减少。

但是，如果公司整体资产的价值下降且公司面临利润下降或亏损，该公司可能会被迫采取一系列的纠正措施，如削减股息或以债务、股票或优先股投资的形式筹集额外资金。这种行为稀释了现有股东的价值，这些价值甚至可能在破产或清算的极端事件中被一笔勾销。

让我们先看看伊士曼柯达公司（简称“柯达公司”）在2012年1月19日申请破产前的资产负债表。在表2.1中，我们发现柯达公司的总负债（32.88亿美元+13.63亿美元+21.5亿美元）超过总资产（46.78亿美元），这意味着所有者权益为负数。如果柯达继续亏损或处理资产损失，其所有者权益将继续变糟。[1]

表 2.1 伊士曼柯达公司 2011 年 12 月 30 日资产负债表

单位：亿美元

资产		负债和所有者权益	
货币资金	8.61	流动负债	21.5
其他流动资产	18.66	长期借款	13.63
固定资产	8.95	其他非流动负债	32.88
其他非流动资产	10.56	所有者权益	-21.23
资产总计	46.78	负债和所有者权益总计	46.78

资料来源：伊士曼柯达公司提交美国证券交易委员会的文件，2011 年年度报告。

要点

公司借款购买资产、补充营运资金和实现扩张计划。公司处于困境中时，债权人优先于股东得到清偿。其股东权益在破产事件中可能被一笔勾销。

财务杠杆与经营杠杆

财务杠杆或杠杆比率衡量一家公司有息贷款的负债程度。最常见的杠杆比率是产权比率、债务与息税折旧摊销前利润比率和利息保障倍数。公司在资产负债表中报告短期负债和长期负债。这些负债可能产生于借款的需求（如先前所述）或其他负债，如养老金负债、未付赔款等等。

经营杠杆产生于经营一家公司所需的高额固定成本，如经营一家制造厂、支付职工薪酬或租赁店面的成本。最常见的经营杠杆比率为营业利润变化百分比与营业收入变化百分比的比值。公司报告这些固定成本要么是作为利润表中的经营费用（工资、租金等），要么作为资产负债表中的固定资产（即房地产、厂房和设备）。

杠杆可能带来额外的收入和可能更大的股东利润。因为股东不需要投资任何额外的钱来赚取这些额外的利润，当公司经营好的时候，增加的杠杆会提高他们的回报或有利方面。但是，如果公司、行业或经济反转向下，杠杆可能导致同样的灾难性的不利方面。如果公司处于无法偿还债务的困境中，过度杠杆就像一颗定时炸弹。

资产负债表表外项目：承诺、或有事项和特殊目的载体

并非所有的负债都报告在资产负债表上。会计规则和某些负债或杠杆式交易的会计处理允许公司作为资产负债表表外项目报告债务。例如，经营资产的租赁处理规则允许公司将经营租赁作为专门会计报表附注中的资产负债表表外项目报告，而不像资本资产那样报告。

公司可能会签订其他形式的承诺，如与供应商的采购承诺、购买资产的资本承诺或拆除厂房及建设承诺、第三方担保和许可协议。因为这些项目单独报告在资产负债表外，没有包括这些承诺，我们不能得到一个准确的负债情况。

由于特定的外部事件的出现，如法律、专利、监管、环境或养老金相关的索赔，或有负债和索赔可能产生。这种负债也可能产生于导致公司付款义务的其他未来事件，如与产品保修、银行客户利用的信贷额度或衍生金融工具承诺产生的负债相关的索赔。

特殊目的实体（SPEs）和特殊目的载体（SPVs）在安然丑闻中声名狼藉，安然设立特殊目的载体，并与其进行虚假交易来产生虚假的营业收入。特殊目的载体可以作为母公司的子公司成立或作为独立公司持有资产。母公司的债权人在破产事件中不能对这些资产进行索赔。特殊目的载体常见于金融服务公司和银行。

在次级贷款繁荣期间，银行已经建立了特殊目的载体，如结构性担保债务凭证、结构性投资工具（SIVs）和其他的投资渠道，以购买次级贷款库存和主要由短期的批发贷款提供资金的结构性产品。理论上讲，如果这些特殊目的载体购买的资产价值下跌，银行不承担责任,；这些特殊目的载体的贷款人负责承担损失。那么，我们为什么要关注这些特殊目的载体？

2007 年汇丰银行高姿态将结构性投资工具列示在的其资产负债表，美国花旗集团跟着效仿。汇丰银行坚持其盈利将不会受到救市计划的重大影响。然而，当信贷环境恶化，汇丰银行和美国花旗银行都被迫采取大规模的资产减记。

杠杆惊险刺激但致命

杠杆是一把双刃剑。当一家有高的经营杠杠或者财务杠杆的公司的销售增长，其营业利润可以增长得更快。当一家公司的商业模式失败、增长止步不前或销售下降，杠杆可以放大其损失。当这些损失从利润表流向资产负债表，资产负债表不平衡，迫使所有者权益消化亏损。连续的亏损甚至可以将所有者权益化为乌有。

要点

财务杠杆随着借款的增加而增加，而经营杠杆随着固定成本的增加而增加。两者都可以促使利润和亏损增加。杠杆可以隐藏在承诺和或有负债中。

公司可以同时有财务杠杆和经营杠杆。让我们仔细看看一些有杠杆的企业。我将以我2010年发表的关于欧迪办公公司的做空观点作为开始。我突出分析了这家公司股票的关键部分。

案例研究：欧迪办公公司（ODP）

2009年6月，欧迪办公从私募股权企业BC Partners公司获得了3.5亿美元的可转换优先投资，授予这家私募股权公司多达20%的欧迪办公的股份。在经济衰退和充满挑战的办公用品零售业市场中，欧迪办公的销售已经连续两年下滑超过10%。这项投资已经缓解了对欧迪办公流动性的担忧。然而，九个月后，面对日益激烈的竞争和严峻的经济条件，欧迪办公的销售继续下滑。

2010年2月，美国有线电视新闻网的财经频道报道了美国证券交易委员会（SEC）对欧迪办公最后解决阶段的调查和欧迪办公是否多收其政府客户钱的新的调查。我对欧迪办公很感兴趣，并开始详细研究它们的公开文件。[2] 我意外发现与调查无关的几个下行风险指标。一些风险似乎很可能很快发生。

资产负债表

资产负债表上的6.6亿美元的负债或0.85倍的产权比率（D/E）并没有反映公司真实的财务杠杆。通过12.5亿美元的资产负债表表外循环信用协定和21.6亿美元的资本化租赁的调整之后，产权比率将大幅增加至6倍（21.6亿美元的资本化租赁是根据每年2.7亿美元的经营租赁乘以8年得出的租金；欧迪办公40%的租赁期限超过5年）。

固定费用偿付比率接近1，持续的负的自由现金流和营业利润，欧迪办公似乎有违反其信贷合同和进入破产区域的风险。欧迪办公同时拥有财务杠杆和经营杠杆。

盈利能力

欧迪办公恢复盈利的作用不仅是公司非常积极地形成一个重组方案，而且也改善了经济条件、降低了失业率和使竞争对手的价格竞争趋于合理。欧迪办公在2000年至2007年期间赚取了平均10%的投入资本回报率（ROIC）；然而，公司在未来两年内继续面临更低的营业毛利率和更高的债务成本，这降低了其投入资本回报率恢复到5%的可能性。

欧迪办公在2010年第一季度也更新了其政府合同。公司的定价预计将受到州政府预算的约束，特别加利福尼亚州政府预算。

股东稀释和股利

2009年10月，欧迪办公要求股东批准BC Partners公司所持公司优先股的转换和投票权。这优先可转换债券的转换价格为5美元，欧迪办公股票的交易价为8美元。可转换债券大赚，高的转股可能性可以稀释流通股7600万股（超过20%）。

欧迪办公从未宣布或支付现金股利给普通股股东，其资产信用贷款限制按照固定费用偿付比率的起点支付股利。欧迪办公以实物支付票据方式支付优先股股利。

缺乏管理层激励

管理层的劳动合同在10月股东表决引发控制权变更后被修订，修订的合同将首席执行官（CEO）的遣散费提高到1130万美元，同时给另外两位主要高管的遣散费一共为600万美元。根据新合同，史蒂夫·奥德兰德（首席执行官）是有资格获得500万美元的归属于未来三年的聘用费。根据修改后的合同，奥德兰德还有权获得他基本工资的2倍和不低于520万美元奖金的现金遣散费。

类似的与其他高管的金降落伞协议预示着不当的管理层激励，因为在股东回报受损的情况下，高管受到完全保护。管理层的绩效目标标准没有明确规定，而取决于每股收益（EPS）、净利润、税后净营业利润、净资产收益率、可比同店销售额等，或这些因素的组合；这些目标也受到公司董事会的任意调整。管理层似乎并没有对迅速扭转公司的局面负责。

竞争和苦苦挣扎的行业

美国办公用品行业的总销售规模约3000亿美元，包括1700亿美元的零售销售和1300亿美元的合同销售。这是一个高度分散的行业，前三名零售商包括史泰博公司、欧迪办公公司和OfficeMax公司，这三家公司总共分别在零售销售中占有10.6%的市场份额和在合同销售中占有12.3%的市场份额。金融危机期间，史泰博公司在欧迪办公和OfficeMax公司苦苦挣扎的地区开店；然而，所有这三家零售商的可比同店销售额在这一时期都下降了（图2.1）。

剩余的市场是由大型仓库、经销商、大型超市、本地小型地方办公用品供应商以及网络零售商共享。2009年亚马逊、山姆俱乐部、好市多和其他一些低成本的竞争者进入办公用品业务，提升了在已经价格敏感行业的定价担忧。

截至2010年3月欧迪办公的主要大股东

在8-K文件，欧迪办公宣布，“2009年10月14日，欧迪办公的

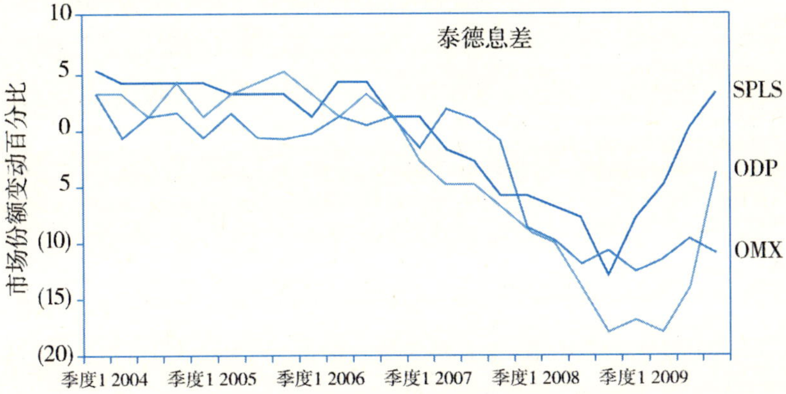

图 2.1　2004 年至 2010 年史泰博公司、欧迪办公公司和 OfficeMax 公司的同店销售

资料来源：公司向美国证券交易委员会提交的文件。

股东压倒性地通过了债转股，我们系列 A 和系列 B 的优先股票持有人（BC Partners 公司）选择转换为普通股股份。”应注意到 BC Partners 公司并没有在表 2.2 中被列为股东，因为他们尚未行使其转换选择权。

表 2.2　欧迪办公的主要大股东

股东名称	持股数	变动股数	市值（美元）	占总股本比（%）
联博资产管理公司	38，712，949	28，055，555	308，155，074	14.09
齐夫兄弟投资公司	22，622，844	-2，144，539	180，077，838	8.23
道富环球投资管理公司	14，897，049	4，444，991	118，580，510	5.42
美国先锋集团公司	14，557，366	220，037	115，876，633	5.30

资料来源：欧迪办公提交给美国证券交易委员会的文件。

估值

2012 年预计市盈率的共识是 20 倍，欧迪办公似乎给接下来的两年内 10% 的销售增长制定最好情况的股价。在这种情况下，欧迪办公在 BC Partners 公司转股后可以赚取稀释每股收益 0.4 美元。每股股价 8 美元，股票定价完美（表 2.3 至 2.5）。

表 2.3　欧迪办公的每股收益与销售和息税折旧摊销前利润增长的敏感性。

	每股收益（坐标中的 EPS）	销售增长（右轴）						
息税折旧摊销前利润（左轴）		-2%	0%	2%	6%	8%	10%	11%
	0.5%	(0.4)	(0.4)	(0.4)	(0.3)	(0.3)	(0.3)	(0.3)
	1.0%	(0.2)	(0.2)	(0.2)	(0.2)	(0.2)	(0.2)	(0.2)
	1.5%	(0.1)	(0.1)	(0.1)	(0.1)	(0.1)	(0.1)	(0.1)
	2.0%	0.0	0.0	0.0	0.1	0.1	0.1	0.1
	2.5%	0.2	0.2	0.2	0.2	0.2	0.2	0.2
	3.0%	0.3	0.3	0.3	0.3	0.4	0.4	0.4
	3.5%	0.4	0.4	0.4	0.5	0.5	0.5	0.5

资料来源：阿森资本合伙有限责任公司（Artham Capital Partners LLC）。

表 2.4　敏感性分析：销售和息税折旧摊销前利润增长对每股收益的影响

资本结构/杠杠		估值/共识
产权比率	37%	过去 12 个月的市盈率：不适用
（总负债 + 融资租赁）/息税折旧摊销租金前利润	6.74	共识 2 家买入/2 家卖出/11 家持有
总负债/息税折旧摊销前利润	3.6	每股收益 10
息税折旧摊销租金前利润/（利息 + 租金）	预期市盈率 10 倍	不适用
标准普尔评级	B（稳定）	11 家预期每股收益为 0.2 美元
市净率	2.8	11 家预期市盈率为 40.7 倍
企业价值/息税折旧摊销前利润	10.65	12 家预期市盈率 19.2 倍

表 2.5 欧迪办公的主要财务数据（截至 2010 年 3 月 13 日）

股票数据/资产负债表		利润表、经营业绩		回报	
股价	8 美元	过去 12 个月营业收入	121.4 亿美元	股息生息率	0%
市值	22 亿美元	过去 12 个月息税折旧摊销前利润	2.003 亿美元	过去 12 个月净资产收益率	-52%
流通股（占上市股份%）	27342 万股（98%）	过去 12 个月息税折旧摊销租金前利润	4.986 亿美元	2000-2007 年净资产收益率	10%
企业价值	22.6 亿美元	过去 12 个月息税前利润	-0.23 亿美元	过去 12 个月资产收益率	-12%
52 周股价波动范围	1.02-8.3 美元	过去 12 个月可比同店销售	-14%	2000-2007 年资产收益率	5%
空头净额比率	10.30%	可比同店销售/过去三年平均销售	-11%	过去 12 个月投入资本回报率	-24%
做空比	5	过去 12 个月每股收益（美元/股）	-2.30	2000-2007 年投入资本回报率	11%

资料来源：欧迪办公提交给证券交易委员会的文件。

我的做空观点的风险

这个观点并不是没有风险。欧迪办公的第一季度财务报告是季节性最强的，股票通常在第一季度财务报告发布后上涨。此外，办公用品销售与失业水平呈负相关，因此，失业人数的改善可能推动股价上涨。最后，欧迪办公有一个高达 10% 的空头净额比率，由于逼空，这可能导致股票价格大幅波动。

欧迪办公公司如何结束？

欧迪办公预定在2010年4月27日发布财务报告，即我发表报告后一个月。2010年4月26日，一位华尔街大型投资银行的分析师上调欧迪办公评级至中性，理由为渠道检查表明，该公司正在慢慢克服以前收购整合不力的干扰。上调评级后股票上涨10%。我对分析师的上调评级措手不及，特别是因为上调评级发生在财务报告公布前一天。有趣的是，分析师上调评级报告的风险部分指出了我提出的关于欧迪办公的一些问题。我依然看跌。2010年4月27日，欧迪办公宣布未达到华尔街预期的财务报告。股票当天下跌了21%，在其后的6个月内，股票持续下跌至其价值的近一半。

要点

很难找到像欧迪办公这样有很多负面催化剂的做空标的：失去的市场份额、商业模式的结构性问题、高负债水平、股份稀释和严重不匹配的管理层激励机制。

案例研究：西南航空公司（Southwest Airlines，LUV）

在2008年油价上涨过程中，航空股股价下跌了20%至60%。西南航空公司是个例外，在2008年上涨超过10%，因为它已经对2008年和2009年的燃油需求的一半实施了套期保值。西南航空公司是一个较好的航空运营商，它从传统的辐射型航空模型转向一个面向更短程旅客的点对点的飞行模型。西南航空公司有更好的偿债率，其债务与息税折旧摊销前利润比率为2，包括美国航空公司、美国大陆航空公司、全美航空公司和其他的大多数其他航空公司的债务与息税折旧摊销前利润比率为5。大多数航空公司已经宣布削减运力，但西南航空在2008年计划另外购买14架飞机，预期新飞机有15%以上的投入资本回报率。然而，西南航空公司的成本模式与其他航空公司没有任何区别（表2.6）。

表2.6 2008年第一季度航空公司对比统计

	西南航空	西北航空	美国航空	中华航空	廉价航空	达美航空
燃油费	753	1，114	2，050	1，262	955	1，422
平均燃油成本	2.01	2.65	2.73	2.80	2.88	2.85
使用的燃油（百万加仑）	373	420	680	451	286	500
客运量（百万）	21.5	15.9	不适用	16.4	不适用	不适用
收入英里数（百万）	17，592	19，214	34，630	22，280	14，489	28，205
客英里收入收益率	13.72	13.78	14.32	14.47	13.48	14.54
可利用客英里（百万）	25，193	23，359	44，158	28，376	18，355	36，092
客座利用率	69.8	82.3	78.4	78.5	79	78.1

资源来源：提交美国证券交易委员会的文件。

资本密集型航空业的成本模型有来自职工薪酬、燃油成本和着陆与维修费的高经营杠杆特征。燃油和工资占营业收入的50%～70%。航空公司几乎没有控制成本，将成本上涨转嫁到旅客票价的能力有限。固定债务产生的财务杠杆，如飞机租赁和机场物业融资，在营运费用中增加了利息成本。航空公司商业模式中的内在杠杆使这些公司更容易在经济衰退和石油价格危机中经营失败。从1990年起，航空业经历数百起因航空公司利息支付违约引发的破产。

尽管西南航空公司因为有燃油套期保值计划（表 2.7），最有可能在正在进行的石油危机中幸存下来，一旦套期保值计划由 2008 年燃油需求的 70% 下降到 2009 年的 55% 以及 2010 年 30%，其盈利将变差。西南航空公司报告了套期保值的价值为 50 亿美元；如果 2012 年飞机燃油价格继续保持在高位——每加仑 3 美元，套起保值的价值将接近 65 亿美元。

表 2.7　西南航空公司的 5 年燃油套期保值计划

	2008	2009	2010	2011	2012
燃油需求（百万加仑）	1，500	1，590	1，685	1，787	1，894
套起保值（百万加仑）	789	875	506	268	284
套期保值（百万桶）	25	28	16	9	9
平均原油价格（每桶）	51	51	63	64	63
套起保值价值（百万美元）	2，265	2，511	1，256	657	706
净现值（百万美元）	6，561				

资料来源：西南航空公司提交给美国证券交易委员会的文件。

然而，如果原油和航空燃油的价格保持在空前的高位，西南航空公司的息税折旧摊销前利润将可能会下降一半，并在 2009 年产生亏损。燃油价格至少要跌 33%，西南航空公司才能保持其息税折旧摊销前利润率；然而，西南航空公司套期保值的价值将被削减一半至 30 亿美元（超过西南航空公司市市值的 30%）。因此，不管燃油价格上涨还是下跌，西南航空公司仍将亏钱。

燃油成本似乎对一只航空股票是负面的，正如航空公司需求。国际航空运输协会（IATA）在 2008 年 5 月新闻发布会上报道称：“航空需求增长放缓，继续紧随 2007 年 12 月开始的急剧下降趋势，并且航空业开始感受到美国信贷紧缩的影响。”在同一个月随后的新闻发布会上，国际航空运输协会说：“由于运力继续转向国际市场，北美航空公司记录下3.8%的国际客运需求增长。这大大被6.2%的产能扩张所超过。”[3]

航空业有周期性衰退的迹象。美国航空公司和美国联合航空公司最近尝试提高票价，遭受到乘客需求的下降。西南航空公司客流有放缓的迹象，一个季节性需求强劲的6月只有0.7%的增长，尽管有5.7%的运力增长。从历史上看，夏天是航空公司需求强劲的季节，尤其是西南航空公司历史上曾报告过强劲的第二季度业绩。

西南航空公司的企业价值是122亿美元，鉴于当前的需求前景和高企的油价，按2009年预计的息税折旧摊销前利润的14倍和15倍之间的价格进行交易，股票似乎被高估了。与已经下跌超过50%的其他航空公司的股票相比，如果油价下跌，这些公司股票更可能飙升，做空西南航空公司的上行风险似乎受限。

2008年7月28日，西南航空公司报告了第二季度财务业绩，我建议做空该股票。我做空的观点不是没有风险，包括可能的航空业合并潮、西南航空公司5亿美元的股票回购、可能的航空需求的恢复、西南航空公司扩张计划的变化或完全搁置扩张计划。最后的风险似乎不可能，因为它45%的飞行机群超过17年。

西南航空公司如何结束?

如我所料，西南航空公司公布了强劲的第二季度财报，7月29日股票上涨了5%，股价收于15.76美元。然而，随着国际航空运输协会报道8月的持续下降和9月的惊人下降，航空需求继续下跌。在美联储主席本·伯南克宣称在美国高油价造成了重大的需求破坏之后，石油价格从7月的高点下跌30%，遭到抛售。在油价下跌过程中，西南航空公司套期保值失去了价值，导致西南航空公司在2008年第三季度公布了17年来的首次亏损。2008年9月15日，雷曼兄弟申请破产，导致严重的信贷危机和自1929年大萧条以来最漫长的衰退。在随后的宏观经济放缓中，跟其他航空公司股票一样，西南航空公司股票大幅下跌。

要点

航空公司有高的经营杠杆，这恶化了经济衰退的影响。高燃油成本和传统的工会问题已经不时破坏航空公司，甚至导致其破产。

案例研究：Ciena 公司（CIEN）

2013年，由于Ciena公司受益于美国电话电报公司（AT&T）增加在40G和100G网络基础设施的资本支出，Ciena公司的营收收入同比增15%，股价上涨百分之56%。然而，Ciena公司面临着对股票构成相当大不利因素的一些关键风险。美国电话电报公司占了其增量收入的1.33亿美元（超过2013年其营业收入增长的50%），而在2013年美国电话电报公司占了其21亿美元营业收入的17.9%，在2012年美国电话电报公司占了其18亿美元营业收入的13.5%。Ciena公司的商业模式有客户集中的风险。

虽然Ciena公司可以受益于较小的美国运营商和国际运营商的升级，其中一些升级至少一年内不可能发生。此外，这样的升级没有潜力像Ciena公司最大的两个客户—美国电话电报公司和威瑞森电信公司（Verizon）那样贡献那么多。Ciena公司在北美市场有良好的知名度，但在中国市场知名度不高，过去在中国遭受过损失。

通信网络解决方案供应商竞争激烈，主要是在价格上的竞争。Ciena公司不仅面临资本雄厚的竞争对手（阿尔卡特朗讯公司、华为公司等），也面临较小的竞争对手如Infinera公司，Infinera公司已经打入大运营商，如美国电话电报公司（Infinera公司已成为美国电话电报公司首选的供应商）。Ciena公司在过去的七年里勉强维持两年正的每股收益，尽管事实上其营业收入已翻了接近4倍，这表明这项业务低的利润率。

管理层激励与销售目标挂钩，而不是与盈利能力挂钩，即使营业收入增长了，这也可能很好地导致连续的经营亏损。Ciena公司的首席执行官自科技泡沫破裂以来一直经营这家公司，在2001年5月该股票的交易价格为每股400美元。（该股票从2000年最高点的每股1000美元已经修正到现价）。如果你看在过去十年周期的最高销售额，Ciena公司的销售额总是起伏很大。我相信管理层在2014年4月3日即将到来的分析师大会上将不能提供正的利润前景。

Ciena公司也有高杠杆的资产负债表，过去五年有亏损和糟糕的经营性现金流量的历史。它从北电公司收购产生的可转换公司债券和其他可转换公司债券可以潜在地稀释至少10%的股东权益。Ciena公司有9~10倍的负债与息税折旧摊销前利润比率，息税折旧摊销前利润增长也比较差，它似乎危险地有12亿美元的流通公司可转化债券债务杠杆。该公司的信贷协议限制了它支付现金股利和回购股票的能力，也限制它在某些情况下偿还债务的能力。

鉴于Ciena公司较高经营杠杆和财务杠杆、起伏很大的历史销售额与增长率、客户集中度和公司可转换债券的稀释风险，它应该按照企业价值与销售额比率为1或者低于1进行交易。2014年3月20日，我发表了一个做空观点。

Ciena 公司如何结束？

2014 年 4 月 3 日，Ciena 公司管理层在分析师大会上提供了惨淡的经营利润前景后，华尔街的分析师们被撕裂成两大阵营。Ciena 公司股票在接下来的几周下跌超过 20%。

天生依赖杠杆的行业

大多数资产密集型企业（银行、矿业、公用事业、电信运营商、房地产投资信托基金业等）自然比轻资产企业（如软件公司和服务公司）更依赖杠杆。对这类企业的投资需要特别注意它们的信贷协议和资产负债表表外的承诺，以及它们偿还债务的财务能力。

资本密集型行业，如航运公司、航空公司、银行和矿业，没有杠杆或外部借款，它们不能经营。在经济衰退周期，这种天生对杠杆的依赖造成经营不善公司的商业模式或整个行业长期的结构性问题的风险。

在宏观经济增速放缓过程中，杠杆行业往往比其他行业更受影响。杠杆行业也更容易遭受它们行业或竞争行业的产能过剩或供过于求。例如，从 2009 年到 2010 年，全球石油需求下降，航运业经历了超大型油轮和散装货船的供过于求。2011 年两个最大的航运公司申请破产，标志着航运业历史上最长的衰退期，直到 2012 年许多其他航运公司申请破产保护。

同样，由于天然气供过于求，2012 年美国煤炭行业遭受重创。图 2.2 显示了在发现美国页岩储藏的大量天然气新的供应之后，天然气价格的下降对煤炭需求的影响。由于公用事业开始转向更多的天然气发电，煤炭价格重挫，煤炭股大跌。

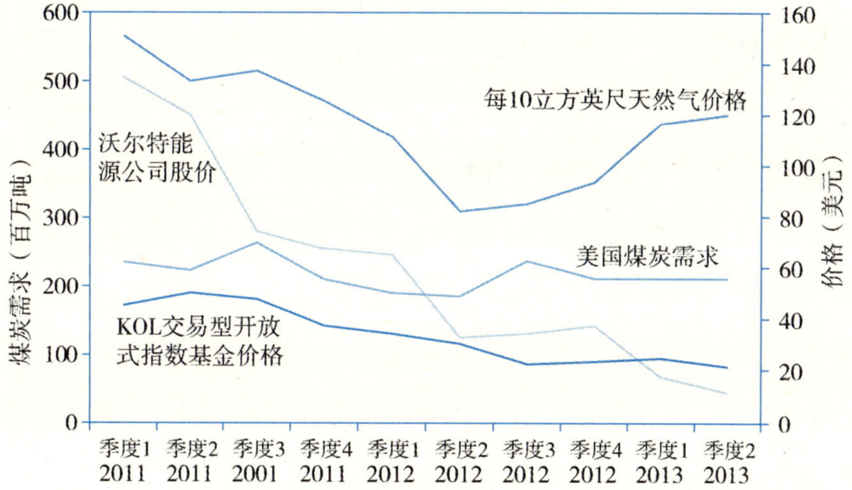

图 2.2　天然气价格下降对煤炭股的影响

资料来源：美国能源行业协会、沃尔特特能源公司提交给美国证券交易委员会的文件、彭博社。

陷入糟糕的经营困境的公司和杠杆行业往往有很高的空头净额比率。做空如此高的 β 股票（一点小的好消息就可以剧烈上涨的股票）可能是非常痛苦的，监管机构可能不时会对它们采取做空限制。

概括

• 公司借款购买资产、补充营运资金和实现扩张计划。

• 公司处于困境或经济衰退中时，债权人优先于股东得到清偿。其股东权益在破产事件中可能化为乌有。

• 财务杠杆随着借款的增加而增加，而经营杠杆随着固定成本的增加而增加。杠杆促使利润和亏损增加。

• 杠杆可以隐藏在承诺和或有负债中。

• 当研究做空时，很重要的是要识别任何负面催化剂，如失去的市场份额、结构性问题、高负债水平、股份结构性问题和严重不匹配的管理层激励机制。

• 经济衰退或行业特定的问题对较高经营杠杆和财务杠杆的公司有恶化的影响。

• 金融危机迫使许多银行和航空公司破产。

• 杠杆行业也更容易因自己行业或竞争行业的产能过剩或供过于求而蒙受损失。

• 由于天然气供应的发现，煤炭股受重挫。

注释

1. 柯达公司（2011 年）。10 – K 表。请检索：http://www.sec.gov/edgar.shtm

2. 欧迪办公公司（2009 年）。8 – K 表。请检索：http://www.sec.gov/edgar.shtm

3. 国际航空运输协会（2008 年）。新闻稿。请检索：http://www.iata.org/pressroom/pr/Pages/2008 – 29 – 05 – 02.aspx

第三章 行业结构性问题

要改善就是要改变，要完美就是要经常改变。

——温斯顿·丘吉尔

伟大的公司能应对变化，然而，市场上的变化有时可以完全改变传统的商业模式，并威胁到曾经成功的企业的生存能力。互联网和电子商务的兴起打破了许多传统行业的商业模式，包括报纸、图书出版、实体零售商、音乐和录像经销商。它们的商业模式需要经常改变并保持永远变化。业绩下滑企业的股票基于历史业绩可能显得便宜；然而，如果下滑持续较长的时间，它们可能证明是价值陷阱。在其业务周围，它们没有任何保护。

在其他情况下，公司可能会遭受糟糕的增长前景、产品需求的损失、不当投资和其自身业务状况特有的其他问题的影响。当一个快速成长的公司显示增长放缓迹象，由于市场开始质疑其增长故事并使其增长预期温和，其估值倍数缩水。科技、消费品和制药行业往往贡献最大份额的增长故事和破碎的增长故事。

价值陷阱和破碎的增长故事股票因为很多原因显得便宜：资产负债表上的现金余额、公司营业收入和盈利的最近峰值、一个关键客户的支持、低谷估值倍数和管理层宣布良好经营成果的持续预期。这类公司的投资案例取决于这个问题，“商业模式变得更糟糕并永久地改变了吗？”过度的杠杆、可能的存货或投资的减记和监管要求可能进一步恶化企业的商业模式问题。便宜的股票可能变得更便宜，非常便宜，最终变得一文不值。

要点

公司可能遭受商业模式的重大打击，商业模式可能无法修复。作为颠覆性产品和竞争等的结果，或其商业价值可能是在结构性下降，它们的增长故事可能破碎。

价值陷阱

价值陷阱就像价值暴跌的股票，因为业务或行业的结构性变化，它们的辉煌日子不会回来。让我以我的两个完全不同行业的价值陷阱经验开始讲解：美国国际集团（多险种保险公司）和 Carpetright 公司（英国最大的地毯零售连锁店）。

案例研究：美国国际集团（AIG）

2007 年，我加入了瑞士再保险公司的结构性信贷组。我们结构性信贷组与大型投资银行合作销售结构性信贷产品的信用违约互换（CDS），并与单一险种保险公司（如 MBIA 公司、Ambac 公司、金融安全保险公司）和多险种保险公司（如美国国际集团）竞争。在 2007 年的夏天，我们经历了信贷危机的开始，由于信用保护的价格暴涨，我们遭受了严重损失。2007 年 11 月 19 日，瑞士再保险公司宣布其 53 亿美元信贷投资中有12亿美元的按市值计价的损失。大约10亿美元的损失来自资产支持证券（ABS）和担保债务凭证（CDO）的投资组合100%的减记。这些投资价值为零。

（注：会计用语）

在信贷危机的六个月里，我对金融行业有更深刻的见解。我看到其他单一险种保险公司和多险种保险公司在次级抵押贷款相关的资产支持证券和担保债务凭证投资中被迫承担类似的按市值计价的损失。按照2007年8月的投资者发布会，美国国际集团共有640亿美元带有次级抵押贷款风险的担保债务凭证的名义投资，包括194亿美元的BBB级夹层抵押。它们还有净敞口为280亿美元的信用违约互换，这才是窘境的开始。

美国国际集团大部分的这些投资是被认为是典范。换句话说，他们依靠自己乐观的房产市场假设来估计投资价格，与瑞士再保险公司不同，瑞士再保险公司已经基于类似证券的低市场价格将投资的价格打折。如果美国国际集团像瑞士再保险公司一样积极地对其投资打折，它们的损失将介于200亿美元至400亿美元之间（相当于2007年12月31日美国国际集团1470亿美元市值的15%－30%）。

然而，这些衍生金融工具交易的会计处理允许美国国际集团在资产负债表上不予以报告。它们被披露在美国国际集团提交文件的特别注释中。年度报告的摘录称："名义金额不是市场风险或信贷风险的量化，且对冲是非常有效的，虽然它采用了周期性美元抵消未记录在合并资产负债表上的衍生金融工具交易。"[1]美国国际集团按历史上最低的1.4倍的市净率（P/B）进行交易，它似乎是一只价值股。

基于美国国际集团在传统的多险种保险中的品牌优势，它的股价似乎很便宜。然而，随着美国国际集团将证券化产品纳入这些资产负债表表外交易的尝试，它的商业模式已经改变了。像美国国际集团这样的保险公司赚取投保债券的0.1%～0.3%的保险费，或风险信贷每100美元的10至30个基点。在压力测试的情况下，美国国际集团用于这些证券化产品的杠杆可以明显地伤害它们的股东。美国国际集团似乎是一个价值陷阱。

单一险种保险公司，如MBIA公司和Ambac公司，处于类似的情况，他们甚至在这些证券化产品上有着50～100的更大的杠杆率。因为它们经营一项承保市政债券的业务，所以它们得名单一险种保险公司。单一险种保险商在20世纪70年代开始承保市政债券，市政债券在过去30年很少违约。这些保险公司已经远离它们的核心业务来承保有风险的资产支持证券和担保债务凭证，而资产支持证券和担保债务凭证更有可能违约。证券化产品，如资产支持证券和担保债务凭证，有更低质量的标的资产，如没有长时间的表现历史的次级抵押贷款和次优按揭贷款（Alt－A）。这些贷款比市政债券和传统保险产品更容易成为不良贷款。

基于这些保险公司传统业务的历史表现，它们似乎很便宜，但它们的显著杠杆的损失风险和其新的证券化产品业务有关的风险使它们成为价值陷阱。2007年12月，我的关于美国国际集团和单一险种保险公司的做空观点使我在我们的多空股票组成功得到分析师工作。

美国国际集团如何结束?

2008年2月11日，在与公司的审计机构普华永道（PWC）发生争议之后，美国国际集团宣布其投资组合的重大缺陷。普华永道不同意按市值计价方法给该公司的信用违约互换合同定价，强迫美国国际集团对其担保债务凭证投资组合进行折价。（出售对担保债务凭证的信用违约互换等于投资担保债务凭证）。此消息公布后，美国国际集团的股票下跌12％，但它在2周后涨了回来。

2008年2月29日，美国国际集团发布财务报告，宣布在担保债务凭证上更大的损失。美国国际集团金融产品组的负责人被解雇了。由于超过预期的大损失，美国国际集团股价下跌10%至46.86美元。两个月后，美国国际集团宣布以每股38美元销售1.967亿股股票和销售其他股权以及固定收益证券来募集200亿美元资金，借此处理这些损失的影响。5月底，股票又下跌了30%。看起来美国国际集团在筹集200亿资本后，可能能度过艰难时期，但是对美国国际集团而言，事情变得出奇地更加艰难，导致2008年9月被美联储最终救助。

要点

虽然美国国际集团股价基于市净率似乎很便宜，因为它没有考虑到信用违约互换业务产生的资产负债表表外负债，其账面价值被夸大。因为美国国际集团可能遭受远远超过其账面价值的这种保护的损失，它不是基于廉价的市净率的一只价值股。

为了更好地了解美国国际集团的做空案例，更多关于金融危机的陈述

美国住房和城市发展部（HUD）网站的摘录称："通常情况下，次级抵押贷款是针对信用记录有瑕疵或受限制的人。"对这些有风险的借款人的贷款金额从1994年的400亿美元增长到1999年的1600亿美元。2000年，次级抵押贷款从住房和城市发展部的一项新规定得到一针强心剂，规定提振了政府支持企业参与次级抵押贷款市场。由于房地美

公司和房利美公司购买了所有次级抵押贷款的50%以上，[2]2003年，次级抵押贷款金额增长到3300亿美元。

2003年，58%的次级抵押贷款被证券化。次优按揭贷款（针对欠缺全部文件的借款人）的初始量开始上升。2006年，次级抵押贷款增长到6000亿美元，75%的次级抵押贷款市场由私营部门的住房抵押贷款支持证券提供资金。次级抵押贷款那时占总按揭金额的20%，而次优按揭贷款占另外的13%。低利率和较低的承保标准提高了贷款的可获得性，导致了高房价，并刺激房屋净值贷款的增长（即房屋第二次抵押贷款）。不断上涨的房价和次级抵押贷款、次优按揭贷款与房屋净值贷款前所未有的增长，以大量的证券化产品充斥次级抵押贷款市场。虽然更高的房价作为抵押品价值是好的，但由于更低的承受能力，它们阻止了新买家。

新产品，如可调整利率抵押贷款（ARMs），在最初几年提供低的抵押贷款利率；然而，在抵押贷款期间调整之后，利率被设计为增加4%～6%。承保标准的持续恶化导致各种不良贷款，如“骗子贷款”和无收入、无工作、无资产贷款（NINJAs）。投资者对这类贷款的需求使投资银行更有信心持有次级抵押贷款的大量库存。2007年2月20日，银行股指数——KBW银行指数（BKX）达到121.06美元的历史最高点。

美国次贷危机之初

2007年2月7日，在纽约证券交易所上市的美国第二大次级贷款人—新世纪金融公司宣布，它将重述财务报表；由于次级抵押贷款的违约率上升，它在2006年第四季度报告亏损。两个月后，它们申请破产，标志着美国次贷危机的开始。不久之后，汇丰银行宣布其加利福尼亚的次级抵押贷款部门发生巨大损失。危机开始蔓延到次级抵押贷款产品，如结构性担保债务凭证、结构性投资工具和其他投资通道。创建和管理结构性投资工具来投资于次级抵押贷款产品的银行被迫将这些结构性投资工具合并到资产负债表，并采取大规模的减记。汇丰银行和花旗集团是第一批受害者。因为对超高级的资产支持证券和担保债务凭证的财务担保，单一险种保险公司是下一批受害者。

政府的最初反应

2007 年底，美国财政部长亨利·保尔森表示，政府可能不允许对可调整利率抵押贷款进行调整，这有可能迫使 2004 年和 2005 年发放的大多数贷款集体违约。2007 年，美联储开始降息，并在 2008 年 3 月救助贝尔斯登公司来消除市场的担忧。美联储打开了贴现窗口——在紧急情况下，它们直接向银行提供贷款的工具，用六个月时间去平复市场。

雷曼兄弟破产和美国国际集团降级

2007 年底，次级抵押贷款的违约率大幅飙升。固定利率和可调整利率抵押贷款的次贷违约率从 2007 年的 10% 上升到 2008 年夏天的 20%。2007 年，可调整利率抵押贷款的次级抵押贷款放款人开始调整利率，引发了丧失抵押品赎回权的增加。由可调整利率抵押贷款的次级贷款提供资金的家庭的丧失抵押品赎回权从 2007 年初的 2% 上升到 2008 年夏天的 7%。

2008 年 7 月，金融股再一次开始下跌，房地美公司和房利美公司成为下一批救助对象。7 月 21 日，美国证券交易委员会下令一周（后来延长到三周）禁止做空十七家大型投资银行股票以及房地美公司和房利美公司。然而，金融股像多米诺骨牌效应一样继续下跌，迫使美国政府在 2008 年 9 月 6 日接管了房地美公司和房利美公司。

与救助贝尔斯登公司的决策形成了鲜明的对比，美国政府决定让雷曼兄弟在 2008 年 9 月 15 日申请破产。在 2008 年 9 月 12 日美国国际集团遭到降级警告后，标准普尔同一天将它的信用等级下调了三个等级。美国国际集团降级触发为它的担保债务凭证交易至少追加 130 亿美元的抵押品，消息公布后，它的股价下跌 61% 至 4.76 美元。两天后，美联储宣布向美国国际集团提供 850 亿美元的救助贷款，作为救助的交换条件，美国政府取得美国国际集团 79.9% 的股份。

这是美国财政部前所未有的干预来恢复金融市场信心和解冻冻结的信贷市场的开始。接下来的 6 个月，市场没有触底，直到美联储基本上支持所有的新债发行并对许多抵押贷款支持的结构性产品提供了保险为止。

要点

次级抵押贷款市场的崩溃永久地改变了金融服务业的商业模式，相关证券化产品的需求也随之崩溃（图 3.1）。做空的分析往往可以发现不仅是一家公司特有的（案例中的美国国际集团）问题，而且遍及更广泛的行业或经济。

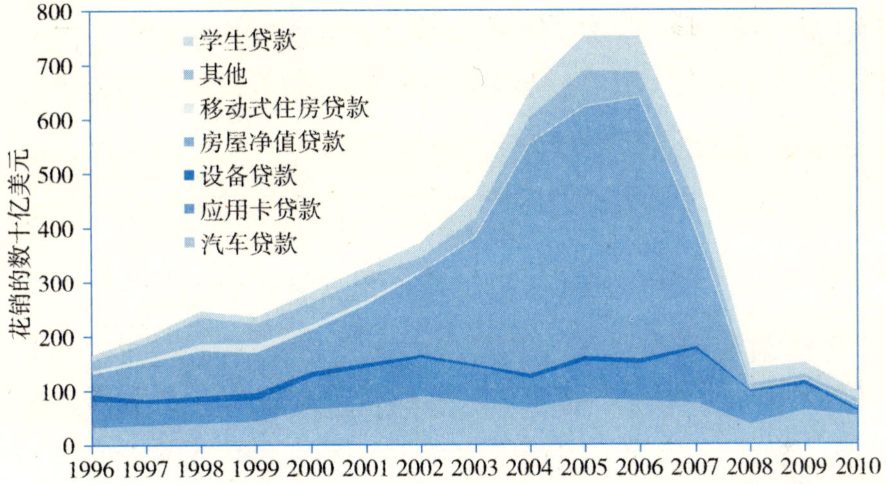

图 3.1　证券化资产支持证券产品发行

资料来源：美国证券业与金融市场协会。

案例研究：Carpetright 公司（伦敦证券交易所：CPR）

2008 年金融危机后，地板覆盖物行业随着住宅行业一起衰退。Carpetright 公司—英国最大的地毯零售商，面临地毯销售额的急剧下降，地毯销售额占它们总收入的 80%。Carpetright 公司比同行更好地找到应对经济衰退的正确方法，同行 Allied Carpets 公司和 Floors 2 Go 公司最终申请破产。因为其企业规模和经营规模，它们享受负的营运资金，它们在销售后的两至三个月内向其供应商支付货款。然而，当我更多地研究这只股票，我可以看到价值陷阱的几个特征。[3]

2012 年 6 月 Carpetright 公司股价为每股 700 英镑，基于其企业价值与息税前利润比值为 40 倍的估值，Carpetright 公司股票似乎预计营业利润将恢复到金融危机前的水平；然而，由于原材料成本增加（图 3.2），地毯的利润率已经下降。每月按揭贷款的批准量，地毯销售的一个关键驱动因素，只有金融危机前水平的一半（图 3.3）。在这些地毯行业的结构性挑战中，Carpetright 公司关闭了五十多家门店，并进入更低利润率的层压板和床上用品市场。它们暂停股息支付，并正改变它们应对核心业务问题的商业模式。

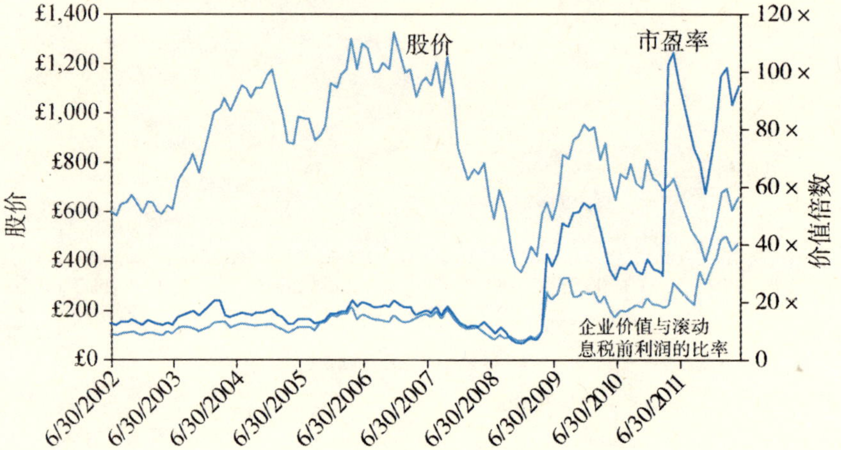

图 3. 2　Carpetright 公司 2002 年至 2012 年的股价和估值

资料来源：Carpetright 公司报告。

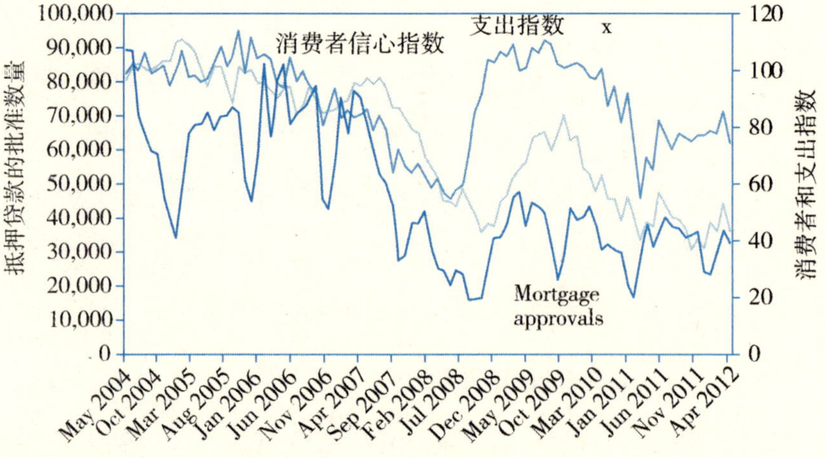

图 3. 3　英国宏观经济指标

资料来源：英国银行协会，特恩斯市场研究公司研究报告，全国。

尽管 Carpetright 公司只有 5000 万英镑的净债务，它有从 5 年到 15 年不等的门店长期租赁协议。在未来 10 年，Carpetright 公司每年有 8000 万英镑的租赁费承诺，在资本化的基础上，这是总计达 6 亿英镑的债务。在对这些租赁承诺进行会计处理后，它们的净负债与息税折旧摊销租金前利润的比值为 5.5 倍。Carpetright 公司的杠杆在资产负债表上没有充分体现。

自 2006 年以来，Carpetright 公司的同店销售额一直在下降，如在图 3.4 中所示；然而，这种下降被源于收购其他零售商的增长所掩盖。公司的投入资本回报率已经从 2005 年的 56% 下降到 2011 年的 5%，尽管它的营运资金仍为负数。Carpetright 公司有 2600 万英镑的递延所得税负债，这似乎不可能扭转销售增长的缺失和资本投资的增加。换句话说，如果 Carpetright 公司无法从资本投资中获得纳税优势，它将欠 2600 万美元的所得税。这可能会导致股东权益损失 40%。

Carpetright 公司似乎像一个价值陷阱，这毫不奇怪该股票有 18% 的空头净额比率。有趣的是，由于几个投资者的集中持股，这股票有很小的浮动筹码。罗德·哈里斯，创始人和首席执行官，持有 20% 股票；2010 年，富兰克林邓普顿基金公司以 600 英镑至 700 英镑的价格购买了 16% 的股份；奥拉扬，一家沙特投资集团，在 2003 年以大约 600 英镑的价格买了 15% 的股份，Cascade 有限公司，比尔·盖茨的基金经理，以 700 英镑至 800 英镑之间的平均价持有 6% 的股份。

机构投资者的投资低于投资成本，他们希望找到一位经验丰富的高管来从哈里斯勋爵手中接任首席执行官职位，而不是哈里斯勋爵的儿子马丁·哈里斯接任。2012 年 5 月，他们招募达伦·夏普兰（他当时正被认为是英国最大超市的首席执行官职位人选）来代替哈里斯勋爵。2012 年 6 月，我发表了做空 Carpetright 公司的观点。

Carpetright 公司如何结束？

在 2012 年 6 月我发表报告后的一年，Carpetright 公司股票的价值下跌 10% ~15%。2013 年 6 月，我结束了 Carpetright 公司的空头头寸。

价值陷阱的其他例子

价值陷阱和良好的价值股思路有几个共同的特征。根据某些估值指标，如市净率和市盈率，两者都可能会显得价格便宜。它们往往有良好财务业绩的历史。其他较不常见的特征可能包括资产负债表上的显著的现金余额、高股息率、良好的历史品牌、值得信赖的投资者与管理层以及核心业务问题。基本上，价值陷阱可能看来像价值股，只是他们不是。

那么，有什么不同？没有简单的答案，但要注意可能导致价值陷阱迹象的下行风险。这些风险可能产生于核心业务的盈利能力下降或递减的增长前景。管理层可以通过重组、扭转战略或摆脱它们核心业务的多元化经营对这些问题做出反应。当管理层尝试通过高价收购、进入更低利润率的行业和在竞争激烈的行业推出新产品的方式进行多元化经营，这类公司的股票可能成为潜在的价值陷阱。

投机公司的扭转前景过度依赖于管理层声誉、逆转行业的下降趋势或一款关键产品的成功，它们的股票也有可能是价值陷阱。谁不喜欢买价格便宜的股票？作为股票投资者，我们紧张不安地寻找可以逆转价格便宜股票不幸希望的迹象。

价值陷阱可以带来希望，但它可能无法提供防御力、品牌优势、可持续盈利、且最重要的下跌空间有限的明确标志。当这样的公司遇到行业结构性变化、颠覆性技术、监管或竞争格局的突变，它们可能会失去其价值。让我们来看一看几个著名的例子。

雅虎公司作为一家主导的搜索引擎盛行五年，直到2000年，当它被谷歌公司颠覆性的新搜索引擎取代。2002年，雅虎公司试图收购谷歌公司，但以失败告终；从那时起，它就再没有挑战谷歌公司。在其核心业务失败后，雅虎公司开展了许多不成功的收购，并错过了一些关键的收购，即对脸谱公司和YouTube公司的收购。

2006年，美国必能宝集团在北美高度监管的邮资计算器市场已经有80%的市场份额。它有65%的全球市场份额，它唯一的主要竞争对手是Neopost公司。它的业务与邮政邮件数量紧密相连，自2000年以来，邮政邮件数量每年在2000亿件至2130亿件不等。在2008年经济衰退中，邮件数量锐减至每年1770亿件，标志着邮件数量的一个长期衰退的开始。[4]2010年，波士顿咨询集团（BCG）预计邮件数量在未来10年将下降到每年1500亿件。波士顿咨询集团认为下降是不可能扭转的，因为“第一类邮件让位于账单、发票、报表和付款的网上寄送。”美国必能宝集团通过多元化进入更具竞争力的记录管理和邮政软件业务来努力抵消营业收入的下降。自2011年以来，它的股票下跌了50%，这种下降的结果是，它的股息率从2011年的6%增加到2012年的13%。

第1章讨论当电脑开始变成商品化产品时，个人电脑（PC）行业的衰退。自2006年以来，个人电脑行业的困境已经被智能手机和平板电脑的惊人增长加剧。长期的衰退最终冲击了行业前两名公司，惠普公司和戴尔公司，迫使它们收购软件服务业务和摆脱个人电脑行业多元化。甚至连迈克尔·戴尔和梅格·惠特曼这样的卓越经理人也无法抗拒个人电脑行业的长期性衰退潮。

互联网电子商务的兴起导致了许多历史上著名公司的倒闭。英国

Blockbuster 公司遭受了数字多功能光盘租赁业务的下滑，并无法过渡到新的互联网录像经销模型。随着新闻发布转移到互联网，报纸（麦克拉奇、甘尼特、纽约时报等）的广告收入模式遭受重创。

在线零售商有低得多的分销成本，并能提供比传统零售商低很多的价格。美国电路城公司、Linens'n Things 公司和许多零售商最近几年倒闭或根据美国《破产法》第 11 章申请破产保护。幸存的实体零售商们与知名的在线零售商开展持续竞争，努力捍卫自己的商业模式和追赶自己的互联网市场。这样的零售商，如百思买公司和 Bed Bath & Beyond 公司，已经允许它们的商店变成它们的在线竞争对手如亚马逊公司和 eBay 公司的事实上的展示室。

要点

颠覆性技术和行业增长、竞争格局与法规的结构性变化几乎可以破坏曾经成功企业的价值，创造潜在的价值陷阱。

破碎的增长故事

与价值陷阱不同，成长股可能以疯狂地昂贵倍数进行交易，并将越来越贵。正如我们在第一章的思科公司和奎斯特科制药公司的案例中看到的那样，做空增长故事无异于玩火。仅基于高估值做空成长股肯定会破产。重要的是要确定它们增长的驱动因素、对这些驱动因素的威胁、最重要的是近期的威胁。在奎斯特科制药公司的案例中，我们看到一个负面的报销政策给药品销售造成了严重的威胁；在 1999 年思科公司案例中，对公司增长的威胁不明显。

公司可以从新产品的推出、进入新的市场和一个新行业的崛起或需求上升中找到增长。不断增长的市场、产能扩张、监管变化以及行业整合是公司增长的许多其他驱动因素。对于一家处在长期增长跑道上的公司而言，它通常很难预测一个增长的范围，而且预测经常成为媒体热议话题。

然而，在某些情况下，对一家公司增长威胁的明显迹象可能由颠覆性技术或产能过剩引起。在其他情况下，对热销的项目而言，威胁的迹象可能不明显。做空者依靠谣言、渠道控制、调查、新闻报道、卖方研究和行业专家来预测未来。

专利保护、政府补贴和财政刺激等方面的法规通常具有有限的和明确的时间表。因此，它通常更容易指向来自一个即将到期的法规或类似即将发生的变化对一家公司增长的威胁。

破碎的增长故事可以清楚地指出增长与增长的驱动因素、盈利能力和短期的负面催化剂的问题。做空观点还必须确定市场规模和总体市场增长的局限性。较差的财务特征（过度杠杆、差的偿债能力系数等）、商业模式的失误、会计问题、日益激烈的竞争迹象和内部人士售股是一个好的做空案例的关键要素。

案例研究：太阳能电池板制造商

自1954年贝尔实验室制造第一个光伏电池以来，太阳能行业已经走了很长的路，光伏电池的成本从每瓦100美元下降到2000年的每瓦4美元。20世纪90年代，日本的政府补贴曾帮助全球的太阳能装机容量翻倍达到1000兆瓦。然而，太阳能成本远远高于煤炭等传统能源生产电力的电网平价，太阳能行业的竞争力严重依赖于政府补贴。

美国太阳能行业无法吸引私人资本，直到2006年太阳能投资税收抵免政策（ITC）的颁布。美国的太阳能累计装机容量从2006的300兆瓦的增长到2008年的800兆瓦；在同一时期，德国更大的政府补贴帮助他们的太阳能装机容量从3000兆瓦增长到6000兆瓦。到2008年，太阳能电池板制造商的股票，如First Solar公司（FSLR）、无锡尚德电力（STP）和SunPower公司（SPWR），它们供应这些市场，自它们首次公开发行股票（IPO）以后，分别上涨3至4倍。[5]

然而，美国税收抵免政策被设定在2008年到期，德国的政府补贴预计在2008后下降，这似乎成为在太阳能电池板增长故事里的一个打击。太阳能电池板制造商的利润率似乎受到大量新竞争的威胁。2008年1月，我在《寻找阿尔法（Seeking Alpha）》上发表的一篇文章，标题为“看涨太阳能行业，看跌太阳能股票”，我对暴涨的太阳能股票所做的做空案例。随着2007年First Solar公司的销售额为3亿美元，它按43倍的市销率（每股225美元）进行交易，其他太阳能电池板制造商也按同样高的倍数进行交易。有迹象表明太阳能行业有周期性的做空机会。

尽管太阳能行业的增长似乎受到了未来德国和美国不确定政府补贴的威胁，根据来自主要的太阳能协会和研究公司的数据，太阳能电池板制造商的利润率也受到生产能力供过于求的威胁。无锡尚德电力的单晶硅和多晶硅的转换效率在14%～16%之间变动，而对于First Solar公司碲化镉的转换效率甚至更低，为10%。由多晶硅制成的有竞争力的电池板提供2～5倍的转换效率，随着硅价格的下降，正变得有竞争力。

太阳能股票如何结束？

太阳能电池板的增长故事似乎破碎了。不确定的政府补贴、激烈的竞争、利润率压力、替代的多晶硅电池板对增长故事构成了一个打击。高水平估值对做空这些股票是锦上添花。2008 年，由于经济恶化，太阳能股下跌了 30% 至 90%。投资税收抵免政策没有得到延长，直到 2008 年底为止，在平均销售价格的下跌过程中，太阳能电池板的利润率下降了。

要点

在新兴行业的早期阶段，政府补贴能支持它们发展；但如果它们不能创造一个强劲的市场或产生盈利，在缺乏政府补贴的情况下，这样的行业有可能无法生存。

案例研究：Leap 无线公司（LEAP）和 MetroPCS 公司（PCS）

2006 年，在联邦通信委员会 36 号拍卖期间，Leap 无线公司和 MetroPCS 公司已以有吸引力的条款举债购买频谱，进入新市场，各自扩大用户群。在拍卖中标后，Leap 无线公司进入芝加哥市场，MetroPCS 公司进入波士顿和纽约市场；两家公司都因此获得了大量来自这些人口稠密市场的用户。Leap 无线公司的用户群从 2007 年的 280 万增长到 2008 年的 380 万，MetroPCS 公司的用户群从 2007 年的 400 万增长到 2008 年的 530 万。市场喜欢它们的增长故事。2009 年 3 月，它们的股票价格表明每个用户的企业价值为 1200 美元至 1500 美元，与控制 80% 无线市场的行业前两名公司——美国电话电报公司和威瑞森电信公司相似。

然而，Leap 无线公司和 MetroPCS 公司是预付费的运营商，与它们的后付费的竞争对手美国电话电报公司、威瑞森电信公司、斯普林特公司不同。它们的商业模式不同，因为它们不需要像后付费竞争对手那样跟客户签订两年合同，因此，它们经历了客户群的显著流失。当与同行相比时，它们的利润经济情况也差。它们的增长来自进入新市场，这也增加了来自新基站、店面成本、薪酬及客户服务的固定成本来源。由于这些高的固定成本，它们的盈利能力高度依赖于稳定的每个用户平均收入（ARPU）、用户的增长和更低的客户流失（表3.1）。

表3.1　每个用户的利润和盈亏平衡分析

	新市场		现有市场	
	Leap 无线公司	MetroPCS 公司	Leap 无线公司	MetroPCS 公司
每个用户平均收入（美元每月）	38.0	40.0	41.4	42.0
每年收入（美元）	456.0	480.0	496.7	504.0
每年固定成本（美元）	(903.9)	(866.4)	(260.0)	(366.0)
盈亏平衡月数	23.8	21.7	6.3	8.0
年度投入资本报酬率（%）	-50.0	-45.0	91.0	50.0

资料来源：Leap 无线公司和 MetroPCS 公司的年度和季度报告，阿森资本合伙有限责任公司（Artham Capital Partners LLC）。

由于建立新网络的资本支出，新市场获得一位新的无线客户的投入资本回报率比现有市场低得多。在现有市场获得一位客户之后，Leap 无线公司通常需要6至8个月的时间达到盈亏平衡，而在新市场需要两倍的时间（20个月）。要实现利润，Leap 无线公司就必须在无线市场增加其现有的市场渗透率，从5.7%增加到9%。

因为它们预计到2010年完成部署，两家运营商不费力的增长似乎接近尾声；它们就必须挑战大型运营商以增加它们的市场渗透率并保持增长。因为许多原因，这很困难，主要是因为它们不能对它们的客户强制实行长期合同。2010 年，在它们已经覆盖了它们在新市场的目标人群之后，它们的另一种增长选择将是获得额外的频谱。

对两家公司的增长和盈利能力的做空观点还有更多的理由。它们对预付费市场的控制面临来自新竞争迹象的威胁。斯普林特公司，第三大运营商，它仍遭受最近收购 Nextel 公司执行不力的影响，宣布将以更便宜的价格方案进入预付费市场。2008 年，为了在预付费市场上保持竞争力，Leap 无线公司和 MetroPCS 公司已经降价，新竞争意味着更低的每个用户平均收入。这似乎在两家公司增长故事里是一个打击。

Leap 无线公司和 MetroPCS 公司有高杠杆，其负债与息税折旧摊销前利润（EBITDA）的比率超过 5 倍；它们持续亏损可能会迅速导致它们违反合同规定的 6～7 倍限制。虽然流动性问题和短期资本需求似乎并不是迫在眉睫，Leap 无线公司和 MetroPCS 公司最终将需要进入资本市场，并以比目前 9% –10% 的借款利率甚至更高的利率借款，以避免它们增长计划的中断。

2009 年，我刚开始经营我的独立的研究咨询公司，并发表了对这两家无线运营商的第一个做空观点。我观点的最大风险是 Leap 无线公司和 MetroPCS 公司之间的合并。在 2004 年前度过四年的破产后，两家运营商一直在持续炒作合并。它们有因拉斯维加斯、费城和芝加哥的部分地区的互补区域产生的收入协同效应，以及因载波协议产生的成本协同效应。过去，MetroPCS 公司曾表示愿意收购 Leap 无线公司，宣布合并构成了做空它们的最大风险。

它如何结束?

2009 年 5 月 28 日，比我预期更早，Leap 无线公司宣布将出售 610 万股筹集 2.4 亿美元资金和再融资 11 亿美元的贷款。Leap 无线公司股票下跌6%至每股38.74美元。消息公布后，MetroPCS公司股票没有下跌；然而，在2009年8月6日的盈利公告中，MetroPCS公司未达到第二季度的估计值，其股价下跌30%至每股9美元。在同一天，Leap无线公司公布财报，报告高于预期的损失和客户流失。消息公布后，Leap无线公司股价下跌25%至每股17美元。

在接下来的三年内，尽管有多次的合并和收购传闻，两家公司的股价继续下跌，其经营不佳的业绩超过了其频谱的价值。最终，2012年，T－Mobile公司宣布反向收购MetroPCS公司；2013年，美国电话电报公司宣布将以每股15美元的现金收购Leap无线公司。

案例研究：鸡和鸡蛋公司（CHEGG）

2013年年底，我的一位客户请求我仔细研究即将上市的鸡和鸡蛋公司（CHEGG）。鸡和鸡蛋公司购买教科书，将这些教科书出租两到三年，然后分三年折旧这些书的成本。该公司改变计划，每学期以书价的20%～30%出租这些书。从本质上讲，鸡和鸡蛋公司不到3年就可以盈亏平衡，通过投资教科书可以平均赚取10%～15%的年化收益率。

鸡和鸡蛋公司有418000名学生的订阅用户群，这占了美国大学生近10%的市场份额。鸡和鸡蛋公司通过扩大其影响范围，有空间扩大市场份额。增长的另一个来源来自加大教科书库存本身，这将反过来增加它们的总交易量。该公司增加了40%的资本支出，达到1.04亿美元用于购书；该公司还有一些空间增加支出达到其2011年1.34亿美元的前期峰值。总之，鸡和鸡蛋公司似乎有不好的资本密集型和产生低收益率的商业模式。

以2.13亿美元的营业收入和2300万美元的息税折旧摊销前利润，

根据参考定价的中值，鸡和鸡蛋公司首次公开发行股票将按5倍销售额和25倍息税折旧摊销前利润的隐含估值发行。尽管它在电子书和其他方面有增长机会，鸡和鸡蛋公司股票初看似乎很贵。我不推荐我的客户参与鸡和鸡蛋公司的首次公开发行股票。

我认为打赌鸡和鸡蛋公司的唯一风险是其商业模式很适合作为亚马逊公司喜好的收购目标，通过利用高效的物流业务和技术平台，亚马逊公司可以挖掘出商业模式的更多价值。即便如此，很难想象在鸡和鸡蛋公司首次公开发行股票的当天会收到亚马逊公司的出价。

鸡和鸡蛋公司的首次公开发行股票不是很成功，下跌了25%，在接下来的六个月里，又继续下跌了30%。

要点

破碎的增长故事可以清楚地指出增长与增长的驱动因素、盈利能力和短期的负面催化剂与大事件的问题。收购是做空股票的主要风险。

概括

- 公司可能遭受商业模式的重大打击，商业模式可能无法修复。例如，它们的增长故事可能是破坏性产品、竞争或其商业价值在结构性下降的结果。
- 次级抵押贷款市场的崩溃永久地改变了金融服务业的商业模式和崩溃的相关证券化产品的需求。紧缩信贷周期和更严厉的法规接踵而至，抑制金融行业的盈利能力。
- 颠覆性技术和行业增长、竞争格局与法规的结构性变化可以严重破坏曾经成功企业的价值。

• 破碎的增长故事可以清楚地指出增长与增长的驱动因素、盈利能力和短期的负面催化剂与大事件的问题。收购是做空股票的主要风险。

注释

1. 美国国际集团（2006）。年度报告。请检索：http://www.aig.com/Chartis/internet/US/en/2006-10k_tcm3171-440889.pdf

2. 美国住房和城市发展部。次级抵押贷款。请检索：http://portal.hud.gov/hudportal/HUD?src=/program_offices/fair_housing_equal_opp/lending/subprime

3. Carpetright 公司（2006-2012）。年度报告、中期报告和列报。请检索：http://www.carpetright.plc.uk/investors

4. 波士顿咨询集团（2010 年 3 月 2 日）。《预测到 2020 年美国邮件数量》。请检索：http://about.usps.com/future-postal-service/gcg-narrative.pdf

5. 太阳能行业协会。太阳能投资税收抵免（ITC）。请检索：http://www.seia.org/policy/finance-tax/solar-investment-tax-credit

第四章　财务造假的主要方法：会计错报和骗术

最初偏离真理毫厘，到头来就会谬之千里。

——亚里士多德

财务会计是私营公司和上市公司共同的语言。公司经常变着法子来违背会计规则的要素。不管它们是有意的还是无意的，哪怕轻微的虚假信息或者直接明了的错误信息都可能让陪审团对其行为难以做出事后分析，投资者就更难在投资前做出决策分析。然而，对投资者而言，分析经常误用的会计方法和假设来发现早期预警征兆是可能的。

本章假定读者们熟悉基本会计概念和美国公认会计原则（GAAP）。美国公认会计原则依赖于权责发生制会计比收付实现制会计提供更有用信息的前提。与收付实现制会计不同，权责发生制会计是基于收入确认概念和会计期间内收入与费用的配比。权责发生制会计允许管理层对如何和何时记录这些收入和费用做出合理假设。

会计原则允许管理层对许多其他交易做出假设，比如分类投资资产、测试商誉减值、选择折旧方法、估计可折旧资产的使用寿命、报告资产负债表表外负债等。我们在前面的章节中看到美国国际集团根据其自身的假设如何选择为其投资定价，而不是按可比资产的市场价格进行定价。

更重要的是，会计准则允许管理层有对他们的假设做出变更和有时做出频繁变更的相当大的自由。因此，管理层可以对他们的会计假设变更做出临时决定，这些假设可能不一定由会计准则变更或其公司经营企业的方式的变更引发。在某些情况下，管理层可以转向更有利的假设来临时拼凑他们的财务和经营指标，并描绘其公司财务健康和未来前景的更好蓝图。我们在本章将看到一些常见的财务造假。

财务重述背后的主要原因

财务重述背后的最常见原因包括收入确认、费用高估或低估、错误分类、并购、重组和衍生金融工具会计。公司可能在三张主要财务报表的任意一张或者所有报表上对项目进行错误分类。例如，一家公司可能在现金流量表上将经营活动现金流出项目描述成筹资活动现金流出项目，将资本资产租赁错误分类为经营租赁，或将销售利得错误分类为销售收入。

在2002年的《财务报表重述》报告中，美国审计总署（GAO）称在1997年至2002年之间所做的超过50%的会计重述因不当的收入和成本会计产生。在2002年《萨班斯-奥克斯利法案》颁布后的四年，美国审计总署称在2002年至2005年之间的55%的重述因收入和成本的不当行为产生。[1]

在这些会计不当行为被内部或外部相关方发现后，公司被迫重述其财务报表。进行重述的公司的股价和声誉遭受了永久损害，这甚至可能导致其竞争对手丧失信心，并且投资者的审查也更加严格。

假设的变更可能是最关键的预警征兆

通过注意异常的假设和报告财务报表所使用假设的变更，投资者可以发现会计问题。例如，一家银行可以决定改变其会计分期假设来重新界定不良资产，或基于损失不可能再次发生的假设，一家公司可以选择将一个金额大的正常损失报告成一个一次性的非常损失。会计问题只能通过传统的审阅财务报表的方式被发现，所以让我们看看一些常见的影响一家公司经营指标和盈利能力的会计假设。假设的变更和异常可以经常指向早期预警征兆。

收入是如何被记账的?

整批出售与代理商销售：当公司通过间接渠道（如分销商和零售商）销售它们的产品时，整批出售可以允许公司提前记录收入。例如，2012 年，当药房收到其产品（整批出售）与当药房把其产品送到病人（代理商销售）时，[2]Incyte 公司决定确认收入。

收入与递延收入：当公司将客户预付款记录为递延收入，并在估计的产品寿命期间把它们确认为收入，更短产品寿命假设允许公司提前记录收入。例如，[3] 苹果公司假定其设备的产品寿命为 24 个月，直到 2009，当它决定对多项交付部分的收入确认标准采取变更。因此，苹果公司在销售时可以记录相当大部分的设备销售收入。

销售型租赁与经营租赁：当公司为客户提供租赁其产品的选择权，他们通常把这种租赁记录为经营租赁或销售型租赁。因为它们可以通过估计残值来降低其商品成本，销售型租赁在销售时允许公司记录较高的收益和较低的资产。例如，2013 年，特斯拉汽车公司宣布电动汽车的融资租赁计划，提供转售价格高于其他任何豪华轿车的保证。[4] 高的转售价格可以允许特斯拉记录更高的利润。

费用如何分类?

商品成本（后进先出和先进先出存货核算）：当公司销售存货时，他们可以选择后进先出或先入先出的方法记录销售成本。公司披露任何相关的后进先出法储备，并在没有预先告知投资者之前，不会改变它们选择的存货核算方法。在存货成本上涨期间，与后进先出法相比，先进先出法核算允许公司记录更低的销售成本。

融资租赁与经营租赁：当公司将房地产、车辆和其他主要资产的长期租赁记录为经营租赁，他们并没有在资产负债表上记录相关的财务债务，这与融资租赁的会计处理不同。经营租赁允许公司公布更好的资本回报率。美国财务会计准则委员会（FASB）正在考虑对租赁会计进行彻底的改革，这将强制承租人将租赁期超过一年的租赁确认为资产和负债。[5] 当欧迪办公公司对其长期租赁选择经营租赁会计核算时，我们在第三章看到了这类例子。

销售和营销费用和递延取得成本（类似于营业费用与资本支出）：当公司激进地在销售和营销方面开支或向销售代理商或经纪人支付大量的预付佣金，他们可以选择将这些费用作为递延成本予以资本化，并在一个较长的期间内摊销它们。这允许它们降低并使其费用平稳。例如，保险公司根据保险合同的估计毛利摊销递延成本。

资产负债表项目是否为损失和减记计提充足准备?

存货(原材料价格):当产品的定价与商品价格挂钩时,随着商品价格的下跌,公司需要进行减值测试,并可能需要增加准备或减记存货。例如,随着价格下跌,黄金矿主和化肥生产商已不得不减记存货。

存货(市场价格):管理层在减值测试时机掌握和存货准备估计方面有很大的自由裁量权,这也可以允许管理层增记新的或使用过的存货。当公司预期新产品成功上市时,它们往往逐步建立超额库存;然而,如果销售未能达到预期,公司开始提供大幅折扣,存货的价值就需要被减记。例如,2010 年,斯凯奇公司(Skechers)建立其热销的 Shape-ups 塑身鞋的超额库存,且不承认超过几个季度的超额库存问题。[6]

应收账款:当一家公司从几个客户那里获得大部分销售收入、提供购买其产品的融资或在交付产品或服务后的数月收款,当客户面临不断恶化的商业或信贷条件时,公司就需要增加坏账准备。虽然该公司自身可能有良好的信誉,但它也很容易受到针对其客户的紧缩信贷条件的影响。例如,2008 年,美国电路城公司(Circuit City)破产使台湾国际航电公司(Garmin)增加其坏账准备费用。[7]

商誉和无形资产:当公司完成兼并或收购时,它们将支付的超过并购目标公司公允价值的金额记录为商誉和其他无形资产。较高的商誉和无形资产使公司低报所有者权益的账面价值,而高报股东权益回报率,同时,当有机增长很难实现时,也允许管理层多付收购价款。商誉和无形资产像存货一样要进行减值测试,且当兼并证明完全失败时,管理层通常减记它们。例如,2012 年,在减记自主公司(Autonomy）收购相关的 88 亿美元商誉和无形资产之前，[8] 惠普公司归咎于自主公司（Autonomy）的会计不当行为。

递延税项资产和递延所得税负债：当公司向税务机关与投资者报告时，企业可以对某些会计科目做出不同的假设；随之发生的暂时性差异在不久的将来可能不会扭转。成长型公司可能承担固定资产的加速折旧，并保持递延更多的所得税费用。然而，一旦增长消失，递延税项负债开始扭转，并对所有者权益的账面价值有负面的影响。我们在第三章中看到了这类例子，在没有销售增长和资本支出增加的情况下，Carpetright 公司 2000 万英镑的递延所得税负债有成为负债的风险。

资产负债表项目是否代表公允的市场价值?

投资资产（历史成本与市场价格）：公司可以选择按历史成本记录它们的投资资产（持有至到期投资）或按市场价格记录它们（分类为可供出售金融资产）。持有至到期投资的分类允许公司避免报告公司资产的市场价值变动。例如，当商业银行承销贷款时，它们可以将其记录为持有至到期投资（也被称为“贷款账册”）。它们可以将这些贷款重新分类为可供出售金融资产（也被称为“交易账户”）以降低监管资本要求。

资产和负债的公允价值层次（1、2 和 3 级输入）：当公司报告资产和负债的公允价值时，它们可以使用相同资产的市场报价（1 级输入）、类似资产的市场报价（2 级输入）或使用公司自己的、在市场上观察不到的假设（3 级输入）。我们在第三章中看到了这类例子，美国国际集团和其他金融机构选择基于使用它们自己的输入假设的财务模型来报告某些负债和资产的价值。

资产负债表表外项目和或有负债：公司可能不在资产负债表上报告某些合同承诺、衍生金融工具相关负债和其他或有负债，而单独进行披露。例如，2012 年，迪斯尼公司有 428 亿美元的购买体育赛事转播权的合同承诺。银行可能存在一个作为或有负债的未利用的信用额度。[9] 制造公司和矿业公司可能没有为未决环境破坏诉讼计提负债。

诉讼和损害赔偿：监管机构可以因各种原因对公司提起指控，如反垄断问题、欺诈消费者和海外贿赂。在其他情况下，法院可能做出不利判决并发现公司对相关损害赔偿负责。在这两种情况下，公司可能选择在其财务报表中不为损害赔偿提取准备金，并提起上诉，其中，上诉过程可能需要数月或数年才能完成。例如，陪审团发现迈威科技公司对卡内基梅隆大学提起的 11.7 亿美元的专利侵权诉讼负有赔偿责任；然而，迈威科技公司决定挑战裁决，不计提相关负债。[10] 在另外一起案件中，美国司法部为 50 亿美元的抵押贷款支持证券（MBS）评级欺诈损害赔偿起诉标准普尔公司（S&P），而标准普尔公司决定为自己辩护，并没有为诉讼计提任何准备。

其他财务报表是否与损益表不符？

净利润与经营活动产生的现金流量：当公司进入成长周期的成熟期，因为折旧费用和营运资金需求稳定，净利润与经营活动产生的现金流量开始会合。净利润与经营活动产生的现金流量之间存在巨大差异，这值得对背离背后的非现金项目好好检视一番。

净利润与其他综合收益：净利润与其他综合收益像该公司财务状况的左右两个口袋。公司可以选择对净利润与综合收益的组成部分以连续报表或单独的项目列报。公司通常在综合收益中报告未实现的套期保值利得和损失、可供出售投资资产变动、养老计划调整金额和外币折算利得和损失。尤其是银行从事的证券交易业务，任何相关利得和损失值得引起重视。

要点

收入和费用的假设影响盈利能力。公司可能在现金和非现金资产负债表项目都没有充分地为损失提供准备。资产负债表表外承诺可以把杠杆隐瞒起来。

下一步：经营指标在道德上是否可以接受？

与利润率、回报率、流动性、周转率和杠杆相关的经营指标是良好的检查公司财务健康状况的措施。这些比率可以低估或高估一家公司的经营业绩，并可能经常需要进行调整以更清晰地展示公司业绩。

利润率

毛利率与经营利润率：公司可以选择将与折旧或员工工资相关的某些费用分类为存货成本的一部分。当公司决定将这些费用重新分类时，随之产生的利润率可能无法与前一年的利润率相比。在这种情况下，利润率就需要进行重新分类调整。在其他情况下，公司可能转向许可或特许经营模式，将存货成本转嫁给被许可人，允许公司提高经营利润率。公司披露全系统的销售，包括特许经营销售和许可费，这可用于调整总体的销售和利润率，并检查特许经营是否增加利润率。

回报率

资本回报率或投入资本净利率：这是衡量公司产生经济价值的重要指标。当公司的回报率低于其资本成本时，它们可能破坏经济价值。正如我们在经营租赁案例中所看到的：公司可以将资产转移至资产负债表表外或将生产外包以夸大资本回报率。当资产负债表表外项目无法调整时，我们可以看一下类似公司的情况以弄清回报率是否异常高或低。

股东权益回报率或权益净利率：这可以使用杜邦财务分析体系（权益净利率 = 销售净利率 × 资产周转率 × 权益乘数）来分析确定经营利润率、经营杠杆和财务杠杆对整体回报率的贡献。在收购期间，公司经常往往为增长和利润增加而多付收购价款，并把多付收购价款在资产负债表上记录为商誉。商誉使公司夸大所有者权益和低估杠杆。我们可以用经过商誉调整后的有形所有者权益或账面价值来检查收购是否掩盖了过去差的回报率。

流动性或短期偿债能力

现金比率（或现金/流动负债）：这是流动性的最保守标准，不包括应收账款和存货，这些可能不容易被转换成现金。当公司变得无利可图或遭受沉重债务的重创时，其流动性需求与应付账款和债务到期时间表紧密相关。公司可以通过证券化其应收账款、与供应商协商付款条件和利用信用额度或资本市场来解决流动性问题。现金比率与现金转换周期趋势是即将发生的流动性问题的预后指标。

周转率

应收账款周转率和存货周转率：这些趋势可以帮助发现异常的逐步增长的库存和渠道填充问题。消费品和工业公司可以运送额外的存货到分销渠道并夸大收入，这种做法被称为“渠道填充”。正如前面所讨论，当公司无法动用渠道存货或进行现金收款时，它们经常最终对应收账款和存货减价。

杠杆

利息保障倍数、债务/息税折旧摊销前利润、产权比率：公司通常被要求遵守这三个关键比率的债务契约要求。如果信贷协议涉及多个贷款部分或当债务是通过诸如公司资产抵押担保取得时，信贷协议可能很复杂。当一家公司的偿债率接近契约要求而变得不安全时，该公司可能因拖欠贷款、积欠利息支付或申请破产而进入破产区域。危险的比率可以提升对信用问题的警报，并值得我们详细地分析该公司的信用。

要点

与利润率、回报率、流动性、周转率和杠杆相关的经营指标是良好的检查公司财务健康状况的措施。这些指标的趋势可以提供即将发生问题的早期迹象。

寻找行业特定指标的趋势

公司披露的行业特定指标为投资者更清晰地反映经营业绩，让投资者更好地与行业中的其他公司进行比较。行业指标通常是基于实际数；然而，它们也可以是基于管理层的估计。例子包括银行不良资产（NPAs），如非应计贷款、减值贷款和重组贷款。在把它们作为损耗处理之前，管理层不得将某些消费或信用卡贷款置于非应计状况。与过去的衰退期间的不良资产相比，我们可以检查银行是否报告更低的不良资产。当信贷周期开始收紧时，不良资产提供了经济衰退的早期线索。

我们在前面看到了类似的收入确认假设甚至可以影响最基本的收入驱动因素，比如单位价格和发货数量。如果我们假设与管理层假设相关的时机掌握问题在较长时期内将顺利进行，我们就可以检查这些行业特定指标的周期性趋势。表 4.1 总结了常用的行业指标，这些指标可以提供经济周期趋势的更多信息。

表 4.1　主要的行业特定指标

行业	主要指标
航空业	可利用客英里、客座利用率
银行业	不良资产、资本比率、净利差、资产质量指标
能源与矿业	现金生产成本、储量、储量接替率
酒店餐饮业	每间可供租出客房收入（RevPAR）、入住率、每日平均房价、餐饮业披露平均票价大小、除了零售指标的数量
工业	订单量、未交付的订单量、订单出货比率、生产能力利用率

续表

行业	主要指标
保险业	索赔和费用率、法定盈余公积金、投资资产质量指标
传媒与电信业	净增数、每个用户平均收入、客户流失率（订阅企业披露类似指标）
炼油业	裂解价差、德州轻质原油与布伦特原油价差、工厂利用率
房地产投资信托基金业	入住率、每平方英尺租金、净租金比、解除合同价差、自由资金流
零售业	同店销售额或同店同比销售额（LFL）、也称为可比同店销售额、商店开张数量和商店关闭数量

资料来源：阿森资本合伙有限责任公司（Artham Capital Partners LLC）。

哪些经营指标驱动高管薪酬？

高管薪酬可以与美国公认会计原则指标紧密相关，如每股收益（EPS）、经营利润率和非美国公认会计原则指标，如行业特定指标。为什么注意这些指标很重要？正如我们在欧迪办公公司的案例中所看到，董事会通过将管理层激励与正的息税折旧摊销前利润挂钩来设置一个低障碍。此外，一旦 BC Partners 公司参与欧迪办公公司定向增发交易的优先股转换得到批准，这将引发高管劳动合同的控制条款的变更，董事会保证关键高管的奖金。

高管可能会追求对驱动业绩目标和奖金的经营指标有利的战略和决策。例如，当董事会将激励与投入资本回报率挂钩时，管理层可能选择进行售后回租交易以剥离资产和减少资本基数。在其他情况下，如果高管们的激励与毛利率挂钩，他们可能选择生产外包。

这些指标的业绩目标可以提供对管理层可能追求的战略的洞悉。

然而，董事会也可以设置含糊的业绩目标，这些目标与定性因素和三十个指标的一个或多个挂钩。在这样的情况下，更难判断管理层的动机是追求哪一个重要的战略。

有什么异常的财务交易吗?

公司有时可能进行特殊交易，如证券化其应收账款、设立专门的租赁公司推销产品和进行转型收购。这样的交易可能会改变公司的商业模式，注意受影响的经营指标十分重要。

甚至更重要的是要注意特殊的财务交易，如当公司举债向股东支付特殊股息或当公司做了一个反向股票分割以吸引机构投资者时。这样的交易可能只是金融噱头，至少没有采取具体行动来改善经营业绩。

揭露会计问题只成功了一半

正如我们在本章所看到，公司可能会做不合理假设或从事财务骗术以夸大经营业绩或对财务风险轻描淡写。在更极端的情况下，管理层可以通过虚报财务报表或频繁进行企业收购来掩盖企业存在的问题。然而，发现这样的会计问题也只是成功了一半。

成功的另一半在于找到商业模式问题；并不是所有的会计问题最终以欺诈和破产结束。2013 年 8 月，一位客户问我对精密铸件公司（Precision Castparts）的意见，主要是因为精密铸件公司（PCP）的存货储备的会计处理问题，它已被一家法务会计公司建议作为一个潜在的做空对象。精密铸件公司以后进先出法基准记录其 95% 的存货，一些分析师认为账面价值可能过高。后进先出法的成本核算方法匹配了当期销售成本与当期销售收入，并且可以允许精密铸件公司通过利用较低的现行金属价格来提高每股收益。

在过去几年中，主要的金属投入（镍、钛、钴）的平均价格已经下降了20% ~40%，而在此期间，精密铸件公司存货的原材料部分已经从4.37亿美元增长到9.03亿美元。精密铸件公司最近收购美国钛金属公司（TIMET）已增加了总公允价值为7.78亿美元的存货，其中约2亿美元是原材料。因此，精密铸件公司约2.7亿美元的存货（9.03亿美元－4.37亿美元－2亿美元）可能会遭受20% ~40%的减值，这折算成最大金额为8000万美元的一次性存货减值。精密铸件公司市值约300亿美元，所以这次减值似乎太低，以致不能对每股收益或股票价格造成重大影响。

而精密铸件公司周期性的高利润率、与波音747相关的短期问题和可能的宏观经济衰退会使其成为战术型做空一个实例，基于一些原因，精密铸件公司似乎不是结构型做空或长期做空的对象。商业航空市场的复苏和波音787飞机生产效率的持续提高是精密铸件公司有机增长的有利条件。精密铸件公司向每架波音787飞机销售超过1000万美元的货物，而波音787飞机是波音公司新的和快速增长的机型，要质疑管理层对该公司有机增长的前景很难。所以我不推荐做空精密铸件公司。

案例研究：戴蒙德食品公司（DMND）

2011年，当华尔街之外咨询集团注意到戴蒙德食品公司支付给核桃种植者的预期的动量付款会计处理问题，它怀疑戴蒙德食品公司通过试图将付款记录为一次性综合成本来夸大盈利能力。戴蒙德食品公司是一家核桃合作社，它支付给其种植者的价格比核桃公允市场价格低10%－15%。因为与核桃供应商在上市时签署的购买协议已过期，戴蒙德食品公司冒着失去供应商的风险，决定用一次性付款去弥补。这个会计问题的根源是商业问题，这使华尔街之外咨询集团寻找商业模式的其他问题。

戴蒙德食品公司似乎失去了其在核桃行业的优势地位。结果，其商业模式不断恶化，盈利能力面临巨大压力。管理层认识到问题，并试图通过收购来进行多元化经营和扩大业务范围。然而，他们最新收购品客薯片的公告带有整合风险。在竞争激烈的快餐市场，作为由菲多利食品公司（Frito-Lay）主导的一款成熟产品的小小竞争者，品客薯片也有疲软的增长前景。盈利预测也显得过高。

它如何结束?

当品客薯片收购交易告吹时，戴蒙德食品公司股价下跌超过80%至每股14美元，在重述其财务报表后，该公司努力修复其声誉。

资料来源：华尔街之外咨询集团。

概括

- 从关键的会计假设开始以发现预警征兆

○收入

■整批出售与代理商销售

■收入和递延收入

■销售型租赁与经营租赁

○费用

■商品成本（后进先出和先进先出存货核算）

■融资租赁与经营租赁

■销售和营销费用和递延取得成本

○资产负债表项目

■存货（市场价格和原材料成本的影响）

■应收账款

■商誉和无形资产

■递延所得税资产和递延所得税负债

■投资资产分类

■投资资产的公允市场价值假设

■资产负债表表外负债

○利润表与其他报表之间的差异

○关键指标、高管薪酬和异常活动

■毛利率和经营利润率

■资本回报率和股本回报率

■现金比率、现金转换周期和自由现金流

■应收账款周转率和存货周转率

■债务契约指标和其他杠杆比率

注释

1. 美国审计总署（2002 年 10 月）。《财务报告重述：趋势、市场影响、监管反应和现有挑战》。请检索：http://www.gao.gov/new.items/d03138.pdf

2. Incyte 公司（2012 年 4 月 26 日）。2012 年第一季度新闻稿。请检索：http://investor.incyte.com/phoenix.zhtml?c=69764&p=irol-newsArticle_pf&id=1687652

3. 苹果公司（2010 年）。10 – K 表。请检索：http://www.sec.gov/edgar.shtm

4. 特斯拉汽车公司（2012 年）。10 – K 表。请检索：http://ir.teslamotors.com

5. 财务会计准则委员会（2013 年 5 月 16 日）。《IASB 和 FASB 提议修改租赁会计》。请检索：http://www.fasb.org/cs/ContentServer?pagename=FASB%2FFASBContent_C%2FNewsPage&cid=1176162614474

6. 斯凯奇美国公司（2011 年 5 月 5 日）。10 – Q 表。请检索：http://skx.com/investor.jsp?p=2

7. 台湾航电国际公司（2008 年）。10 – K 表。请检索：http://www.garmin.com/en-US/company/investors/sec/form-10-K

8. 惠普公司（2012 年 11 月 20 日）。新闻稿。请检索：http://www8.hp.com/us/en/hp-news/press-release.html?id=1334263

9. 迪士尼公司（2012 年）。10 – K 表。请检索：http://thewaltdisneycompany.com/sites/default/files/reports/q4-fy12-form-10k.pdf

10. 迈威科技公司（2012 年 12 月 27 日）。新闻稿。请检索：http://www.marvell.com/company/news/pressDetail.do?releaseID=3296

第五章　世界将要结束

当你的邻居失业时，这是一次经济衰退；当你失业时，这是一次经济萧条。

——哈里·杜鲁门

1992 年 9 月 16 日是黑色星期三，乔治·索罗斯的量子基金对英国英镑下了超过 10 亿美元的做空赌注。索罗斯押注英镑将退出欧洲汇率机制（ERM）。在与东德统一之后，德国正提高利率来减缓通胀压力，而英国却在经历经济衰退。[1]

英国是欧洲汇率机制的一个薄弱环节。索罗斯看见汇率将继续出现分歧，迫使英国央行放弃欧洲汇率机制和使英镑贬值。大约二十年后，欧元作为统一的欧洲货币，由于葡萄牙、爱尔兰、希腊和西班牙也是欧洲汇率机制的薄弱环节，欧元面临着相似的命运。这些国家与欧元区国家的目标债务和赤字水平步调不一致，加剧了对欧元可能会解体的担心。

在这些经济危机期间，成功的投资者常说："在危机期间，所有的相关性都会发生一次。"简单地说，就是在危机中无处藏身。通过从股票转向债券、从债券转向货币、从投机性股票转向防御性股票或从垃圾债券转向投资级别债券，你都无法避免损失。在一场系统性的银行业危机中，甚至您在银行的现金也可能不安全。

当您随着股市急剧跳水和空头在电视上咆哮而努力削减损失时，你不得不注意到精明投资者和一些从危机中实际上赚取暴利的幸运投资者存在幸灾乐祸的想法。您会意识到这些投资者要么做空市场（股票、债券、货币、衍生金融工具等），要么购买这样那样的危机保险，如看跌期权、信用违约互换（CDS）和其他复杂的衍生金融工具。

虽然您可以赚取超过购买这些保险类产品保险费多倍的利润，但您可能没有资格购买信用违约互换和其他类似的工具，这些只销售给机构投资者。然而，您有权选择做空股票和购买看跌期权，从而从危机中获利或只是将它们卖出以减少您的损失。

更大的目标是预测即将到来的危机的迹象和了解仍在经历中的危机的严重性。这没有捷径可循，但历史总有惊人的相似。

历史总有脉络可循

让我们看一下自1929年以来标准普尔500指数的一些主要修正和修正背后的原因（表5.1）。过去危机背后的根本原因往往以不同的形式重现，并为即将发生的危机的深度和股票市场的修正进行提示。

表5.1 自1929年以来标准普尔500指数的主要修正

年度	峰谷的修正	事件描述
1929年暴跌	-45%	大萧条第一部分
1930-1931年暴跌	-86%	大萧条第二部分
1937年暴跌	-54%	大萧条第三部分
1946年	-27%	第二次世界大战后收缩

续表

年度	峰谷的修正	事件描述
1957 年	-20%	经济衰退
1962 年	-27%	5 月 29 日闪电暴跌
1966 年	-21%	信贷紧缩
1973 - 1974 年暴跌	-48%	石油危机、布雷顿森林体系的崩溃
1987 年暴跌	-33%	闪电暴跌之母
1990 年	-18%	海湾伊拉克入侵科威特
1998 年	-20%	俄罗斯债务违约、长期资本管理
2000 - 2002 年	-49%	科技股暴跌
2008 - 2009 年	-57%	经济大衰退、金融危机
2010 年	-16%	欧元危机开始
2011 年	-20%	美国信用评级下调

资料来源：标准普尔道琼斯指数，彭博社。

案例研究：2008 年雷曼兄弟公司破产，2011 年美国失去 AAA 评级，标准普尔 500 指数波动

2011 年 8 月 5 日是星期五，我不确定美国的信用是否会被降级，但我确信潜在的降级将可能是一个小概率事件。在上一个主要的小概率事件（2008 年雷曼兄弟公司破产）的一周内，我再次研究了市场的反应。标准普尔 500 指数星期五（2008 年 9 月 12 日）收于 1251.7 点，是导致雷曼兄弟公司破产的原因，在雷曼兄弟公司破产后的星期一，标准普尔 500 指数下跌了 60 点。虽然这标志着过去 75 年最大的市场下跌行情的开始，甚至仅一周后的 9 月 19 日，市场已经收回了雷曼兄弟公司破产事件造成的所有损失，在两次强劲止跌回升的帮助下，标准普尔500指数收于1255.08点。

2011年，这一幕似曾相识，在标准普尔公司剥夺美国AAA评级之后，标准普尔500指数在星期一下跌了80点。在这一周，标准普尔500指数效仿2008年雷曼兄弟公司破产后连续几天的相同的股价图，下跌和上涨几乎相同的点数。标准普尔500指数有脉络可循。

标准普尔500指数在2008年和2011年发生的剧烈波动都是由类似事件引起。2008年9月15日，市场遭受更多的利空：标准普尔公司把其之前威胁下调美国国际集团评级进行到底，下调了美国国际集团的信用评级。同样，当标准普尔公司把其威胁下调美国的信用评级由AAA降至AA+进行到底时，2011年，它也一视同仁地下调美国信用评级。历史总有脉络可循，但这是否是像雷曼兄弟公司破产那样严重的危机或黑天鹅事件？

要点

如果美国国际集团降级是一个序幕，标准普尔公司将下调美国评级也是可能的。事后分析，推测标准普尔500指数的剧烈波动是合理的。历史往往会重演，当历史重演时，股票市场中过去的表现可能对当前事件可能产生的结果进行提示。

美国信用降级是一个黑天鹅事件吗？

从理论上讲，因为无风险利率现在是根据AA+债券的收益率而定，美国信用评级下调应该已造成资本成本的上升。因此，价格倍数将预期缩小。在现实中，美国信用降低对信贷和股票市场的影响是上演一出双城记：消息公布后，正如所预期的那样，标准普尔500指数下跌了80点；然而，美国国债和债券价格飙升。

美国信用降级并不是一个正常的经济事件；然而，这也不是一个黑天鹅事件。鉴于美国联邦储备委员会（美联储）处于待命状态以继续执行量化宽松（QE），并在很长一段时间维持低利率的政策，信贷紧缩、流动性紧缩或股票市场50%修正的概率是多少？的确是低概率。

标准普尔公司下调评级尚未导致资金和流动性的挤兑或任何清算或甩卖，远不及雷曼兄弟公司破产后发生的情形，美联储这一次似乎也准备好提供流动性。在信用降级这一周内，股票市场在本能反应中已修正大约13%；然而，信贷市场几乎没有表现出困难的迹象，而国债收益率创历史新低。欧洲前景持续黯淡、美国经济指标依然疲软和中国经济放缓的担忧可能会使美国经济陷入衰退，但眼前并没有黑天鹅事件。

美国的债务违约或欧元的解体更有可能演变成黑天鹅事件；然而，在美国债务上限达成妥协和希腊受到救助之后，这都是缓兵之计。美联储宣布它将维持零利率到2013年，传递了这样的预期。

2011年美国信用降级与2001日本信用降级

标准普尔公司历史上第一次下调美国信用评级，此次信用降级的长期影响还是一个问号。如果我们回顾2001年日本信用降级以寻找线索，我们会发现一些相似之处。首先，作为2001年信用评级下调的一个最初反应，日本国债收益率下降，就像美国国债收益率下降一样。

在此背景下，日本央行的政策行动也为其他市场提供了参考。日本的利率在2001年已经接近于零，正如美国2011年的利率。日本银行

（BOJ）是日本的中央银行，日本银行选择了量化宽松或资产负债表扩张的路径，在信用降级后，增加日元纸币的流通量。日本银行已不能将利率降至零以下。

在接下来的五年里，日本银行的资产占日本国内生产总值（GDP）的百分比几乎翻了一番，从15%增加到大约30%。在这五年里，日元贬值了，日本经济表现出增长糟透的迹象。受日本银行政策措施的影响，日本股市暴涨，2005年年底，日本银行开始收紧资产负债表。然而，美国的金融危机迫使日本银行改弦易辙并重启资产负债表扩张。

我们能够按照历史的规律得出结论：美国经济是没有出头之日的。而多头则认为美国经济本质上比日本强劲，且没有遭受到日本的人口老龄化这样的结构性问题的困扰。尽管美日之间存在差异，美国的股票和信贷市场将继续聚焦央行的政策措施似乎显而易见。

接下来，当您想要知道美国经济未来十年是否将步日本的后尘时，您得转向一个更可预测的变量：美国联邦储备委员会主席本·伯南克。

本·伯南克关于日本失去的十年和美国大萧条的论述

伯南克过去曾指出，过早结束扩张性货币政策和（或）缺乏扩张性政策，是20世纪30年代大萧条和20世纪90年代日本失去10年增长背后的主要原因。他已详尽地研究了这两个事件，并发表了已被经济学家、投资者和分析师分析腻了的报告。[2]

在伯南克1994年发表的文章《大萧条的宏观经济学：一种比较方法》中，他比较大萧条时期抛弃金本位的国家与那些没有抛弃金本位的国家的选定宏观变量的表现，得出如下结论："（1）货币紧缩是所有国家萧条的一个重要原因；（2）1931年或1932年后，坚持金本位的国家和抛弃金本位的国家之间存在巨大的差异；（3）造成这种差异的原因是，抛弃金本位的国家有更大的自由来实施扩张性货币政策。”[3]

后来，在2003年，伯南克评论日本银行：

“我想考虑一个重要的制度问题，这就是日本银行的资产负债表状况与其承担更激进货币政策的能力之间的关系。尽管原则上，对资产负债表的考虑不应严重地制约央行的政策，但在实践中，却不是这样的。然而，正如我将讨论到，采取相对简单的措施可以消除这种制约。”[4]

正如他的简单措施建议：“日本银行可能不得不抛弃自己设定的规则；例如，资产负债表上的长期政府债券余额必须低于发行纸币流通余额的非正式规则。”

如果伯南克没有发现日本银行足够激进地增加资产负债表30%资产的决策，可以肯定地断定他不会踩刹车，并继续执行美国2007年开始的宏大的扩张性货币政策。

最后的贷款人还有空间贷款吗?

中央银行又称为最后的贷款人，美联储、日本银行和欧洲央行（ECB）印刷货币来扩张资产负债表，提供了各自近国内生产总值20%的资金，并继续致力于更多的贷款。这似乎与伯南克早前建议消除资产负债表扩张的制约一致。

按时间顺序，日本首当其冲：自2001年信用降级以来的五年里，日本已将资产负债表中资产占国内生产总值的比例由20%增加到30%，同时维持低于1%的基准利率。10年后，美联储重申了在未来两年按零利率贷款的承诺，并引起了资产负债表进一步扩张或量化宽松的猜测，这一幕似曾相识。

美国联邦储备委员会处于与零利率的日本相似的状况，经过两轮量化宽松政策，资产负债表上的资产占国内生产总值的20%。自第二次世界大战以来，美联储未曾持有如此高的资产水平。如果伯南克用自己开出的处方来消除资产负债表扩张的制约，另一轮量化宽松政策将是意料之中。

欧元区危机对美国市场的影响已经使人们将关注的目光投向欧洲央行。自1999年欧元形成以来，欧洲央行的资产负债表资产总是比美联储的资产负债表资产大。在雷曼兄弟公司危机后，他们像美联储（图5.1）那样扩张资产负债表，致使资产负债表资产超过其国内生产总值的20%。

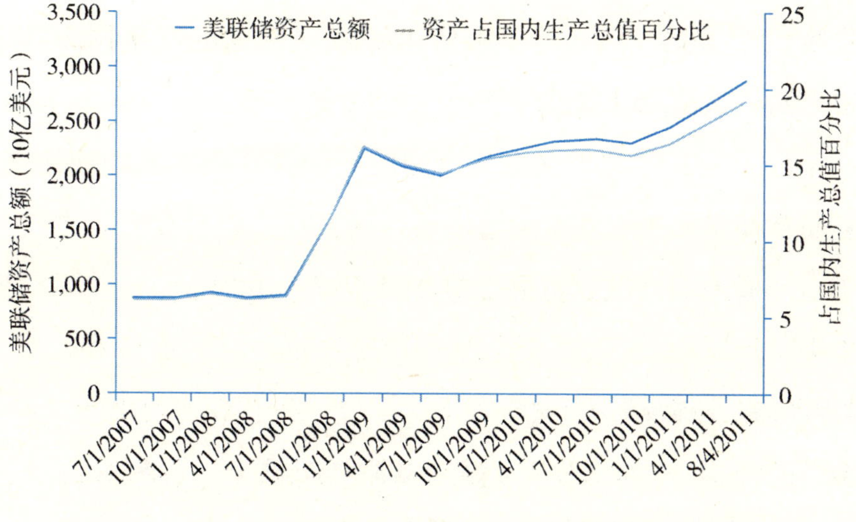

图5.1　经过两轮量化宽松政策之后，美联储的资产负债表扩张

资料来源：美国联邦储备委员会。

尽管欧洲央行大规模扩张资产负债表受到诸多批评，欧洲央行仍有空间进一步扩张资产负债表以应对更多的市场恐慌。如果德国和法国都愿意，欧洲央行在发行欧元和其他政策工具上的垄断可以让他们迅速采取行动。在2011年希腊危机之后，欧洲央行经历了资产负债表资产飙升至欧元区国内生产总值的近25%。欧洲央行的措施基本上是跟着日本银行和美联储的。

如果日本银行的货币政策是一个路标，就资产负债表资产占国内生产总值百分比而言，欧洲央行与美联储仍有增长的空间。中央银行已经将资产负债表扩张到历史新高；然而，中央银行无限制地印刷货币的垄断权似乎势不可挡。中央银行已经减少了流动性紧缩的可能性。

中央银行赶走了流动性风险，但留下的信用风险却挥之不去

没有来自中央银行的任何强硬信号，基于流动性问题的做空实例是不能令人信服的。然而，美国信用评级下调仍可能导致信贷问题，并提高严重依赖信贷市场的那些公司的筹资成本。因为银行依赖于批发资金市场，尤其容易受到信贷市场问题和筹资成本上升的伤害。存在糟糕贷款质量和监管资本问题的银行甚至更会遭受盈利能力的下降。让我们看一看有关区域金融银行的2011年7月我发表的一个做空思路。

案例研究：区域金融银行（RF）

2011年6月23日，为了了结金融危机期间其经纪单位摩根基冈公司骗取客户的指控，区域金融银行（Regions Financial）与美国证券交易委员会达成2亿美元的和解协议。[5] 区域金融银行是一家在美国东南部经营的多元化商业银行，主要在佛罗里达州、田纳西州、阿拉巴马州、佐治亚州和密西西比州开展业务（图5.2）。区域金融银行也宣布出售摩根基冈公司来筹措资金偿还其从2008年金融危机形成的政府问

题资产救助计划（TARP）的优先股。我过去已经跟踪区域金融银行，并决定看看任何资金问题。

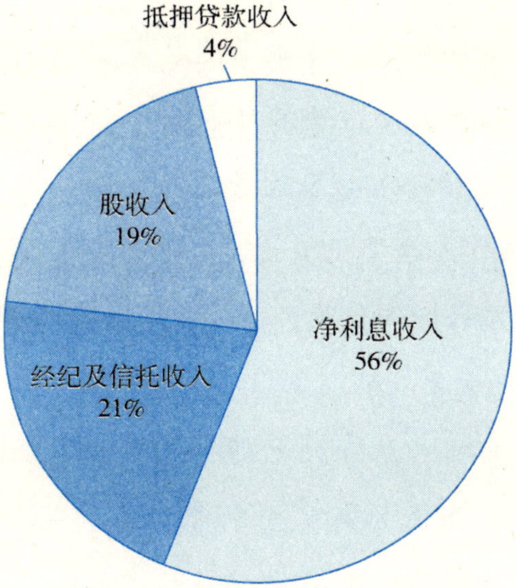

图 5.2　2010 年营业收入 65 亿美元

资料来源：区域金融银行报告。

虽然拥有 40 亿美元的短期借款，存贷比低于 100%，但是区域金融银行没有遭遇筹资成本上升，它需要增加 1 级监管资本。因为区域金融银行拥有超过 500 亿美元的资产，这足以面对潜在的系统性风险资本负担，这可能会根据新巴塞尔 III 银行法规而被引入。[6]

在佛罗里达州，区域金融银行通过第二留置权取得房屋净值贷款，占总贷款组合的大约 8%，这非常不利。其不良资产（NPAs）或逾期 90 天或以上的贷款保持在 4%，一直居高不下，其德州比率（不良资产占股东权益加计提的贷款损失准备金的百分比）为 57%。质量糟糕的贷款可能吞噬公司股东权益一半的账面价值。这让我意外地发现了一个潜在的做空思路。

区域金融银行有 14 亿美元的递延所得税资产净额，其中的 4.24 亿美元不准作为1级监管资本。区域金融银行出售摩根基冈公司的决定将缓解筹集资金的压力，但区域金融银行还想偿还35亿美元政府问题资产救助计划的优先股。摩根基冈公司15亿美元的估计售价甚至不能卖得偿还问题资产救助计划一半的资金，而严峻的市场条件可能会降低销售价格。区域金融银行的股东面临稀释风险。

摩根基冈公司的出售也会导致营业收入每年减少超过10亿美元，净利润每年减少7000万至1亿美元，并且在出售后，区域金融银行对利息收入的依赖将显著增加。此外，多德弗兰克法规变更可能导致1.5亿~1.7亿美元借记卡收入的减少。

区域金融银行面临着积压的问题，包括问题资产救助计划的优先股、糟糕资产质量、降低的正常盈利能力和其他短期的负面催化剂，如对可能导致额外和解费用的信贷实务的持续委员会调查的头条新闻风险。区域金融银行应该以市价与有形账面价值比率低于1或每股5.9美元进行交易。潜在的股票稀释和更低的盈利前景引起了20%~30%的下跌，区域金融银行股票以10倍的正常化盈利或3倍的计提损失准备金前盈利进行交易。

它如何结束？

2011年8月5日，标准普尔公司下调美国AAA级评级之后，区域金融银行股价下跌了近40%。2011年，由于区域金融银行未能将摩根基冈公司出售给Stifel金融公司，该股股价继续以每股大约4美元进行交易。2012年3月13日，区域金融银行宣布公开发行约9亿美元股票以实施回购35亿美元问题资产救助计划优先股的计划。2012年4月2日，它以12亿美元的价格将摩根基冈公司卖给了美国瑞杰金融集团。

伯南克将接力棒传给了耶伦

2013 年 10 月 9 日，珍妮特·耶伦被正式提名取代本·伯南克成为美国联邦储备委员会主席。当我开始研究耶伦时，我偶然从《华盛顿邮报》上发现了一个优秀的列出了她所有的主要学术论文的博客。[7] 在一篇 2004 年的她与她丈夫乔治·阿克洛夫合著的论文中，她对劳动力利用不足和对高失业率的政策反应的担忧是明确的：

> 在失业率高但劳动力和资本利用不足无法降低通胀的情况下，通过对需求提供刺激，稳定政策能显著地降低失业率的平均水平。然而，当通胀上升超过一个适度目标水平时，积极与高失业率作斗争的货币政策应该也被同样积极与通胀作斗争的政策所补充。因此，联邦储备法明智地阐明物价稳定和最大限度的就业是货币政策的双重目标。[8]

美国的失业率仍徘徊在 7% 以上，通胀似乎并没有成为美联储关注的问题。珍妮特·耶伦作为一位劳动经济学家的背景似乎预示着她的首要任务是将失业率降低到正常水平并保持鸽派立场。换句话说，在可预见的将来，低利率可以保持原地不动，美联储维持低利率不变的政策可能会鼓励美国股市继续上涨。

密切注意经济日历

除了美联储的日历之外，投资者密切注意一些关键的经济指标以衡量经济的状态和前景以及经济衰退的迹象。定期的经济数据发布日期是市场的重要催化剂。

领先经济指标：

1. 制造业平均每周工时
2. 平均每周首次申请失业保险人数
3. 新的私人住宅单位的建房许可证
4. 消费者预期指数
5. 10 年期国债减联邦基金的利差
6. 消费品和材料制造商的新订单
7. 非国防资本商品制造商的新订单

同步经济指标：

1. 非农就业数据的员工人数
2. 个人收入减去转移支付
3. 工业生产
4. 制造业和贸易销售

滞后经济指标：

1. 失业的平均持续时间
2. 制造业和贸易的存货销售比率
3. 制造业的单位产品劳动成本，
4. 平均优惠利率
5. 商业和工业贷款
6. 消费者分期付款信贷与个人收入比率
7. 服务业居民消费价格指数
8. 国内生产总值/实际国内生产总值

其他行业特定指标包括标准普尔凯斯希勒房价指数、美国住房抵押贷款银行家协会（MBA）的抵押贷款申请调查和房地产股票的成屋签约销售指数。汽车和卡车的月销售量和每月的零售额是消费类股票的重要指标。密切关注的大宗商品数据发布包括能源信息协会（EIA）的原油供应和每周天然气储存报告。

市场恐惧指标

三种常见的密切关注的恐惧指标是泰德息差、波动率指数和信用违约互换（例如美洲 CDX 指数、欧洲的 iTraxx 指数、主权信用违约互换和单一名称信用违约互换）。这些指标与市场呈负相关，投资者衡量指标以从事对冲他们的多头头寸的战术型做空。

泰德息差（银行间贷款利率与无风险的国债利率之差）衡量系统性银行问题的恐惧程度。波动率指数是衡量标准普尔 500 指数的 30 天预期波动。在雷曼兄弟公司危机期间，波动率指数越过 80，这意味着标准普尔 500 指数按年计算可以波动 80%。信用违约互换是衡量信用风险。

我已采用了一些图表来展示它们与标准普尔 500 指数的负相关。股票的总资金流出也是有密切关注的指标。资金流出往往放大对股票的影响，特别是在低流动性的新兴市场。我还包括一个图表来展示外国机构投资者的资金流与印度股市指数—标准普尔孟买股票交易所敏感指数的相关性。

泰德息差

伦敦银行同业拆借利率（Libor）——一个基准短期利率的急剧上升反映了银行体系的高信用风险。由于担心银行危机，投资者往往涌向美国国债，推低了国债收益率，进一步扩大了泰德息差（图 5.3）。

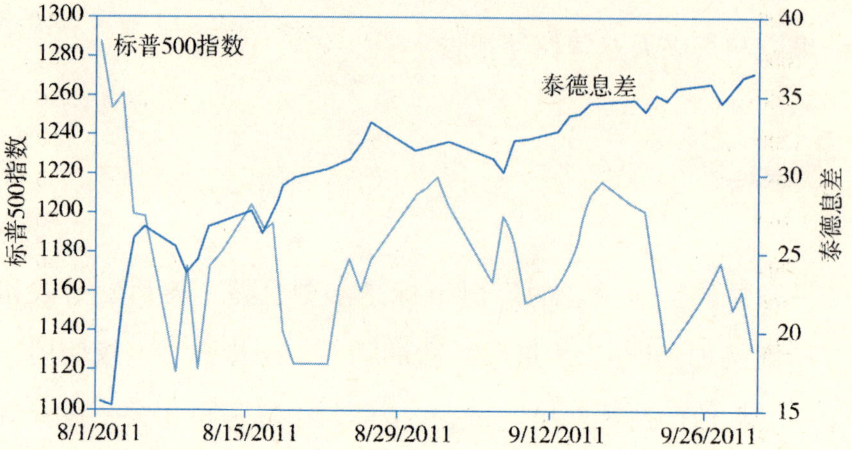

图 5.3　2011 年美国 AAA 降级，泰德息差与标准普尔 500 指数

资料来源：美国联邦储备委员会、标准普尔道琼斯指数。

波动率指数

波动率指数衡量 30 天标准普尔 500 指数期权的隐含波动率。波动率指数在平稳期间往往在 10 和 20 之间进行交易，在市场担忧期间猛涨。2008 年 10 月，在雷曼兄弟公司破产后，波动率指数创下大约 90 的历史新高（图 5.4）。

西班牙的主权信用违约互换与标准普尔 500 指数

图 5.5 展示了在 2011 年和 2012 年欧元区危机期间西班牙主权信用违约互换变动与标准普尔 500 指数之间的相关性。

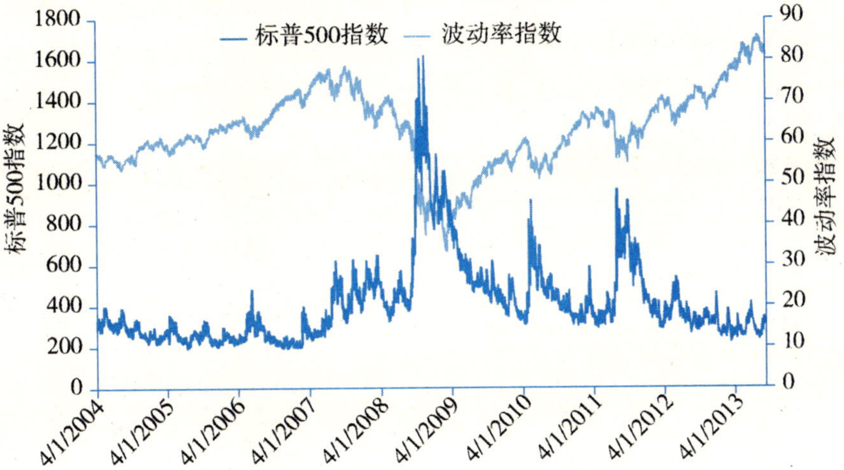

图 5.4　波动率指数和标准普尔 500 指数

资料来源：彭博社、标准普尔道琼斯指数。

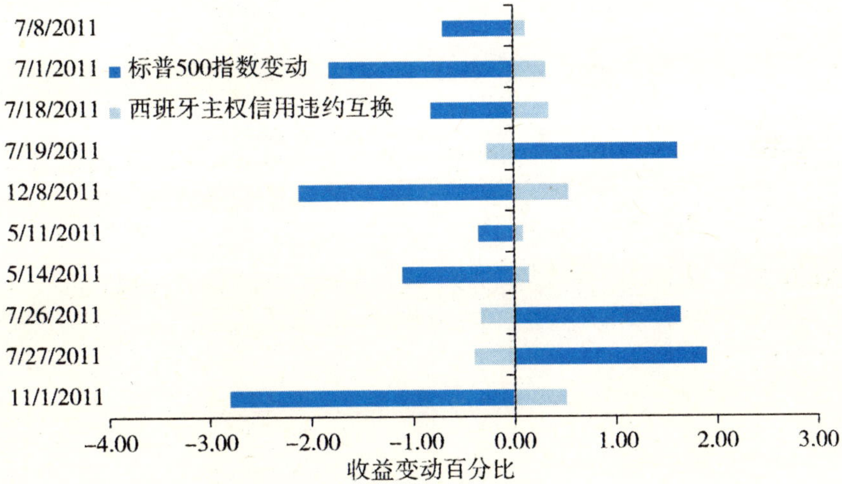

图 5.5　西班牙主权信用违约互换与标准普尔 500 指数之间的负相关

资料来源：彭博社、标准普尔道琼斯指数。

资金流动

每月20亿美元以上的净流出可以显著地对印度股市指数产生负面影响。

概括

• 与过去市场的高峰到低谷的修正幅度的比较可以有助于弄懂持续的危机。

• 在危机加深期间，市场行为往往有脉络可循。看看历史就明白危机是否会演变成一个黑天鹅事件。

• 不要对抗美联储，他们总是有空间贷款。中央银行可以长期地向市场注入流动性。

• 预测经济衰退来找到做空思路是很难的，但紧缩信贷周期的迹象可以帮助确定严重依赖信贷市场的做空思路。

• 经济数据发布和市场恐惧指标可以提供超出本书范围的战术型交易思路。

注释

1. 英国广播公司新闻（1998年12月6日）。《削弱英格兰银行的人》。请检索：http://www.bbc.co.uk/search/news/?page=3&q=george%20soros%201992&dir=fd&news=41&news_av=1

2. 伯南克，本（2003年5月31日）。《美联储主席伯南克对日本货币政策的一些思考和评论》。请检索：http://www.federalreserve.gov/boarddocs/speeches/2003/20030531/

3. 伯南克，本（1994）。《大萧条的宏观经济学：一种比较方法》。《第4814号工作论文》。请检索：http://www.nber.org/papers/w4814.pdf?new_window=1

4. 伯南克，《对货币政策的一些思考》。

5. 拉特曼，P.（2011年6月23日）。《区域金融银行与美国证券交易委员会的行动达成和解协议并提供一个单位以出售》。请检索：http://query.nytimes.com/gst/fullpage.html?res=9E01EFDE103EF930A15755C0A9679D8B63&ref=regionsfinancialcorporation

6. 区域金融银行（2009－2011年）。年度报告、季度报告和列报。请检索：http://ir.regions.com/

7. 马修斯，戴伦（2013年10月9日）。《您必须阅读的珍妮特·耶伦的十七篇学术论文》。请检索：http://www.washingtonpost.com/blogs/wonkblog/wp/2013/10/09/seventeen-academic-papers-of-janet-yellens-that-you-need-to-read/

8. 耶伦，珍妮特和阿克洛夫，乔治（2004）。《稳定政策：一种重新考虑》。请检索：http://www4.fe.uc.pt/jasa/m_i_2010_2011/stabilizationpolicyreconsideration.pdf

第二部分

成功的投资者和分析师是如何考虑的

第六章　价值投资

万变不离其宗。

——让·巴蒂斯特·阿方斯·卡尔

在本杰明·格雷厄姆的投资经典著作《聪明的投资者》中，他对投资和投机进行了明确区分："投资活动是一种经过深入分析承诺本金安全和足够回报的活动。不符合这些要求的活动就是投机。"[1] 当格雷厄姆在 1949 年出版这本书时，他已经花了 26 年时间在他的投资合伙公司出任投资组合经理，并在美国华尔街从业 35 年。在这些年里，他已经明白了关于投资的一切，这没有其他关于投资的概念能摆脱他的知识和经验的广度。今天，投资并没有什么不同，尽管格雷厄姆的书已达到 65 岁的退休年龄。

本杰明·格雷厄姆：价值投资之父

1914 年，格雷厄姆看跌密苏里太平洋铁路公司债券，这标志着他进军证券分析行业。在随后的十五年里，他在华尔街用被现代投资者推崇的几乎所有的投资概念取得了成功，如对古根海姆勘探公司的合并套利分析、购买可转换债券和同时做空普通股的对冲操作、参与各种瑟沃尔德轮胎公司的首次公开发行股票、积极做空估值过高股票、北方管道公司的股东激进主义。1917 年，因为他用保证金购买股票遭受了损失，这是他早期的投资失败，他不得不在接下来的两年内弥补损失。

格雷厄姆慷慨地分享了他丰富的投资经验，1928 年，他决定在哥伦比亚大学开始他的教学生涯，这是后辈投资者的福音。对格雷厄姆自己而言，当美国陷入大萧条和他的投资组合损失近 70% 时，这是一个全新的学习经验的开始。因为他从崩溃中吸引了教训，调整了他的投资组合，1932 年他的损失遏止住了，并为《福布斯》写了一系列标题为《美国企业赖活不如好死?》的文章。他也开始与戴维·多德合作写他六年前构思的投资教科书，一部将成为投资经典的著作：《证券分析》。

本杰明·格雷厄姆论述价值投资和做空

格雷厄姆对投资决策正确的心理与情感态度和认识到市场价格与证券的潜在价值之间的差异的强调是他的价值投资原则的基础。他赞同按资产净值投资公用事业公司的理念，也赞同阅读与他的务实投资方法一致的增长型公司的警示标志的理念。

格雷厄姆经常做空估值过高的股票，尽管大多是在套利或对冲操作的领域。他不害怕在他罕见的裸空头头寸中止损，如在连锁饭店沙特克公司的案例中。1929 年，本杰明·格雷厄姆持有 250 万美元的空头头寸作为 450 万美元的多头头寸的对冲；做空对他有好处，因为在市场崩溃后，他平空仓赚取了创纪录的利润。

格雷厄姆明确地区分了价值投资和做空，正如他在《聪明的投资者》指出的那样。他还警告分析师和投资者必须警惕做空好公司：

购买乏人问津因而价值低估的股票来牟利，通常是对耐心的一项严峻考验。做空深受人们喜爱因而价值高估的股票，不仅将考验投资者的勇气与耐力，对投资者的钱袋深度也是重要的考量。

做空不符合格雷厄姆的投资定义，倒是主要与投机或交易活动相符。本杰明·格雷厄姆直言不讳地表明普通的投资者从事做空交易是轻率的。做空使投资者面临股票市场的变幻莫测和波动，并与旨在使投资者免除不愉快经历的价值投资不一致。价值投资者会抛售股票以提高投资组合的现金水平来表明他们的看跌观点。

本杰明·格雷厄姆的天才并不仅限于股票。他知识的广度扩展到英语、哲学、戏剧和数学以及许多其他学科。欧文·卡恩是他早期的门徒之一，在与罗伯特·米尔恩1977年合著的论文中，欧文·卡恩将格雷厄姆传记写得很出彩。

本章的目的不是为了无谓地重复价值投资，而是为了强调来自格雷厄姆和传奇的投资家与本杰明·格雷厄姆的得意门生—沃伦·巴菲特所写的《格雷厄姆和多德的超级投资者》的经过时间考验的价值投资智慧的金科玉律。《聪明的投资者》有很多理念，特别强调三个重要的价值投资理念。

市场先生、价格与价值和安全边际

本杰明·格雷厄姆传播的这三个理念是他支持的价值投资的核心。股票投资组合的波动几乎是任何一个投资者的保证，且投资者从这些波动中获利的唯一两种可能方式是时机掌握方式和定价方式。格雷厄姆指出时机掌握方式的行为问题是投机者通常想匆忙获利。相反，稳重的投资者不期望从每天的波动中获利。

我们虚构一位人物，叫市场先生，他在股票价格上每天改变主意；他还受到可能会导致大幅波动的狂暴情绪波动的影响。格雷厄姆把他多年的经验提炼成一句格言，指出聪明投资者的优势在于他独立的判断力：当股价大幅下跌时，明智地买入；当股价上涨时，明智地卖出。定价方式使投资者从企业主的角度设身处地地聚焦企业的内在价值；除非它允许投资者购买低于内在价值的股票，否则时机掌握并不重要。

投资者可以通过使用基于股票的盈利能力或资产价值的安全边际理念来确定一个按内在价值折扣的合理的购买价格。在这里，格雷厄姆做了重要的观察，并得出结论：在有利的商业周期，投资者亏钱主要是购买了劣质企业股票，而不是高价购买优质股票。沃伦·巴菲特和他的长期商业伙伴查理·芒格在很多信件和采访中进一步阐述了优质企业的理念；在他们看来，周围有护城河的企业设置了重要的进入壁垒，如品牌优势、客户忠诚度、监管保护和独特的产品。

一位投资者产生超额回报的能力不仅在于行为优势，而且还在于具备理解商业模式和估计企业内在价值的能力。巴菲特和芒格在这方面的能力是毫无疑义的。他们反复建议投资者建立并扩展自己发现容易了解公司和行业的能力范围。[2]

价值投资与做空

虽然定价方式构成了价值投资的结构，而时机掌握方式只是一个补充考虑，对做空者而言，由于做空持续时间和在做空交易中的股票贷款产生的困难，时机掌握方式优先。因为做空存在一个不对称的风险模型，其成功取决于股价变动的预测、股票出借人的乐善好施和市场的情绪，所以做空是一种投机行为。查理·芒格在《消费者新闻和商业频道》主持人贝基·奎克的做空采访中打趣地说："我们不喜欢用痛苦交换金钱。"

巴菲特解释了查理的理由：

他这么说的理由是因为一只股票，如果您做空它，它理论上可能会变得无穷大。如果您以每股10美元买一只股票，您最多可能每股损失10美元。但是如果您用10美元做空一只股票，它可能就变成100美元或者200美元。然后很可能当您做空的时候，您可能会处于这样一种情况，您做空的股票很可能最终变成价值一文不值，或者非常接近于毫无价值，或者这就是诈骗。但是在这个过程中，它还能做什么的感觉会让人感到非常非常不舒服。我们喜欢睡好觉。如果您做空了很多只股票，您是不可能睡好觉的。

这些传奇的投资者反复警告做空的谬误。

塞斯·卡拉曼在他的绝版经典《安全边际》一书中也指出做空的两个关键性实际约束：，可能导致股票继续高估的限制性做空规则和数量有限的做空者，因为大多数机构投资者都是被禁止做空。卡拉曼重复巴菲特和芒格对做空的担忧："不管结果多有利，保守投资者可能不会对职业做空者感到舒服。"

是什么促使对冲基金从事这种固有风险的做法？

对冲基金激励结构的实质是利润分享，以及无论市场状况，它们提供绝对回报的目标。现在，如果没有针对对冲基金的做空产品，在熊市中提供绝对回报是做不到的。那么它们究竟怎样才能"对冲"熊市中的下行风险？作为绝对回报希望的交换，它们的客户愿意分享一部分利润。

正如我们在表 6.1 中所看到，虽然对冲基金和只做多基金都产生了连续 5 年年平均 10% 的回报率（未按复利计算），但是对冲基金将赚取只做多基金收入的两倍。现在，如果这 5 年结果是最好的牛市，回报率从 10% 上升到 15%，对冲基金将赚取它们只做多同行收入的 3.5 倍。相反，如果这 5 年是牛市和熊市的混合交替，回报率最终为负数，对冲基金仍将至少赚取与它们只做多的同行相同的收入。

表 6.1　类似规模的对冲基金和只做多基金的管理费

	对冲基金	只做多基金
管理资产规模（百万美元）	1000	1000
管理费（每年 2%，一共 5 年）	1 亿美元	1 亿美元
10% 年回报率（未按复利计算）	20% 利润分成	0% 利润分成
第一年	2000 万美元	0
第二年	2000 万美元	0
第三年	2000 万美元	0
第四年	2000 万美元	0
第五年	2000 万美元	0
管理费总计	2 亿美元	1 亿美元

如果价值投资者不愿意做空，他们如何规避风险？

塞斯・卡拉曼在现代价值投资者中出类拔萃，他强烈地关注风险。他规避投资组合风险的方法与聪明投资者的方法不一样，因为他消除了做空交易的不对称风险模型和做空持续时间的本质。简单地说，他的方法类似于购买5年保险，万一预料之内或预料之外的危机发生，这样回报可以是保费的很多倍。卡拉曼在长期保险工具中的小型投资组合配置，如长期股权预期证券和信用违约互换，在黑天鹅事件期间，能超额补偿任何投资组合损失。

专访一位价值投资者

基恩·马里·艾维拉德是一位著名的价值投资者，当他在1979年至2004年间管理第一老鹰全球基金公司时，他将多元化方法运用于投资组合管理。他采取了双管齐下的方法规避系统性风险，一是当没有令人信服的机会时，提高投资组合中的现金配置；二是购买黄金作为应对市场恐慌的一种投资组合保险形式。该基金每年的回报率约为16%（或在这25年里累计44倍的回报率）。

我第一次见到基恩·马里是在哥伦比亚大学商学院，他是哥伦比亚大学商学院的投资小组和价值投资班的常客。我后来由他在第一老鹰全球基金公司的一位门徒正式介绍给他。

2003年，晨星公司将首届基金经理终生成就奖授予基恩·马里。2007年，《财富》杂志评选他为华尔街最优秀的价值投资者之一。在他26年的掌舵期间，第一老鹰全球基金公司平均年回报率约为16%。在这些年里，他一直坚守价值投资理念和多元化的投资风格。在这里，我就基恩·马里作为价值投资者的方法采访了他。

问：让我们从您早年在法国兴业银行开始。您是如何说服他们冒险从事价值投资的？

答：我没有说服他们。哎呀，我浪费了我职业生涯的第一个十五年。直到 1968 年，我第一次接触格雷厄姆和价值投资理念。1968 年夏天，我在哥伦比亚大学遇到了两个法国人，我们过去常常在中央公园骑自行车。他们告诉我本杰明·格雷厄姆和他的经典著作《聪明的投资者》。我对《聪明的投资者》比格雷厄姆的其他证券分析书籍更感兴趣。

所以，在我工作的头五年，我没有找到一种投资风格，然后，在随后的十年里，法国银行没有让我冒险从事价值投资。他们自己的风格是在指数中的大公司股票间进出交易；基本上，他们是秘密的指数拥抱者。在 1978 年底，我回到了纽约，听到利昂·库柏曼非常积极地谈论巴菲特。我不得不订购伯克希尔哈撒韦公司过去 10 年的年度报告纸质副本，因为，记住，这不是互联网时代。我发现沃伦·巴菲特和他如何成功地对本杰明·格雷厄姆的教义进行调整。幸运的是，法国兴业银行让我回到纽约管理法国兴业银行国际基金，一家 1500 万美元的基金公司，被分包给所罗门美邦国际公司。我对该基金公司有完全的自由裁量权，甚至在没有销售人员的情况下，我独自工作七年直到 1986 年。

1970 年，法国兴业银行不想做一家离岸基金公司，因为在 20 世纪 60 年代曾发生了涉及伯纳德·康菲尔德的投资者海外服务公司的一桩重大的离岸基金丑闻。现在，如果你只有一个美国证券交易委员会注册的基金，你可以在美国销售基金，但不能在法国销售。法国兴业银行在法国有非常强大的分销网络，但它不能在法国销售我的基金，因此，从 1970 年到 1978 年，我的基金并没有增长。与此同时，1986 年，美国证券交易委员会把我叫到华盛顿，由于我们的资产净值（NAV）的一个错误，他们想关闭我的基金。我们已经分包了我们的会计工作，但美国证券交易委员会想让我们对已经出售的一些债券的应计利息会计处理的五分差异负责。最终，我们仅以美国证券交易委员会的警告得以脱身。

这有一个关于拿破仑的故事：当他的一位助手说某个将军懒惰时，他的随行人员围着他。拿破仑反驳说这个将军在最近的战斗中已经做得很好了，而该助手回答说这个将军只是幸运。拿破仑说："你是说幸运吗？我需要幸运的将军。"所以，我也是幸运的。

问：您能对比一下巴菲特的方法与格雷厄姆的方法吗？

答：沃伦·巴菲特的价值投资方法比格雷厄姆的方法更费时。正如你在本章所提到，格雷厄姆经常谈论优质企业，但他因深度的价值投资风格而出名。巴菲特更多地介绍价值投资分析的定性因素。

对股票市场而言，20 世纪 70 年代很难找到格雷厄姆型股票，直到 20 世纪 80 年代早期（即深度价值股）。在 20 世纪 90 年代末，因为我拒绝参与绝对没有价值的电信热股票，我遭受了重创。结果，从 1997 到 1999 年，我管理的基金落伍了，尽管我们仍然在赚钱，我们的基金资产从 60 亿美元下降到近 20 亿美元。

问：为什么投资者开始撤资？

答：当你落后于市场六到十二个月，投资者开始撤资离开；如果你继续落后于市场超过两年，然后他们完全抛弃你。反过来，投资者没有开始相信你的表现直到你有一年的良好运营。当我在这段时间如实反映情况时，我觉得很痛苦，因为董事会的董事会反对我，并且他们在巴黎决定出售的这家投资咨询公司。然而他们仍然没有解雇我。约翰·阿诺德不是幸运就是聪明，那时他以一个非常便宜的价格收购了我们。最终，2000 年 3 月，科技股泡沫破灭。沉寂一年后，我的基金的资金流入开始了。

问：所以你从来没有真正说服法国兴业银行进行价值投资？

答：我从来没有设法说服他们。从 1979 年到 1996 年，我表现得很好；然而，董事会从未理解我的风格，并始终保持怀疑的态度。虽然我的价值战略奏效，他们总是期望它在某个时间点失灵。杰里米·格兰瑟姆说大多数的卖方对一家企业只有六至十二个月的看法。但是，用六至十二个月时间的思维看待这家企业的方法与用超过五年的思维看待这家企业的方法是完全不同的。

问：您认为您的投资风格更接近于本杰明·格雷厄姆还是沃伦·巴菲特？您也可以描述一下您的价值投资方法和强调资产负债表重要性背后的原因吗？

答：我开始用格雷厄姆的方法，因为我独自工作，且格雷厄姆的方法使用定量比定性要多，因此更容易。因为我们在 20 世纪 90 年代开始雇用分析师，我们最终更接近巴菲特的方法。今天，除了日本和微型市值股票外，真的无法找到格雷厄姆型股票。日本没有敌意收购，所以日本企业没有明智地分配资本的压力。本杰明·格雷厄姆确实谈论优质企业，但巴菲特和芒格其实更密切关注优质企业。如果你知道这些数字，并且如果你仔细阅读脚注，格雷厄姆的方法费时更少且更容易。

当每个人和他们的兄弟姐妹都在买安然公司时，我们公司有人在问："为什么我们不拥有安然公司股票?"我们查看安然公司资料，我的一位分析师发现他们的一个脚注难以理解。当我们打电话给安然公司首席执行官（首席财务官）和他的副手时，他们在解释脚注时闪烁其词。因为我们对那个脚注不满意，我们把安然公司的投资者材料扔到垃圾桶里，并开始做别的事。你可以理解资产负债表在安然事件中的意义。

我的一位朋友曾说会计反映人的思维方式。例如，德国公司往往指出与他们业务相关的所有风险，这些风险有时是很难想象的。我一直想知道为什么美国没有私有化肯尼迪机场和拉瓜迪亚机场，而英国已经私有化了机场。我们检查了私营机场跑道折旧的会计假设。英国机场折旧跑道超过一百年，而哥本哈根折旧跑道超过三十年。当你做出比较，你可以看到会计范围的两端：过于激进的会计与过于保守的会计。

我不喜欢有效税率低的公司（香港这样的自然低税率地区除外），因为两类公司都试图欺骗税务部门，或者它们有过于复杂的会计核算，公司没有赚多少钱。盈利质量最终会变差。

巴菲特的方法意味着除了要查看不可否认的时而可能会导致错误判断的会计之外，还要实施判断。我帮别人在哥伦比亚大学教授一个价值投资课程，我告诉学生们我不想要一只股票四十五页的报告。我们不需要了解公司的一切，我们只想知道公司的主要优势和劣势。这可以很容易地总结并制作成一份四到五页的报告。是的，你冒着遗漏重要信息的风险，但这是你可以加强实施你的判断的方法。在这种情况下，我们不会责怪你。我的意思是，在很多情况下，我都出错。

问：关于分析一家企业优势和劣势的方法，您能举一个例子吗？

答：大约二十年前，有人向我提到戴维·斯文森已经开始购买林地。我说，让我看看林地，在我看来，这是一笔大生意。美国惠好纸业公司在一百年前已经以每英亩1美元的价格收购了林地的大部分，当时的市价是每英亩3000～4000美元。因此，资产负债表价值是误导，你需要对资产和负债都做出调整。在那些日子里，喜欢抛光的、价值不菲的造纸机的工程师管理着纸浆公司。结果，木材业务产生的巨大现金流消耗在木材加工成纸浆的过程中。在一个完整的商业周期，投资回报率充其量中等水平。戴维·斯文森不买股票。相反，他买了实物林地。我们也决定搁置购买股票。

梅溪木材公司和Rayonier公司是距西雅图半径15英里内剥离大部分木材加工业务的公司之一。波普资源公司是从美国波普与塔尔博特公司分拆出来的。有趣的是，20世纪80年代的三至五年后，美国波普与塔尔博特公司破产。他们再也不能通过木材业务产生的现金来补贴加工业务。所以，在这种情况下，只有一件事需要知道：木材业务和加工业务的特征是高度的周期性和资本密集型。

问：那么，你觉得在巴菲特的投资风格领域中哪个业务特征/特性更奏效？

答：巴菲特喜欢具有可持续竞争优势的业务。例如，他喜欢砖业务，因为你不能把砖运得太远，那样它们将失去竞争优势。采石场是类似的业务，没有人想把一个采石场建在他们家后院。一些采石场有

75～100 年的寿命。这些业务大部分有可持续的本地竞争优势。

有时，公司的管理是辨别器。例如，让我谈谈法国索迪斯集团，这是一家有 30 万员工的法国餐饮企业。一共有三家全球性餐饮公司。另外两家分别是英国的金巴斯集团和和美国的爱玛客公司。有人曾经对我说："零售讲究细节。"法国索迪斯集团有丰富的细节值得研究。他们在餐饮业的票券业务是非常有利可图的。第二次世界大战后，法国索迪斯集团是巴黎证券交易所的增长型公司之一。然而，公司创始人从未与投资者和睦相处，因为他不喜欢投资组合经理和分析师要求他以短期思维处理其企业事务。他专注于长期思维，他说，尽管他终有一死，如果他精心经营他的企业，它将在他死后继续存在。他们的英国子公司经营不好，投资组合经理曾经指向有更高权益净利率的金巴斯集团。后来证明金巴斯集团使用创造性会计掩盖真实情况。

有时，美国和英国的公司遵循遵守法律条文而违背法律精神的会计惯例。相比之下，在欧洲大陆（即法国和德国），因为按照法律的规定，未经特别授权的一切都是禁止的，这不容易违背法律的精神。在金巴斯集团承认采取宽松的会计处理之前，金融界反对法国索迪斯集团，该公司股价下跌。我们在这时买了一些法国索迪斯集团的股票，因为我们相信管理层专注于长期目标。

法国索迪斯集团的创始人也能明白我们是长期投资者。查克是我们的一位分析师，他那时负责处理法国索迪斯集团相关业务，他后来离开我们公司创办了国际价值顾问公司。他和法国索迪斯集团创始人相处融洽。法国索迪斯集团邀请他到索迪斯集团的新泽西总部向它的美国高管讲解我们的投资方法，因为他们认为我们的长期投资方法跟他们自己的方法是一致的。

问：您什么时候决定卖出股票？

答：20世纪90年代，我们在瑞士航空公司所犯的错误能够间接回答你关于何时卖出股票的问题。我从格雷厄姆的角度审视瑞士航空公司，但我误解了杠杆的影响。当你从格雷厄姆的角度审视公司时，你必须非常小心杠杆。例如，如果你估计资产的价值是100，负债的价值是70，股东权益的价值就是30。如果你弄错了10%的资产价值（这不难），资产价值结果是90，现在股东权益的价值只有20。股东权益的价值现在降低了33%。俗话说，资产的价值是依情况而定的，但债务是永恒的。

从优质股的角度来看，我们发现瑞士航空公司有各种各样的好的子公司—酒店和一家非常有利可图的土耳其企业。它们的绰号是“飞着的银行”，因为它们是一台没有杠杆的自动提款机。它们有一支年轻的机队和非常良好的服务信誉。原来，从一个深度价值角度来看，瑞士航空公司在快速地折旧机队。

他们犯了一个我没有立即意识到的错误。他们聘请了一位顾问当公司的首席执行官。这位首席执行官开始制定大计划，通过收购比利时航空公司使瑞士航空公司成为一家国际航空公司，结果是一场惨败。我对这个消息反应很迟钝。如果事情变糟或投资者担心的商业模式显现出正变得更糟，投资者应该快速地卖出股票。有时候，商业模式的这种改变可能产生于外部力量。例如，随着互联网时代的到来，一些美国的报社开始倒闭。这不一定是因为它们管理彻底失败，而是因为它们不能快速地对在线报纸进行收费。

因此，一段时间后，我意识到瑞士航空公司的首席执行官没有为企业做好事。在这种情况下，投资者应该快速地卖出股票，承认错误以避免资本的永久性损失，并开始做别的事情。反过来，如果该公司显现出有一个竞争优势，投资者应该非常迟缓地卖出股票。

问：这有一群不赞成卖出股票的巴菲特的热心的追随者。您对此有什么看法？

答：几个星期后，布鲁斯·格林沃尔德向我指出巴菲特从不卖出股票。有两个原因：首先，巴菲特几乎没有犯错。他曾经收购了一家制鞋企业，因为没有赚钱，他很快就退出了，他也退出了一些石油股。其次，如果你认为你紧握一家周围有强大护城河的企业的股票，它以接近或略高于内在价值进行交易，你必须找到另一家有真正护城河的企业的股票来替代你原来的投资。现在，当股票被高估时，这个问题变得更严重。巴菲特自己承认，当可口可乐公司股票似乎大大高估时，他应该在1997年卖出部分可口可乐公司股票。

如果企业开始恶化，并且股票被适度地高估，股票可能非常迅速地大幅下跌，你必须迅速地确定该劣势是暂时的还是长期的。马蒂·惠特曼说如果劣势是暂时的，那么损失是暂时的且也未实现。现在，只有时间能告诉你可以把这种损失称之为暂时未实现损失还是永久性资本损失。我个人曾试图从质量角度迟缓卖出异常企业股票。除瑞士航空公司以外，当我认为商业模式已经变得更糟时，我迅速卖出企业股票。

问：作为一位价值投资者，您不赞成做空。您能谈谈阻止价值投资者从事做空的一些行为原因吗？

答：一些共同基金在招股说明书中明确表明它们能做空，它们能这样做，但我们不从事做空。当你援引查利·芒格的话，说他不喜欢用痛苦交换金钱时，你在本章前面部分就已经给出了完美的答案。巴菲特说损失可能是无限的，即使一家公司原来是一个骗局，市场需要很长一段时间才能发现欺诈行为。做空可能是一个非常痛苦的经历。相反，增加现金配置是价值投资者做空的一个很好的选择。

大多数共同基金说它们必须全部进行投资，不像我们的基金。它们害怕得罪自己的中介机构、财务顾问和经纪人，他们会告诉它们持有现金得不到报酬。这完全是胡说八道。它们的招股说明书可能会说它们必须是100%的现金，但这可能不一定有一个保持全部投资的监管义务。在我们公司的例子中，我们有100万股东。投资者不向持有现金的基金经理付钱的想法是错误的。投资者支付股东咨询费，并付钱给投资组合经理以便做好长期的工作。如果我有足够的投资思路，我将只保留适量金额的现金以备赎回。然而，如果我没有足够的思路，我会将保留更多的现金。有人可能会争辩说我应该增加我拥有股票的持仓规模。但如果股票上涨，我不试图掌握市场时机，那就没有意义。总的来说，现金是价值投资者的重要工具。

问：您认为股市中做空者的作用是什么？

答：只要他们不传播谣言，他们在股市中就有非常合法的地位。许多价值投资者不愿意承认做空者是股市的一部分。我认为一些做空者一直善于识别欺诈行为，他们应该为此得到称赞。做空者的存在和他们能成功地实践技能的事实使一些人—尤其是管理层保持警觉。只要做空者在法律的范围内操作，他们对股市就非常有价值。

问：您一直依赖于在投资组合中不断地改变现金配置以免受经济衰退影响。保留现金是只做多的价值投资者表达做空意见的一种方式吗？

答：在我超过50年的投资生涯中，只在20世纪80年代后期出现过这样的偶然情况，我在整个国家（即日本）仅持有一只股票。我看了45只股票，因为整个市场是个笑话，我不能持有一只以上的股票。1988年，我卖掉了最后一只日本股票，股市又上涨了30%。简单地说，东京股票市场是世界上最大的股票市场。我们看跌并保留现金。

金融经纪人会打电话给我说这是日本股市的一件微不足道的事实，但不持有世界上第二大股市的任何股票是荒谬的。我会告诉他们我没有什么股票，因为我已找不到一只我想持有的股票。他们会指出一些股票以45倍市盈率进行交易，相对于以60倍市盈率进行交易的股市而言，它们是在折价交易。我咯咯地笑。直到20世纪90年代，我在美国股市才看到了类似的情况。然而，在新经济股票与旧经济股票之间有一条明确的鸿沟。在这种情况下，我们在美国的旧经济股票中有很多的选择。

问：第一太平洋顾问公司的鲍勃·罗德里格斯也有类似您们的投资风格。对于做多的价值投资者来说，有没有另一种方法来做空？

答：是的。他们还可以购买便宜的类似信用违约互换（CDS）的工具，正如塞斯·卡拉曼过去曾经从投资组合保险的角度这么做。但塞斯可以做类似于对冲基金的事情，而普通的共同基金不能这么做。

我不认为我们可以购买信用违约互换，因为它是一个金融衍生工具。我们不参与金融衍生工具投资。

塞斯·卡拉曼也可以购买虚值看涨期权和虚值看跌期权。当我参加吉姆·格兰特女儿的婚礼时，塞斯和我在同一张桌子上吃饭。他告诉我，比其他基金相比，他有两个优势。其一，他是一位价值投资者，其二，他的投资者跟他的思路一致。他不担心赎回。他开始运作家族办公室，他的基金大部分时间对外部投资者保持封闭。当他重新开放时，他会严格挑选他的投资者。他可以轻易地拒绝可能有短期观念的基金投资者提供的基金。在我接下来的生活中，我可能想要管理一只封闭式基金。

问：价值投资者注意整体宏观经济状况和市场水平是如何重要？过去您注意到宏观经济了吗？

答：价值投资者通常是自下而上的投资者，他们不赞成尽可能多地注意宏观经济。我很熟悉奥地利经济学派，他们谈论信贷繁荣和萧条。每一个繁荣之后就是一个萧条，就像白天之后就是黑夜一样。我喜欢他们对信贷周期的强调，因为信贷繁荣糟糕地结束了，同时我喜欢他们对20世纪20年代的分析。这有一个关于一所奥地利学校的一位教授的著名轶事，他刚刚订婚，同时也得到了一家大型银行的工作机会。他的未婚妻要他为了钱而接受这个工作机会并辞去教授职位。他回答说他想加入的最后一个地方才是银行。事实上，那家银行在1930年就破产了。

在20世纪80年代后期，随着杠杆收购（LBO）的出现，我问自己这是否是一场信贷热潮的开始。新闻集团的鲁伯特·默多克负有非常多的债务，山姆·泽尔也负有非常多的债务。因为信贷繁荣再现，他们仅摆脱困境而已。1987 年，当艾伦·格林斯潘使流动性在市场上泛滥时，他导致问题迅速消失。随着他成功地解决了 1987 年与投资组合保险相关的问题，格林斯潘应对任何、每一个以及其他问题都一样积极采取使流动性泛滥的政策。

在新闻集团的实例中，重要的是要明白银行不能轻易迫使人们破产，且他们也不喜欢强制破产。新闻集团已发行各种货币的债券。瑞士银行希望与华尔街的基金公司竞争，它们也用这些货币发行了新闻集团的债券。当投资银行不愿意分销这些债券时，瑞士银行已将这些债券软硬兼施地卖给他们自己的客户。问题是现在这些债券的交易价格为其面值的 65%。他们不想记录折价，特别是刚好在债券按面值发行之后。

1990 年，我们购买了这些垃圾债券，因为这些债券提供股权型回报。如果该公司没有破产，直到债券价格恢复到面值，你可以赚很多钱，持有债券几乎可以获得两位数的股权型回报。在债券的实例中，该公司要么需要有现金流来偿还债务，要么需要有价值超过债务的资产。新闻集团有一个临时的现金流问题，但它们有资产的保护。如果一家公司能避免破产，它将不惜任何代价避免破产，因为破产就是承认经营失败。与公司债券相比，主权债券牵涉的风险不仅是一个主权国家的偿债能力，而且也是它偿债的主动性。

20 世纪 80 年代，我开始担心信贷热潮，在本世纪之初再次恢复之前，它短暂地中断。它在房地产行业加速，信贷热潮没有停止，直到最后一个没有资产、没有收入和没有现金流的人在没钱支付首付款的情况下能得到贷款。我对信贷热潮的担忧促使我在 2008 年金融危机期间提高现金水平和购买黄金，当大部分价值投资者的投资已缩水超过

40% 或更糟时，我们的基金缩水 21%。

因为我知道不好的事情即将发生，我本来应该对 2008 年的估值有更高的要求，但我没有足够的现金。自下而上的投资者根本不听我这样的自上而下的投资者的建议。

问：随着美国联邦储备委员会开始逐渐减少债券购买量，并考虑加息，价值投资者应该如何对市场上的估值倍数可能产生的影响做准备？

答：在 2008 年金融危机后，美国联邦储备委员会和美国国会都采取了的前所未有的措施。因此，我们正处于一个不确定的时期，这可能是一个新的经济格局。然而，这将有更多的衰退，经济最终将再次增长。我对经济的担忧与在金融危机时的担忧是一样的。在我们的投资组合中，我们目前非常需要关于购买新股的估值方法，没有比这更好的时机来专注于分散风险了。

塞斯正在关注宏观经济，他担心经济将发生什么情况。我对估值有同样的担忧。我的继任者也有同样的看法。我不知道筹集更多现金是否是太早，但因为我不知道我们是否还处于同一经济格局，关于估值是时候要求更高了。每当格雷厄姆被问及期望时，他总说未来是不确定的。他说："看，内在价值是重要的，但事情可能发生，这需要分散风险。"

问：您经常提到黄金作为灾害保险和一种通胀对冲工具。您一直批评新凯恩斯主义政策，并认为黄金也是一种对冲凯恩斯主义政策失败的工具。

答：如今，人们认为金融危机是过去的事情，现在的通货膨胀和金融危机的风险都很低。中央银行和美国国会采取的就增加公共债务和赤字而言的措施是前所未有的。这是自大萧条以来最大的危机，它可能威胁到一个新的经济格局。价值投资者在历史上受到经济衰退的帮助，他们在下跌过程中买入，并在上涨过程中卖出。因为许多价值投资者都喜欢在下跌过程中买入，他们采取了不花时间研究自上而下策略的态度。价值投资者措手不及。他们没有意识到金融服务业（尤其是银行）的利润是虚构的。两年来，它们赚了钱。国际清算银行（BIS）首席经济学家威廉·怀特写了一篇文章，认为低通货膨胀率是不够的，并谈到了在当前利率背景下资产价格泡沫和财政失衡的长期后果。他谈到了在凯恩斯主义宏观经济模型中货币政策的作用，在这种模型中，财政失衡发挥作用，财政失衡持续发酵可能导致一个信贷紧缩或类似的金融困境。这篇论文很有趣，但我不知道倒霉的日子什么时候会到来。我们认为购买黄金就是为这种倒霉的日子购买保险。

问：您提到您持有国际清算银行的股票。为什么国际清算银行将它们的股票卖给私人投资者，而不是中央银行和主权国家吗？

答：美国参议院的孤立主义者不想美国成为一个由大多数欧洲人主导的机构的股东。因为孤立主义者们拒绝参加，预留给美国人的美国份额被卖给了公众，比利时的份额也被卖给了公众。因为国际清算银行是自我满足的官僚，20世纪80年代我们拥有了所有权。我们把国际清算银行的股票看作金条和一只货币市场基金的组合。因为在创建时，国际清算银行用金条作为资本金，所以它拥有金条；又因为90%

的资产和负债通常会在一年内到期，所以它拥有货币市场基金。

国际清算银行将诸如中央银行存款这样的债务投资于摩根大通银行的短期票据。国际清算银行的股票按调整为黄金价格的资产净值的40%－50%进行交易。一位法国经济学家告诉我，他正在访问国际清算银行，并问我是否对它们有任何问题。我对它们负债的一项准备感到好奇。我得到的答案是：这是对非常不可能的事件的一项准备，它是为了所有好的目的的股东权益。我们希望国际清算银行不要出售黄金，同时希望他们会继续增加股息。在世纪之交后不久，当国际货币基金组织（IMF）因新兴市场危机名声扫地和世界银行贷款据称在非洲最终落入错误的口袋时，我怀疑，国际清算银行认为它们有机会成为一个可以取代世界银行和国际货币基金组织来负责防止未来金融危机的重要的跨国机构。他们不再想要公众股东了。

概括

- 本杰明·格雷厄姆讲："投资活动是一种经过深入分析承诺本金安全和足够回报的活动。不符合这些要求的活动就是投机。"[3]
- 这有三个价值投资的核心理念—价格与价值、市场和安全边际。
- 定价方式使投资者从企业主的角度设身处地地聚焦企业的内在价值；除非它允许投资者购买低于内在价值的股票，否则时机掌握并不重要。
- 我们虚构一位人物，叫市场先生，他在股票价格方面每天改变主意，并且他还受到可能会导致大幅波动和创造机会的狂暴情绪波动的影响。
- 投资者可以通过使用基于股票的盈利能力或资产价值的安全边

际理念来确定按内在价值折扣的一个合理的购买价格。

专访基恩·马里·艾维拉德的关键要点

- 当你落后于市场六到十二个月，投资者开始撤资离开，如果你继续落后于市场超过两年，然后他们完全抛弃你。反过来，投资者没有开始相信你的表现直到你有一年的良好运营。
- 如果企业开始恶化，并且股票被适度地高估，股票可能非常迅速地大幅下跌。你必须迅速地确定该劣势是暂时的还是长期的。
- 投资者应该快速地卖出股票，承认错误以避免资本的永久性损失，并开始做别的事情。
- 反过来，如果该公司显现出有一个竞争优势，投资者应该非常迟缓地卖出股票。
- 总的来说，现金是价值投资者的重要工具。

注释

1. 格雷厄姆·本杰明和多德·戴维（2009 年）。《证券分析》。第六版（纽约：麦格劳－希尔公司）。

2. 卡恩·欧文和米尔恩·罗伯特（1977 年 5 月 4 日）。《本杰明·格雷厄姆：财务分析之父，第 5 号临时论文》。请检索：http://www.cfapubs.org/doi/pdf/10.2470/rf.v1977.n1.4731

3. 格雷厄姆·本杰明和多德·戴维，《证券分析》

第七章　激进投资

股东激进主义是不会消失的，它把我们所有的管理人员都吓坏了。

——沃伦·巴菲特

本杰明·格雷厄姆尝试在北方管道公司（Northern Pipelines）上实践股东激进主义，三十年后，沃伦·巴菲特（格雷厄姆的得意门生）开始尝试股东激进主义。20世纪50年代，巴菲特购买了桑伯恩地图公司的大量股份，并迫使该公司将其投资组合业务从核心业务中分离出来。桑伯恩地图公司的股票一直以明显低于其投资价值的价格进行交易，并且管理层没有表现出缩小两者之间差距的兴趣。

20世纪60年代，巴菲特收购了伯克希尔哈撒韦公司的大量股份，那时该公司是一家纺织企业，巴菲特收到了一份口头协议，即每股11.5美元的股权收购要约。当伯克希尔哈撒韦公司试图通过开价每股11.375美元欺骗他时，巴菲特感到被冷落了。他买下了整个公司，并解雇了首席执行官（CEO）。伯克希尔哈撒韦公司的纺织业务不断消亡，巴菲特承认他在购买伯克希尔哈撒韦公司时犯了错误。

1973年，巴菲特购买了华盛顿邮报公司近10%的股份，在接下来的几年，他对激进投资的立场发生了改变。沃伦·巴菲特主动与凯瑟琳·格雷厄姆沟通，当凯瑟琳对他的股份表示担忧时，他进行了安抚。

他们成为了朋友，巴菲特加入了华盛顿邮报公司的董事会。从此，沃伦·巴菲特从事友好收购。

然而，随着杠杆收购（LBO）的蓬勃发展，20 世纪 80 年代见证了企业掠夺者的崛起，标志着信贷繁荣的开始。这个时代被人所共知地描绘在电影《华尔街》和《门口的野蛮人》的一些标志性场景中。一些目标集团的高管被迫关闭他们的公司以释放价值，而其他人通过引入毒丸计划（发行更多股票和稀释掠夺者的股份）和金降落伞协议（如果遇到收购时的特别遣散费）来阻击掠夺者。这个时代以德崇证券公司的破产结束，德崇证券公司是参与杠杆收购融资的投资银行，它为一些大型交易提供资金，包括科尔伯格－克拉维斯集团（KKR）对雷诺兹－纳贝斯克公司（RJR Nabisco）首次杠杆收购、卡尔·伊坎对菲利普斯（Phillips）66 公司的杠杆收购和特德·特纳对米高梅公司（MGM）的杠杆收购。

德崇证券公司陷入迈克尔·米尔肯主导的非法垃圾债券市场交易的困境，被多个美国监管机构调查，这些监管机构用《诈骗腐败组织集团犯罪法》（RICO）的起诉威胁它。虽然德崇证券公司能够解决这些指控，1989 年 10 月 13 日，当美国联合航空公司的杠杆收购化为泡影时，它面临着垃圾债券市场的崩溃。德崇证券公司被迫破产，蓬勃发展的杠杆收购市场戛然而止。在接下来的十年里，一些来自杠杆收购时代的企业掠夺者演变成了激进投资者。

在 21 世纪之交，新一代激进投资者也粉墨登场。这些投资者购买价值被低估公司的股票，并迫使公司董事会通过回购股票、采取措施提升营业利润或彻底改组管理队伍来释放价值。一般而言，当一位激进投资者参与其中时，因为他成功的历史记录，目标公司股票往往上涨。这些公司的做空者面临来自激进投资者采取的有利于该股改变的决心的阻力。[1]

比尔·阿克曼专访

比尔·阿克曼是唯一成功的一位激进投资者，他不仅通过长期投资来推动改变，而且也通过激进空头头寸来使公众注意到陷入困境的公司。由于他持有MBIA公司的空头头寸，他与该公司旷日持久的攻坚战被描述在《骗局》一书中。最终，比尔被证明是正确的，他坚持六年对MBIA公司进行做空。比尔·阿克曼也是一位价值投资者；然而，他在投资中采取了一种全力以赴的方法。他同意为本书接受专访，并在这里分享他的投资见解。

问：今天，您能谈谈在您的上市股票投资中的会计和流动性方面的考虑吗？

答：在我工作的头两年，我为一家房地产服务公司工作，这家公司为开发商安排融资。我遇见一些成功和不成功的房地产投资者。其中聪明的投资者不关心美国公认会计原则（GAAP），而用现金流来评估价值。会计是一门不精确的语言。一家企业在其存续期间产生多少现金将决定它的价值，所以对我而言，学习如何将美国公认会计原则的会计收益转化为经济收益非常重要。

公开市场引人注目的内容是用最小摩擦成本以更加巨大的规模买卖证券的能力。为一个更好的投资放弃一个好投资的选择是公开市场的一个重要方面。如果你通过购买公司100%的股权来使其私有化，你不能购买更多的股权。在公开市场，你所持有的每一只股票都是每天进行定价的，并且你可以更多地增加你的头寸，反之亦然。你不需要聘请一家投资银行来出售你的公司。交换席位的能力是一种非常有价值的能力。

问：您如何找到寻找做多与做空投资的研究方法的区别？

答：我发现格雷厄姆和巴菲特关于安全边际的方法（即：你所支付的价格和价值之间的很大价差）是一个非常有用的概念。我们可以把资金集中在屈指可数的优质企业。我们更喜欢巴菲特描述的那些周围有护城河的公司，它们具有简单、可预测、能够产生自由现金流的显著特征。我们寻找允许投资者以其内在价值显著折扣的价格购买一家公司的股价，如果该公司可以被优化，我们将以一个甚至更大的折扣价格购买。我们期待了解导致这些折扣的因素和我们作为该公司股东可以影响的因素。如果我们认为我们能催化必要的变革，并且内在价值的折扣足够大，我们就投资。这就是做多投资的方法。

做空投资的方法在某种意义上是相同的，安全边际的类推是我们所称的估值上限。估值上限，即：如果市场忽视我们对一家公司的负面观点的话，合理地估计最坏情况下的结果。有一些企业比其他企业更容易确定估值上限。如果你在做空收入快速增长而没有任何现金产生的一个基于互联网的商业模式，因为很难精确地评估这种高增长企业，在没有任何有意义的向上受阻的增长情况下，股市可以分配一个非常高的估值。你可以做空该股票，因为它的价值是依赖于希望和梦想，它可以上涨到你做空股价的两倍或三倍。

我们不做空这些类型的公司；事实上，我们很少做空股票。由于内在的风险报酬等式（即：下行风险是无限的），在我们公司十二年的历史中，我们做空屈指可数的股票。做空在下行过程中可能更危险。我们寻找一家企业可能破产的案例（例如，可能被监管机构或市场视为无力偿债的储备不足的金融机构）。我们还寻找那些违反法律的公司，如康宝莱公司违反美国联邦贸易委员会（FTC）的反传销和反欺骗营销的法律。我们寻找公司违反证券法的案例和监管机构将撤销该公司的案例。

问：您能解释一下适合您投资激进主义风格的公司的一些效率低下的情况吗？

答：成本控制、战略改变、管理层变动、更好的资本配置、货币化账外资产或帮助市场重新思考企业的性质可以有助于公司有意义地释放价值。

问：当您开始从事投资时，是什么原因导致您追求一种激进的投资风格？

答：当我看到一个没有被一家公司利用的巨大的机会时，这可能是我的性格和我作为一位被动投资者时遭受的挫折所决定的。在选择投资过程中，不限于现状是一个很大的竞争优势。

问：您能谈谈您的资本配置方法、头寸规模以及您如何管理一个投资组合层次的风险？

答：我们首先通过不使用保证金杠杆来管理风险。因为当市场崩溃时，你的投资可能化为乌有，所以保证金杠杆是一种危险的资本来源。如果没有保证金杠杆，我们可以负担得起将每一个投资考虑为一个独立有特别风险和报酬机会的投资。我们更喜欢大市值的北美公司，这些公司产生简单的、可预测的现金流量，这些现金流量有限地面临我们不能控制的外在因素。

虽然几乎每家公司都接触到国内生产总值（GDP），我们公司一般都是投资很稳定的不会受国内生产总值负增长实质性损害的企业。我们不喜欢商品价格可能有巨大影响的企业。除了投资选择，以折扣价购买是我们最大的风险管理策略之一。

问：您在投资组合层次避免杠杆，并在投资组合公司中转手杠杆，这是真的吗?

答：我们一般更喜欢投资级别的公司，但它们很少无债务。有时，我们已投资于高杠杆公司。例如，通用成长地产公司（GGP）是有2亿美元的股东权益和270亿美元债务的高杠杆公司。因为这个原因，我们确定我们在通用成长地产公司的头寸较小。

问：您能谈谈您过去的一些您认为是您最好的研究吗?

答：通用成长地产公司可能是我们最好的投资，不仅仅是因为我们在这个投资上赚了一大笔钱（即：与最初购买成本相比，超过130倍的回报，并且约为平均成本的60倍），而且因为我们的参与使全体股东价值最大化。

如果我们没有购买通用成长地产公司25%的股份、说服董事会申请《破产法》第 11 章的破产保护、加入董事会和主导与债权人的重组，该公司股票很可能已经为零了。我们与管理层和公司的顾问一起实施一个使所有债权人受益的重组，债权人得到了票面价值加应计利息，股东已收回了几乎所有的投资。我们引入了一支新的管理团队，并提出了拆分霍华德休斯公司的思路，我们执行了我们的思路。我们为霍华德休斯公司聘请了一支新的管理团队，我目前主持董事会。您可以称之为我们的杰作。

我认为在我们所做研究的质量和水平方面，做空康宝莱公司与做空 MBIA 公司有得一拼。它至今尚未实现盈利。康宝莱公司股价一直被拉高，买入该公司股票支撑着股价，但杠杆也使它们处于一个较弱的位置。他们的股票回购将于 2015 年 6 月结束，所以我们将在那时看到实际情况。

问：您认为这是本质上很难产生做空而不是做多的阿尔法吗？

答：确实更难，这产生的脑损伤超出你的想象。我们会再次做空吗？我给出的答案和上一次相同。在结束对 MBIA 公司的做空投资后，在我们建立康宝莱公司的空头头寸之前，我们等了五年。我们可能再等五年、十年或二十年去做空下一只股票。谁知道的，我们在未来可能决不参与做空。如果且当康宝莱公司以我们预期的方式结束，也许下一次我们将只说出该公司的名字，而不采取空头头寸，并等待它归零。

问：对于做空者和他们在市场中的角色，您有什么想法？

答：做空者在市场中扮演着非常重要的角色。总的来说，做空者比政府监管机构拥有更多的资源。他们可以投入大量的时间和注意力到一家公司，并做许多研究来揭发欺诈。这是一个对市场非常有帮助的事情。当股票崩溃时，作为最后的卖家，他们还可以帮助缓冲市场的波动性。

问：回到您的晚上睡眠测试：您如何处理压力？

答：我天生就是一个沉稳、健康和有韧劲的人，我经济上宽裕。我也没有将100%的资产净值投资于基金。在投资中，重要的是不要让波动影响你的判断。当你所有的资源并没有投入到你的投资基金时，这样表现更容易。当人们在基金中有太多的资金时，因为他们可能非理性地采取行动，这也对投资者更好。我在我的基金中有绝大多数的流动资产净值，除此之外，我有足够的资金，我可以生活，而不必担心市场波动。

因为我们会做功课，并且知道我们拥有什么，所以我没发现投资有压力。我们的投资组合包括世界上最优质的企业，并且我们以有吸引力的价格购买了这些公司。这本质上是一种相对低风险的策略。

问：在您的交易过程中，即使当市场没有按您预期那样做出反应时，您如何保持信心？

答：在做空期间，人们和市场不断地对你进行评判。在康宝莱公司的交易中，在我们建立空头头寸的十八个月里，该公司股价从我们做空的价位上涨了30%。市场上充斥着吵闹声。（笑）股市可以长时间地出错，但你必须能够挺过去那段时间。

问：您在其他人之前发现了单一险种保险公司的一个系统性问题。你为什么决定开始单独做空 MBIA 公司而也没有做空其他一些单一险种保险公司呢？

答：我们最终做空 MBIA 公司、金融安全保险公司、Ambac 公司和其他公司。我们的方法需要深入的、基础的研究，并且它需要花大量的时间来研究任何一个这样的公司。我们对 MBIA 公司的时机把握是糟糕的，但它最终得到了回报。相比之下，我们在其他抵押贷款和债券保险公司，如 Radian 公司、PMI 公司、Ambac 公司和金融安全保险公司的时机把握是非常好的。经验是从失误中学习来的。

问：在过去的几年里，您有没有看到监管机构现在更开放地看待做空者的批评？

答：监管机构的工作并不容易，特别是拥有有限的资源，并且必须把重点放在优先考虑的事项上。我对监管机构经过一段时间才能看到我们已经在 MBIA 公司身上确定的一些问题感到有点失望。在康宝莱公司的案例中，我认为他们反应更敏捷。在我们做空 MBIA 公司的时间和当美国证券交易委员会对该公司正式展开立案调查之间的这段时间似乎就像一个世纪。他们在这些案件的时间跨度不像私营部门那样咄咄逼人，因为他们必须小心。那没问题。我非常尊重美国证券交易委员会和美国联邦贸易委员会。我认为它们在康宝莱公司身上最终会得到正确的答案。

我认为美国证券交易委员会非常尊重做空者。只要你披露你的做空股票数量（即：你是做空股票），他们从做空者手中获取信息没有问题。他们将用它来指向正确的调查方向。

问：您什么时候更喜欢用金融衍生工具而不是现金股票来下一个做空赌注？

答：做空的问题是上行风险有限而下行风险无限。金融衍生工具是减轻那个风险的好办法。我宁愿购买信用违约互换也不愿意做空股票。你冒着更少资金的风险，但你可以赚更多的钱。

问：您的长期看跌期权的投资期限比信用违约互换更短吗？

答：我们可以延长看跌期权，所以看跌期权不一定是更短期限的。当然，这有延长期权的成本。

问：您能描述一下在您研究过程中的一系列事件，它们改变了您对房利美公司和房地美公司从看跌到看涨的投资观点吗？

答：股票价格下跌且基本上都归零了。（笑）房利美公司和房地美公司的市场地位举足轻重，并且它们都提供了有价值的服务。自金融危机的深渊以来，世界在过去的六年已经发生深远的变化。房地产市场已经恢复。利率仍然很低。房利美公司和房地美公司的损失有所下降。事实上，房利美公司和房地美公司储备了额外的1400亿美元，而这些储备处于被逆转的过程中。这有一些逐步取消房地美公司和房利美公司的建议。房利美公司和房地美公司是利润被非法手段拿走的政府机构。这没有一个改变我们想法的单一事件。在事实改变之后，我们对房地美公司和房利美公司看涨。

问：作为对您使房利美公司和房地美公司脱离接管的潜在解决方案施加压力，是不是更容易引起美国国会和监管机构的注意？

答：我们没有努力去引起美国国会和监管机构的注意或游说它们。在伊拉·索恩会议上，我们在一份 110 页的报告中提出了一些想法。这些想法已想方设法进入美国国会，公众在研究它。解决这个问题的最好办法将有希望推动对股东有利的结果。

问：在您的投资决策中，宏观经济指标和周期的重要性如何？

答：在选择所投资公司的过程中，我们试图尽可能降低宏观经济风险。因此，在确定我们拥有的公司的可能结果的过程中，我们不需要过多关注宏观经济因素。

问：您能谈谈您决定作为投资思路通过的一些价值陷阱吗？

答：由于一个控股股东表现出经济非理性，我们已经看到了产生于无法影响管理层的价值陷阱。

问：您认为陷入困境的行业可能是价值陷阱（比如煤炭行业）吗？

答：因为煤炭行业对环境的影响，它有可能处于长期衰退。我们一般都尽量避免那些类似处于劣势的企业。

问：对于一名最近毕业的毕业生或一位有抱负的专业投资者，您会有什么建议？

答：我想说你应该在你尊重其投资理念和原则的一家公司找到一份工作。你应该努力与你可以信任和欣赏的人一起工作，并从你和他们的失误中学习经验。好运将自此降临。

概括

- 比尔·阿克曼采用了格雷厄姆和巴菲特关于安全边际的方法，即：你所支付的价格和价值之间的很大价差。除此之外，对他而言，关键要素是该企业的非常高品质。
- 当被动的投资者认为现状不会改变时，一位积极的投资者可以购买该公司，在那里他或她能改变事实，并有一个竞争优势。
- 因为当市场崩溃时，你的投资可能化为乌有，所以保证金和杠杆是危险的资本来源。
- 做空的问题是上行风险是有限的而下行风险是无限的。金融衍生工具是减轻这种风险的好办法。

注释

1. 乔治·比尔和洛希·杰伊·威廉（2014 年 5 月）。《如何智取激进投资者》。请检索：http://hbr.org/2014/05/how-to-outsmart-activist-investors/ar/

第八章　熊爸爸：与知名的投资者共舞还是与他们对赌？

既不循规蹈矩，也不叛逆，因为它们真的是同一件事情。找到您自己的道路，并继续走下去。

——保罗·维克西

您刚刚听到一位著名的投资者在一个会议或电视上宣布了一个空头头寸。恭喜您！您找到了有催化剂的一个做空观点，但市场其余的参与者也找到了。该股迅速跳水，轻易的利润可能不存在了。如果该股下跌超过10%，您可能甚至不能就此做空它，这将促使交易所对该股采取做空限制。如果您能就此做空该股，您面临股票迅速反弹的风险。著名的投资者可能就此退出，而新的多头可能介入。

通常情况下，广为人知的做空思路会吸引许多人跟风这样使得难以对此下长期看跌的赌注，即使您同意空头的观点。借贷成本的增加、做空限制和股票波动是与做空交易共舞的一些关键障碍。随着监管机构、发起人和其他多头的群起激愤，这样的做空可能变得更复杂。

如果您想与知名的投资者共舞，除了了解他或她的做空思路之外，做自己的研究可能是一个明智的主意。在最初的研究完成后，如果您发现您自己站在这个交易的另一面，您还要仔细检查您的事实，因为您是面对一位有雄厚资金资源与研究能力的聪明的投资者。您对赌的希望之光是聪明的投资者是人且他（她）不可能总是100%正确。

本章介绍了几个广为人知的做空故事，以便提供对知名做空者提交的研究进行深入了解。我以康宝莱公司（Herbalife）的例子为开端，这是一只极具争议的股票，其中跟空头共舞将非常艰难。下一个，我论证对赌大众银行（Banco Popular）的做多实例是如何明智的。我还将举一个没有为空头效劳的做空例子和一个明智地跟着空头下注的例子。本章最后将简要讨论分析师下调评级。

案例研究：康宝莱公司（HLF）

第一幕：空头袭击康宝莱公司

康宝莱公司是一家多层次销售公司，销售体重管理和营养产品。2004年底，康宝莱公司以每股14美元公开发行股票成为上市公司，2008年，该公司股票创下每股50美元的历史新高，但雷曼兄弟公司危机使其股价回到首次公开发行股票时的价格水平。然而，自2009年以来，康宝莱公司股价享受了一个巨大的连续上涨过程，上涨了4.5倍，在2012年4月26日创下每股72.23美元的历史新高。在该股的第二幕中，营业收入（不包括运费和手续费）从23亿美元增加到34亿美元，毛利从18亿美元增加到大约28亿美元。

五天之后，2012年5月1日，绿光资本公司的戴维·艾因霍恩出现在康宝莱公司的盈利电话会议，并就经销商层级质询管理层，同时提出公司为什么停止发布将低端分销商划分为自我型消费者、小型零售商或潜在的销售领导者的分类数据。“如果您喜欢我们将这些数据发送给您和我们的投资者的话，我们可以很容易地进一步提供确切相同的发布，”康宝莱公司的首席财务官约翰·德西蒙回答说：“我们的目标是完全透明。”[1]

整整十年前，艾因霍恩在伊拉·索恩会议上宣布他关于联合资本公司（Allied Capital）的空头头寸。经过与联合资本公司的长时间斗争和美国证券交易委员会对联合资本公司的后续调查，艾因霍恩被证明是正确的。他已经有了一个连续成功地做空金融公司的记录，2008 年，他继续成功做空雷曼兄弟公司。这也难怪市场对艾因霍恩质询康宝莱公司的反应立竿见影；该公司股价连续三天下跌，分别下跌 20%、6% 和 12%，股价从每股 70.32 美元跌至每股 46.20 美元。

然而，艾因霍恩尚未宣布关于康宝莱公司的任何空头头寸；人们普遍猜测他将在即将到来的伊拉·索恩会议上透露他的空头头寸。然而，2012 年 5 月 16 日，他在伊拉·索恩会议上甚至都没有提及康宝莱公司，结束了外界对他做空康宝莱公司的猜测。那天该股上涨 17% 至每股 49.51 美元，但随后第二天下跌了 10%。在接下来的三个月里，随着 7 月 31 日公司的盈利公告超过华尔街估计并提升预期，康宝莱公司股价缓慢回升到每股 50 美元以上。

在《华尔街日报》2012 年 9 月 18 日的文章《你已经被艾因霍恩化》中，该报认为艾因霍恩的看跌号召比看涨号召更能显著地促使市场波动。而艾因霍恩仍然没有公开宣布关于康宝莱公司的空头头寸，该股开始下跌四天，下跌了 10%，股价从 9 月 14 日的每股 52.53 美元跌至 9 月 20 日的每股 47.10 美元。

第二幕：新空头袭击康宝莱公司

2012 年 12 月 19 日的伊拉·索恩会议是一个不同的故事。比尔·阿克曼做了一份 334 页的报告，标题为《谁想成为一个百万富翁》，详尽论述了做空康宝莱公司的理由。阿克曼的论文声称康宝莱公司是传销组织，位于金字塔的顶层人所赚的钱正是来自金字塔的底层人所遭受的损失。

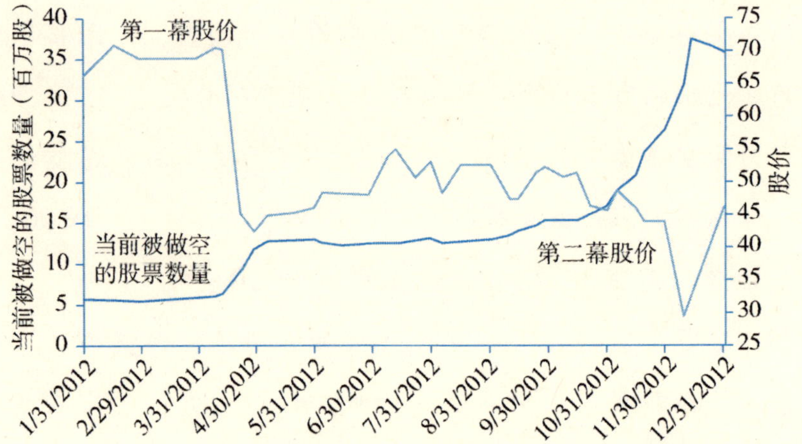

图 8.1　康宝莱公司当前被做空的全部股票数量和股票价格

资料来源：彭博社。

比尔·阿克曼是一位著名的激进投资者，2002 年，他质疑 MBIA 公司的 AAA 评级（见第七章）。他的公司对 MBIA 公司股票下做空赌注，购买 MBIA 公司债券的信用违约互换，并花 6 年时间坚持做空 MBIA 公司。在这段时间，他的公司也被纽约总检察长和美国证券交易委员会调查；然而，2007 年 12 月，当 MBIA 公司披露 81 亿美元有风险的住房贷款证券支持的担保债务凭证敞口时，[2] 他的观点最终被证明是正确的。他对 MBIA 公司的做空赌注赚取了数百万的利润。

阿克曼做空康宝莱公司的观点认为传销本质上是欺诈且最终必定崩溃。他的公司主办了一个网站来支持他的观点（http：// factsaboutherbalife. com）。由于阿克曼怀疑康宝莱公司商业模式的合法性，该公司股价一片混乱。在阿克曼公布他的论断后，该股下跌了 12%，并连续三天继续下跌，分别下跌9.75%、19.08%和4.44%，股价从每股42.50美元跌至每股26.06美元。

第三幕：多头介入，拉锯战接踵而至，逼空

2012年12月31日，康宝莱公司股价上涨了12%，在2013年1月3日的分析师大会期间，当康宝莱公司首席执行官大胆地提出他的计划，股价继续又上涨10%。空头几乎不知道股价反弹背后有什么事情在酝酿。一周后，丹·罗伯的第三点公司（Third Point）宣布持有康宝莱公司8.24%的股份；不久后，交易商猜测卡尔·伊坎已经持有康宝莱公司的大量股份。随着两位知名激进投资者的潜在参与，该股找到了活力支持，股价又上涨了15%。

2013年1月24日，《华尔街日报》报道艾因霍恩回补他在康宝莱公司的空头头寸以获利，但股票并没有对该报道做出太大的反应。就在同一天，卡尔·伊坎在接受彭博社采访时表明，他不喜欢阿克曼本人，也不喜欢阿克曼以任何方式公开抨击康宝莱公司；然而，他没有透露所持康宝莱公司的股份。在下一个交易日中，伊坎和阿克曼应邀参加消费者新闻和商业频道（CNBC）节目，在节目中他们互相猛烈抨击对方。该股当天收盘上涨了5.7%。

事情再一次发生转机，美国联邦贸易委员会（FTC）关于传销的电话会议传闻在接下来一周浮出水面，康宝莱公司股价因此下跌10%。一周之后，康宝莱公司又继续下跌了10%，直到2013年2月4日，《纽约邮报》报道美国联邦贸易委员会正在就传销索赔进行调查。消息公布后，该股在盘前交易下跌了13%，但当康宝莱公司说它不是美国联邦贸易委员会的调查对象，并要求《纽约邮报》更正时，股价收复失地。

多空之间的拉锯战接踵而至，2 月 14 日，当卡尔·伊坎透露持有康宝莱公司 12.8% 的股份，使该股在盘后交易上涨了 22%。2013 年 7 月 31 日，消费者新闻和商业频道报道索罗斯基金管理公司持有康宝莱公司大量股份。比尔·阿克曼向美国证券交易委员会提出了对索罗斯基金管理公司的控诉，声称它违反了内幕交易的法律。到 2013 年 8 月 18 日，康宝莱公司股价几乎翻了一倍。然而，我认为陪审团对康宝莱公司股票仍然试图做个了结，因为阿克曼在过去一直坚持自己的立场而已重振旗鼓被众所周知。

第四幕：阿克曼用看跌期权替换做空头寸，联邦调查展开

大约在 2013 年 9 月，比尔·阿克曼削减其空头头寸超过 40%，并用场外交易的看跌期权替换它，同时发誓要把其康宝莱公司的赌注持有到“世界的尽头”。2014 年 3 月 12 日，康宝莱公司宣布美国联邦贸易委员会已对其业务展开调查。消息公布后，康宝莱公司下跌了 10%。一个月后，英国《金融时报》报道美国司法部和美国联邦调查局已对康宝莱公司展开刑事调查。消息公布后，该股下跌 15% 至大约每股 50 美元，在本书出版发行时，该股交易价下跌至大约每股 40 美元。

要点

康宝莱公司的故事表明许多事情可能在与聪明投资者共舞过程中出错。激进投资者公开参与的做空成为交易者的温床，并往往导致股票价格的剧烈波动。此类股票的战术型短线交易可能会带来迅速盈利，但此类股票的常规交易也可能造成灾难。

聪明的投资者都是人：对赌

虽然只有少数投资者公开宣布他们的空头头寸，众多的做多投资者往往公开主张他们的多头头寸。每隔一段时间，做多投资者往往低估或忽略他们观点的风险，恳求更仔细地审查风险。2010年4月，大众银行似乎是这样的一个例子，那时一些对冲基金持有大量的多头头寸，它们并在投资者会议上有利地提及该股。在快速浏览大众银行的贷款质量后，我怀着好奇更仔细地查看了大众银行的公开档案。

案例研究：大众银行（BPOP）

当其资产质量（表8.1）继续恶化时，大众银行按账面价值的1.1倍进行交易。当我进一步调查该公司的资产，有几件事情很显眼：大众银行70%的资产在波多黎各，那里的地方政府受到巨大的预算约束。三级资产或没有可观察市场的成交清淡资产占大众银行资产的相对较高比例（大约4%）。金融危机期间，银行因高估其三级资产的价值已受到严重的压力。[3]

表8.1

估值/资产质量		共识	
过去12个月市盈率（P/E）	NM	2010年营业收入（百万美元）	1，785.46
过去12个月市价与有形账面价值比（P/Tang B）	1.1	2011年利息类营业收入（百万美元）	1，853.30
市净率（P/B）	0.8	2010年每股收益（美元/股）	-0.54

续表

估值/资产质量		共识	
过去12个月市销率（P/S）	3.4	2010年市盈率	-5.8
不良贷款与贷款比率	9.6	2011年每股收益（美元/股）	0.27
不良贷款与资产比率	6.6	2011年市盈率	11.6
不良贷款与所有者权益比率	94.60%	买入/持有/卖出	2/4/2
减免/注销	122.80%	标准普尔评级	B-/下调评级
过去12个月息税前利润与利息比率	不适用	标准普尔展望	负面

资料来源：大众银行提交美国证券交易委员会的文件。

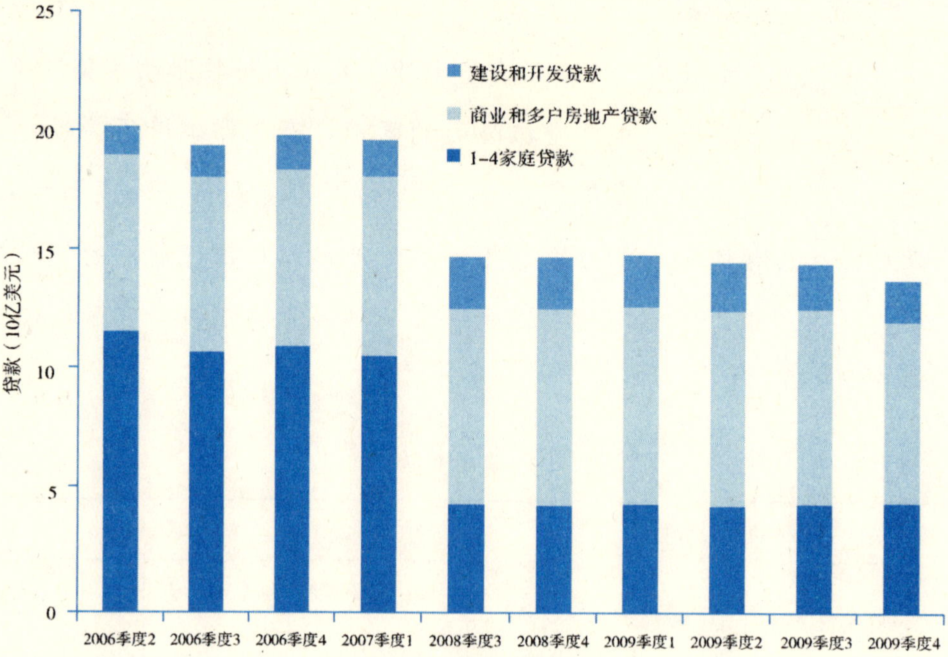

图8.2 大众银行贷款组合

资料来源：大众银行提交美国证券交易委员会的文件。

大众银行似乎并没有为三级资产和不良资产（NPAs）的潜力损失

做好充分的准备，以致于招来很多关于盈利质量的疑问（表8.2）。然而，大众银行的股票价格似乎表明不良资产达到了顶峰，在2月Sterne Agee公司会议上，与大众银行首席财务官的声明形成鲜明的对比：“我们公司以6%这样的贷款损失准备水平来赚钱是不可能的，通过房屋净值信用额度贷款、建筑贷款、抵押贷款，我们陷入非常大的房地产市场的投资组合，现在我们正为此付出代价。”

表8.2　大众银行财务和关键指标简介

股票数据		过去12个月利润表		报酬率/资本结构	
股价（美元）	3.12	过去12个月营业收入（百万美元）	591.95	过去12个月资产收益率	-1.50%
市值（百万美元）	2，002	过去12个月营业利润（百万美元）	-543.63	过去12个月净资产收益率	-19.08%
流通股（浮动筹码占比）	6.4亿（98%）	过去12个月稀释每股收益（美元/股）	0.24	获得的问题资产救助计划（百万美元）	935
企业价值（百万美元）	不适用	净利差	3.50%	问题资产救助计划认股权证（执行价7美元）	2090万
52周股价波动范围	1.0-3.7	效率比率	NM	资本报酬率	0.00%
平均成交量	1.82	一年内每股收益变动	NM	一级资本比率	9.81%
平均成交量占流通股比例	0.28%	一年内营业收入变动	-47.00%	一级核心资本比率	6.39%
空头净额比率	1.70%	两年内每股收益变动	-3506.70%	总资本比率	11.13%
内幕交易占比	1.40%	两年内营业收入年复合增长率	-43.30%	杠杆比率	7.5

资料来源：大众银行提交美国证券交易委员会的文件。

当大众银行的首席财务官提到在大众银行熟知其借款人情况时，他对至于他的会计师为什么要求更高水平的储备感到目瞪口呆，他提出了引人注意的问题。在会议期间，似乎提及很多理由证明会计人员提高储备水平的要求有理。

波多黎各有大量未售出房屋的库存积压，尽管价格并没有像美国本土市场一样崩溃。在波多黎各，每个人都在亏钱，可能一家小型投资银行例外。

当时，20000 套房屋仍未售出，这是相对较高的数字，推动建筑投资组合的不良贷款水平达到 45%，这相当惊人。在起始阶段，抵押贷款的贷款价值比率从 80% 上升到 100%。除了这些核心问题，大众银行股票存在 9 亿美元积压的问题资产救助计划股权和 2900 万份问题资产救助计划认股权证。而在过去两年，大众银行通过一个更强大的存款基础已减少对批发融资的依赖，并受益于波多黎各银行业的合并，该股似乎是一个价值陷阱。

不良资产与所有者权益比率为 94.6%，如果波多黎各的经济恶化，这有一个非常高的可能性，那就是所有者权益可能会被一笔勾销。因为银行是高度管制的实体，并被要求保持门槛资本水平（一级资本等），大众银行需要提高额外股本以增强其资产负债表是很有可能的。

它是如何结束的？

2010 年的剩余时间，大众银行股票以低于每股 3 美元进行交易，在 2011 年第一季度，股票短暂地上涨至每股 3.5 美元进行交易。2011 年 7 月 20 日，他们公布了季度利润情况；然而，股价在当年下跌至每股 2.56 美元。一周后，2011 年 8 月 5 日，标准普尔下调了美国评级，大众银行股价跌破了每股 2 美元。该股继续下跌，2011 年 12 月 19 日，股价创下每股 1.12 美元的低点。

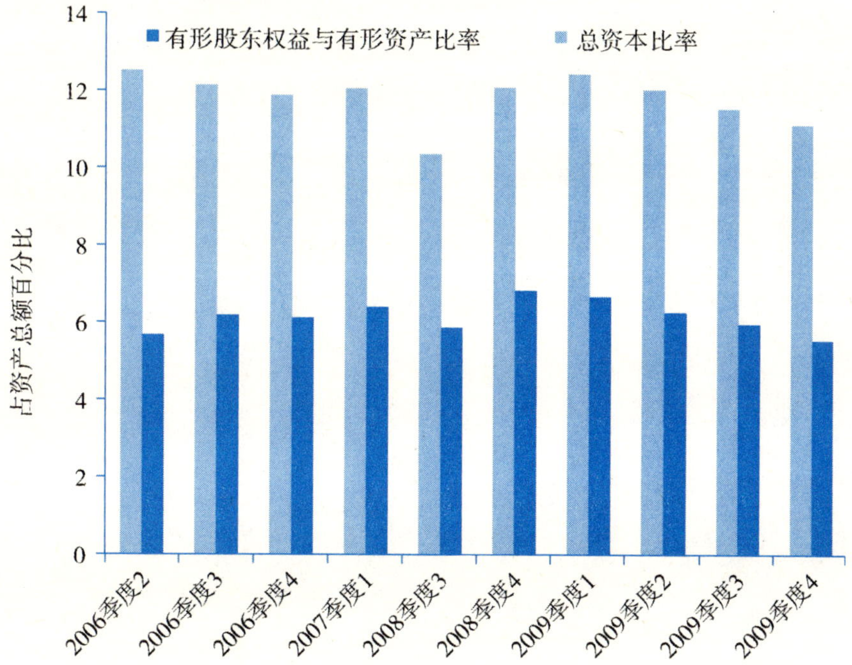

图 8.3 大众银行资本比率

资料来源：大众银行提交美国证券交易委员会的文件。

要点

银行有明显的财务杠杆，这突出了不良资产的影响。它们是高度管制的实体，并被要求保持门槛资本水平（一级资本等）。高不良资产比率常常会迫使银行提高股本以增强其资产负债表。

案例研究：亚马逊公司（AMZN）

2012 年 5 月 16 日，戴维·艾因霍恩在伊拉·索恩会议上批评亚马逊公司的盈利能力。他说亚马逊公司的利润没有与销售同步增长，且亚马逊公司的未来是一个谜。[4] 与艾因霍恩大部分的做空不同，在他宣布后的第二年，亚马逊公司股价上涨了25%。亚马逊公司可能似乎以很高的估值进行交易；然而，很难质疑他们销售增长的速度和驱动因素，这些因素可以维持亚马逊公司股价的上涨势头。

2010年，我曾把亚马逊公司看作一个潜在的做空标的，因为我无法找到其商业模式的任何明显问题，我决定放弃。虽然亚马逊公司没有零售经历，他们的增长轨迹似乎与沃尔玛百货公司那些年的增长有惊人的相似。如果亚马逊公司可以继续以与沃尔玛百货公司类似的速度增长，做空亚马逊公司的实例没有机会。

2009年，亚马逊公司的净销售额约为250亿美元，净利润约为9亿美元。1990年，沃尔玛百货公司的净销售额约为250亿美元，净利润约为10亿美元。在接下来的二十年内，沃尔玛百货公司以15%的年复合增长率（CAGR）增长，其销售额翻了16倍，达到4000亿美元，其净利润翻了14倍，达到140亿美元。在这期间，沃尔玛百货公司的大型超市数量从不足100家增加到2747家，沃尔玛百货公司的食品杂货类商品的销售百分比从18%增加到51%。拥有4000亿美元的销售额，沃尔玛百货公司以13－14倍的市盈率进行交易。

而自2000年以来，亚马逊公司的销售额以约24.4%的年复合增长率增长，大数定律可以减缓增长速度，因为他们的销售额已经从2000年一个更小的28亿美元的基数增长到2009年的245亿美元。如果亚马逊公司的增长减缓到15%，这将花上他们二十年时间才达到沃尔玛百货公司的规模。以15%的年复合增长率增长，亚马逊公司的销售额在十年内将达到1000亿美元，净利润将达到40亿美元。如果亚马逊公司继续获取20倍市盈率的增长倍数，他们的市值将是800亿美元。2011年，亚马逊公司的市值为800亿美元。

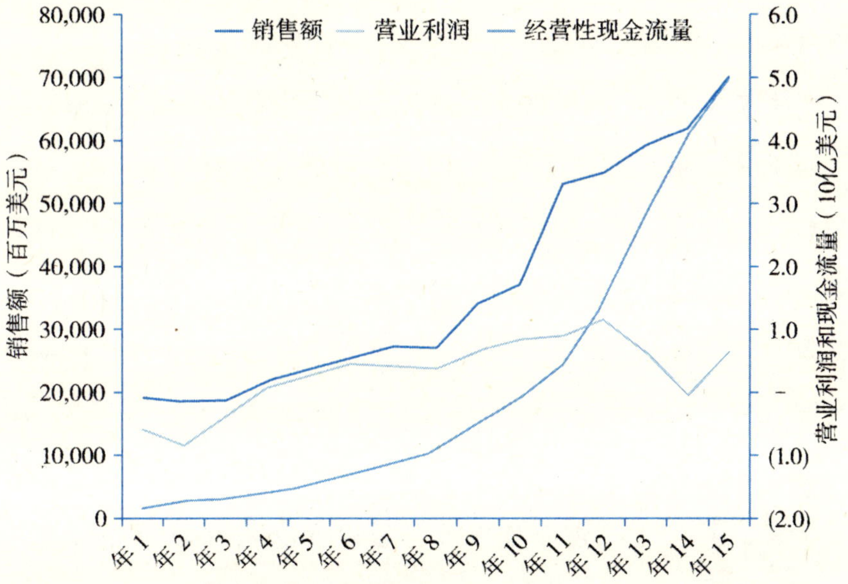

图 8.4　1998－2013 年亚马逊公司销售额从约 20 亿美元增长到超过 750 亿美元

资料来源：亚马逊公司提交美国证券交易委员会的文件。

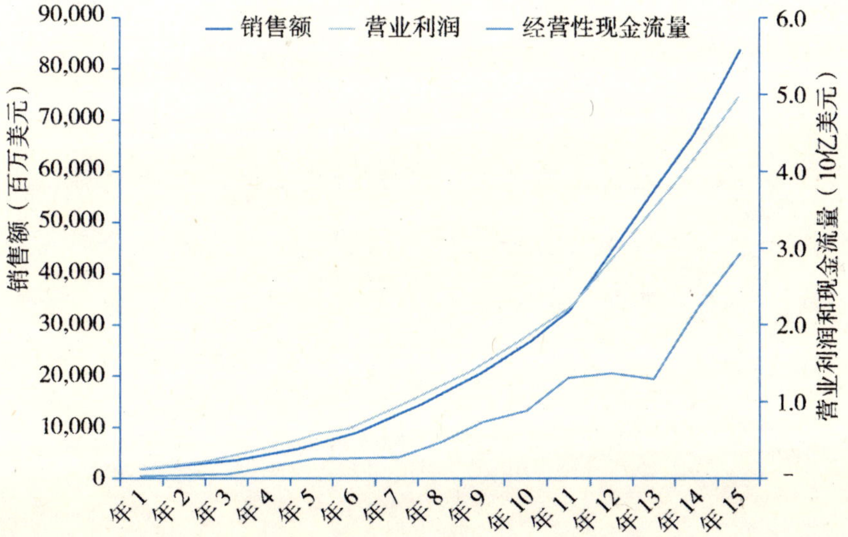

图 8.5　1980－1995 年沃尔玛百货公司销售额从约 20 亿美元增长到超过 750 亿美元

资料来源：沃尔玛百货公司提交美国证券交易委员会的文件。

很容易就认为亚马逊公司不是一只便宜的股票。然而，亚马逊公司却使得批评者无话可说，因为它的销售额主要通过国际增长，以36.5%的年复合增长率从2009年245亿美元增长到2012年的610亿美元，远超期望。而2012年，亚马逊公司产生了微薄的利润，正如艾因霍恩指出，亚马逊公司最近似乎并没有面临来自竞争或其他因素的增长问题。

在2012年致股东的信中，杰夫·贝佐斯—亚马逊公司创始人和首席执行官特别提到对盈利能力的抱怨："我们对Prime、AWS、Kindle、数字媒体和客户体验的大量投资通常让一些人觉得太慷慨，让股东觉得无动于衷，甚至让人觉得与作为一家以营利为目的的公司不一致。"他接着说，采取适时的变通在当今快速变化的世界风险太大，只有采取长期以客户为中心的观点才能最终使客户的利益和股东利益一致。[5]

自1997以来，贝佐斯一直提倡重点关注长远目标，并成功实现了他的承诺。亚马逊公司的资本支出继续以每年25亿美元至35亿美元的速度投入，以牺牲盈利能力为代价，这符合贝佐斯长期的成功信条。显然，甚至对聪明的投资者而言，针对盈利能力差和高估值做空亚马逊公司没有充足的理由，因为亚马逊公司良好的增长历史胜过对利润的关注。一个做空的案例需要清楚地阐明为什么亚马逊公司可能面临增长放缓，并确定近期的威胁。

要点

高估值和低利润率并不总是做空一家快速增长公司的足够好的理由。一位拥有良好记录的首席执行官将吸引忠诚的投资者，这些投资者愿意忽略短期问题，并使做空者混淆。

案例研究：阿波罗集团（APOL）

2009年，吉姆·查诺斯是在伊拉·索恩会议上提早对营利教育行业做空的空头。他认为这些公司从联邦纳税人支持的学生贷款中获得了80%～90%的营业收入，这种商业模式滥用纳税人的钱。一年后，FrontPoint合伙基金公司的史蒂夫·艾斯曼在伊拉·索恩会议上提出了他对同一行业的做空理由，他认为营利教育行业获得890亿美元联邦第四标题贷款（学生贷款）的大约25%，这些索款需要进行更严格的审查。

在阿波罗集团撤回针对学生入学人数下降的指导和对营利教育行业增加监管压力之后，该公司股票已从2010年的每股60美元左右跌至2011年7月的每股46美元。阿波罗集团股票产生基于历史现金流的超过10%的自由现金流量，我的一位客户请我对它进行分析。[6]

阿波罗集团是凤凰城大学的所有者，当我研究它时，我着重研究他们的自由现金流，在面临生源减少的情况下，特别是要确定自由现金流是否可持续。这将是做多观点的核心，因为它将使阿波罗集团积极地回购其股票，并提高其每股收益。

一份盈利敏感性分析表明：未来两年内，随着生源下降15%～20%，股票价格已经确定。然而，股票并没有从空头指出的监管风险角度来为阿波罗集团商业模式的风险定价。对联邦第四标题贷款的高度依赖仍然是一个主要问题。根据阿波罗集团提交美国证券交易委员会的文件，“在2010财年，根据90／10规则，在第四标题财政援助计划资金中，凤凰城大学产生的现金收付实现制收入88%为具备条件的学费和其他费用，2009财年为86%。”

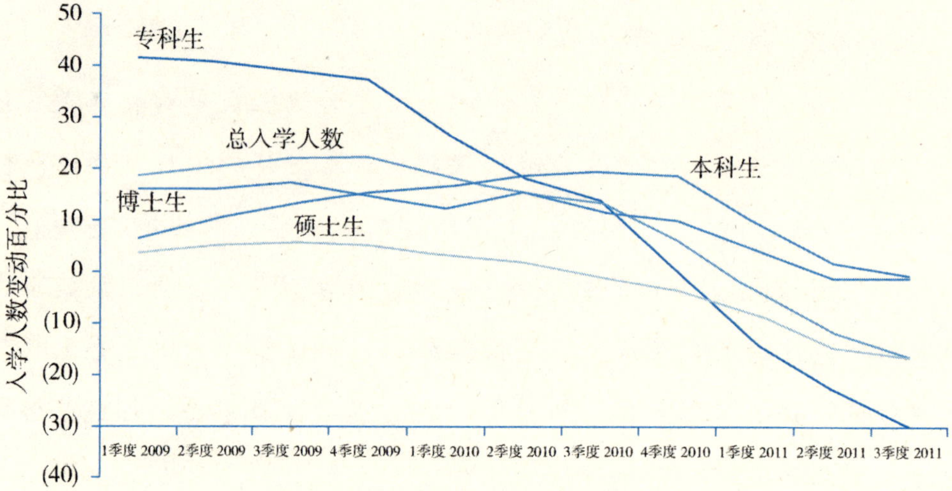

图 8.6　凤凰城大学招生趋势，同比百分比变化

资料来源：阿波罗集团提交美国证券交易委员会的文件。

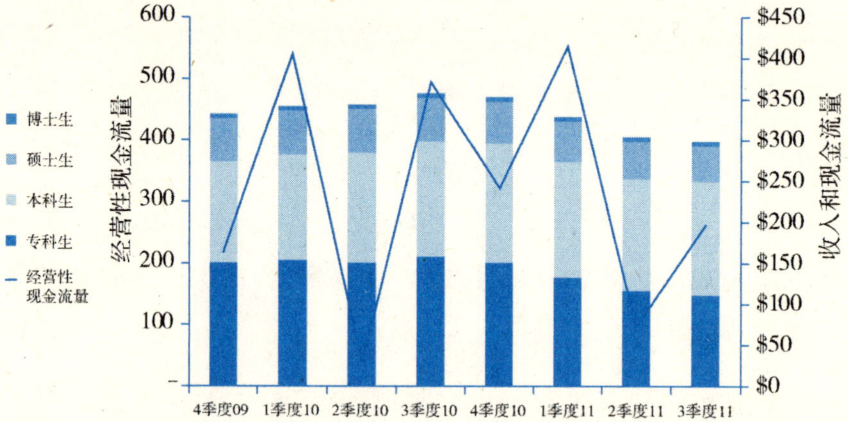

图 8.7　阿波罗集团招生组合和经营现金流

资料来源：阿波罗集团提交美国证券交易委员会的文件。

在 90／10 规则下，如果阿波罗集团连续两个财年从第四标题贷款中取得超过 90% 的现金收付实现制收入，它可能至少两个财年没有资格参加第四标题计划。阿波罗集团声明由于 2011 年 7 月贷款额度到期增加救济，它很可能在 2012 财年超过 90%。2013 年，如果阿波罗集团继续超过90%的门槛，其商业模式面临严重问题。我同意空头的观点，并建议不要购买阿波罗集团股票。

分析师下调评级

华尔街分析师涵盖了一些股票，并定期对他们的股票上调或下调评级。这些评级变化可能并不总是预测的；例如，在一只股票未达到盈利预期，并下跌20%后，一位分析师可能选择下调评级。在这种情况下，股票大多为评级下调风险定价。然而，如果这种评级下调由与会计、竞争、填塞分销渠道、产能、高管离职等相关的基本问题的预测引起，该股值得仔细查看问题。这种分析师下调评级可能导致好做空思路。下一章，我将阐述一家成功的专职做空的研究公司的一些做空思路。

概括

- 广为人知的做空成为热门交易；这是非常难对这种股票下长期看跌的赌注，即使您同意空头的观点。
- 借贷成本的增加、做空限制和股票波动是对与做空交易共舞的一些关键障碍。
- 做多投资者可能低估和忽略投资风险。仔细检查这些风险可以产生做空思路。
- 高估值和低利润率并不总是做空一家快速增长公司的足够好的理由。
- 源自与会计、竞争、填塞分销渠道、产能、高管离职等相关的基本问题的预测的分析师下调评级可能会导致好的做空思路。

注释

1. 艾因霍恩·戴维（2010年12月10日）。《一直欺骗一些人：一个多空故事（现已完整）》。请检索：http://foolingsomepeople. com/main/

2. 理查德森·凯伦，卢凯蒂·A. 和普列文·M.（2008年2月1日）。《债券保险公司的困境增加了信贷市场的压力》。《华尔街日报》。请检索：http://online. wsj. com/article/SB120175741480431553. html

3. 大众银行（2006－2010年）。10－K表和10－Q表。请检索：http://www. sec. gov/edgar. shtm

4. 库切拉·D.（2012年5月16日）。《艾因霍恩说由于利润滞后于销售，亚马逊公司的未来是个谜》。彭博社。请检索：http://www. bloomberg. com/news/2012－0516/einhorn－says－amazon－s－future－a－riddle－after－profit－lags－sales. html

5. 贝索斯，杰夫（2012）。《给亚马逊公司股东的一封年度信》。请检索：http://phx. corporate－ir. net/phoenix. zhtml?c＝97664&p＝irol－reportsannual

6. 阿波罗集团（2009－2011年）。10－K表和10－Q表。请检索：http://www. sec. gov/edgar. shtm

第九章　华尔街之外咨询集团：20年的成功做空

做空思路共同的主要特征是它们的商业模式将不会产生市场预期的销售和利润。

——马克·罗伯茨

专访马克·罗伯茨

1990年，马克·罗伯茨离开富达投资集团，他创办华尔街之外咨询集团（Off Wall Street）以服务小但不断增长的对冲基金业。罗伯茨发现对冲基金是投资业务最有活力的（服务还不足的）部分，并看到了为对冲基金写研究报告的明确机会。1990年5月1日，他发表了他的第一篇研究报告，标题是《天使冰王公司深陷乳果雪糕》，并成功地把它以每份5000美元卖给对冲基金。自1993以来，华尔街之外咨询集团结束了433个空头头寸，有343个赚钱和90个亏损，这是令人印象深刻的超过80%的平均成功率。

他提出过一些著名的提案，包括安然公司的卖出报告，这在参议院安然公司听证会上获得好评，特别是获得参议员约瑟夫·利伯曼和芭芭拉·鲍克塞的好评。在参议院听证会上，他的文章《监管机构没有预警：安然公司和华尔街的分析师》因观点不同，得到了利伯曼参议员的赞扬。利伯曼参议员指出，与华尔街的分析师不同，马克·罗伯茨已经判断出安然公司的关键问题：萎缩的利润率、关联交易和糟糕的现金流与经常性业务回报。[1]

2008 年，我第一次在马克·罗伯茨的剑桥办公室结识他，并得到启发创办我自己的研究公司。我一直与他保持联系，并不时与他讨论我自己的做空思路。当我联系他为我的书做独家专访时，他也慷慨地同意分享一些他过去的研究经验。

华尔街之外咨询集团的做空思路已基于各种各样的理由，如会计问题、商业模式问题和竞争威胁。我相信读者会从罗伯茨研究做空思路的见解和相关的做空故事中受益匪浅。随着下面的采访，我在这一章中包括了他过去的做空思路。

问：您是如何决定创办华尔街之外咨询集团的？

答：我有法国文学和艺术史的本科和研究生学位。在 20 世纪 70 年代初期，我加入我兄弟的家族企业经营新英格兰最大的钢铁经销公司。在卡特执政期间，那时利率非常高，我们卖掉了我们的钢铁企业。我与我兄弟分开，加入了科技企业，并经营了零售软件商店的最大的特许经营连锁店。零售软件业务是一个暂时的现象，1984 年，我卖完了我在这家企业的股份。我搬到了纽约，在这里我对投资感兴趣。我想，如果我可以在股市赚钱，而不必回到“实体工作”，这不是不错吗？但我对这样的职业毫无准备。我开始寻找一份工作，在那里我可以学习如何分析股票。

我在博亚尔资产管理公司遇到马克·博亚尔，他友好地提供我在他的出版物《资产分析重点》上写研究报告的一份工作，马克帮我一个大忙，因为我完全不合格，除了我是一个很好的作家和有实际的从商经验。一年后，我搬回波士顿，为一家经纪公司写研究报告，这家经纪公司的主要客户是富达基金公司，我最终加盟富达基金公司。我在富达基金公司的一年半时间里，我意识到对冲基金是投资业务最有趣和最有活力的一面。对冲基金没有太多的研究报告，因为大多数研究报告是做多，没有做空的研究报告，为此它们有明确的授权。我离开富达基金公司去写做空思路，并将它们兜售给对冲基金。

问：您是如何发现您的第一个做空思路的？卖出您的第一个做空思路有多困难？

答：当我在构思我的商业计划时，我担任鲍普斯特集团赛斯·卡拉曼的顾问，在那里我学到了价值投资的很多东西。在鲍普斯特集团，因为我有特许经营的背景，一位投资者走近我。他问我是否知道天使冰王企业。我开始调查天使冰王公司（TCBY）的特许经营连锁，意识到这是一个棘手问题。这成了我的第一个做空思路，1990 年 5 月 1 日，我出版了我的第一篇研究报告。起初，我曾给我的研究报告起了精巧的名字，甚至用漫画使它们看起来像《纽约客》，有些像詹姆斯·格兰特今天所做。我研究报告的标题是《天使冰王公司深陷乳果雪糕》，我成功地以每份 5000 美元把它卖给几个对冲基金。

然而，我很快意识到商业模式行不通，因为卖出研究报告需要太多的努力。我想有人给我聘用金。同时，我致力于第二个做空思路，顶峰科技公司（Summit Technology）是一家光性屈光性角膜切削术激光公司，在跟我长期的较量后，它最终破产。当我致力于顶峰技术公司时，我设法使一家对冲基金公司给我聘用金。我下一个做空思路是CompUSA公司。这些做空思路深受欢迎，我得到另一份聘用金，我在做买卖。

问：是什么驱使顶峰科技公司破产？

答：顶峰科技公司过度宣传低劣的激光器。他们试图扩展到其他业务，如激光中心，他们不自量力。戴维·穆勒经营这家企业，通过声势浩大的宣传驱使顶峰科技公司破产。

问：过去的23.5年里，您的研究风格在是如何演变的？

答：我真的认为这些年没有什么大的改变。我们没有做任何太多不同的事情，只是我们拥有更多的经验和更多的员工，可能做得更好。通过所有的跌宕起伏的唯一变化是我们已经变得更规避风险。我们学会了通过避免某些种类的潜在做空故事来避免问题。由于某些类型的做空思路，我们遭受了巨大损失，我们已经降低了风险预测。

问：您不做空股票的一些理由是什么？

答：一般来说，危险的做空故事涉及销售增长的长期轨迹。投资者可以提前付清多年的销售增长。这些公司中的一些也可以保持良好期间的增长。我们往往避免具有良好的增长记录和长期增长轨迹的公司。

问：您如何确定这种公司的增长轨迹？

答：我们看潜在的市场规模，并试图确定市场是否确实存在。如果公司有良好的增长记录和良好的管理，它也可能会获得高的估值；不过，高估值没关系。

问：您看到做空思路和做多思路有什么不同？

答：当我们考虑做多思路，我们首先考虑风险。我们试图限定做多思路的下行风险，我们的首要目标是不赔钱。其次，我们寻找那些不受欢迎的股票，由于未达到盈利预期数字，投资者的情绪已发生了改变，投资者不喜欢管理层或其他东西已发生了改变。我们是做多方面的价值投资者。

在做空方面，这是完全不同的。显然，做空是一种固有风险的业务，因为数学计算对你不利。如你所知，你可能损失你投资的数倍，但你不能赚取超过你投资的100%。在做空方面，我们有兴趣限制风险，但做空股票本质上是有风险的。我们寻找具有高估值的做空思路。在这里我们觉得我们不能太高兴，如果我们关于企业未来的观点像我们希望那样展开，我们认为估值按理是高出30%～40%。

没有公式可以找到做空思路。它们共同的主要特征是商业模式将不会产生市场预期的销售和利润。这将有一个心理上的失望，它将改变投资者看待公司的方式和产生向下的价值重估。

问：您认为做空比做多更难产生阿尔法收益吗？您看到您的客户

对做空思路有更大的兴趣吗？

答：我们企业主要是为客户提供做空思路。做空者并没有像他们的做多同行那样获得高的回报，虽然做空赚钱更具挑战性。在对冲基金有一种不成为做空者的趋势；然而，它们有做空的章程。大多数的对冲基金认为它们更擅长做多，并且可以在做多上赚更多的钱。它们专注于做多和套期保值，因为它们正试图在下跌的市场中保护资本，但没有太多的对冲基金将做空作为主要战略。

问：渠道控制和调查等有多重要？

答：如果你是一位做空者，根据你试图做的事情的性质，你正在寻找没有被广泛散布和没有共识的想法的信息类型。做空思路自然比做多需要更多发现以达成信念，因为信息更难得到。这需要更多的工作和面谈来找到在主流思想中不可获得的信息来源。

也就是说，我们不做渠道控制。最常见的例子就是打电话给商店询问他们在一段时间内销售如何。我们不是以短线为主，我们正寻找一种投资观点，因此我们不找传统意义上的有用的渠道控制。

问：您认为确定短期催化剂对做空比做多更重要吗？

答：我们不试图找到短期催化剂。我们试图找到中期投资，在这我们预计商业模式不产生预期的销售和利润。催化剂总是在投资者心理上的变化，这可能被许多因素触发，如销售未达到、盈利未达到、会计问题、竞争变化。

问：您找到做空思路的方法是什么？

答：找到做空思路没有简单的方法。这就像写做空故事。你总是想知道下一个思路来自哪里或这是否有任何思路。做空思路可能来自屏幕、阅读、与其他投资者交谈和我们做上述全部。假设它是如此简单，每个人都会成功地做到这点。这不会发生。我们用所有的途径去找到思路。

问：您能谈谈您早期的思路之一吗？也许安然公司？

答：安然公司是一个影响大的故事。我们是唯一一家发表卖出建议的公司，我们对安然公司的研究是非常卓越的。很多人谈论他们的会计处理、内幕交易、首席财务官（CFO）的问题，但我们论证了为什么安然公司的商业模式不奏效。当你看到会计问题时，它一般是因为企业有问题，管理者采取利润操纵来掩盖这些问题。我们从不考虑会计问题作为卖出股票本身的一个理由。它们是更大问题的征兆，作为分析师，我们的工作是了解这些问题。如果它们有一个良好的商业模式，会计问题本身可以通过良好的管理来解决。但它们不能克服基本的业务问题。

问：您发现这有助于集中在财务报表的任何特定领域以发现会计问题吗？

答：不是的。当一家公司的美国公认会计原则利润和该公司宣称作为调整后利润之间有很大的差异时，任何行业的公司的管理层可以使用这样的技巧，更多的有议程提高它们股价的发起公司有动机使用更激进的报告技巧。

问：您能谈谈股票没有按预期运行的一个例子吗？

答：在以前，我们做空美国在线公司（AOL），主要是由于与客户获取费用摊销相关的会计问题，确切地说是他们摊销的时间长度。我们清楚无误地了解了这个问题，美国在线公司最终被美国证券交易委员会（SEC）迫使重述会计。然而，至少在那时，我们对企业的基本面了解有误。我们极大地低估了市场规模，这是如此大得多的长期轨迹。这是我在谈论要吸取的教训类型。你可以清楚无误地了解部分，但大局是错误的。

问：那么，在这种情况下，您在什么时候决定坚持或放弃？

答：这是一个棘手的问题，因为我们不是投资组合经理。我们做基础研究，时机可能不适合我们。我们不想平仓，我们清楚无误地了解了基本面，仅仅因为该股票对我们不利。另一方面，如果事情做得过火，我们肯定会见证一些错误。我们可能已了解公司而不是投资者的情绪。这不是基本面研究的错误，而是判断投资者行为的错误。

当我们认为企业本质的变化改变了我们的观点，或我们的观点只是没有展开，或当没有证据证明我们是对的，我们平仓。有时，我们的观点将展开，但它可能花费太长的时间。在这种情况下，由于筋疲力尽，我们平仓。总的来说，我们试图产生有质量的投资思路，而不是交易思路。

问：您推荐一个做空思路，股价下跌了30%。您结束推荐，股价恢复到您推荐时的价位。您再一次推荐它们吗？

答：很多次。例如，我们成功地做空F5网络公司（FFIV）三次，最近有两次。你可以获得投资者群的一个交易量，而新投资者没有从老投资者身上吸取教训。老投资者对整个新投资者群相信的故事丧失信心。

问：F5网络公司每一次是什么发生改变？

答：第一次，F5网络公司未达到预期数字，股票下跌。我们平仓。新投资者不相信未达到预期与基本面原因相关，股票再一次涨回来。从我们的角度来看，这个做空观点仍然完好无损。

问：在您的做空分析中，宏观经济指标和周期是如何重要的？

答：为了帮助我们看到被高估公司的领域，我们只看宏观信息。我们不做宏观预测。这不是我们所做的，我们做擅长的事。

问：过去，您推荐过做空大宗商品相关股票吗？

答：我们在商品空间没做太多。我们在做多方面做得更多。因为这是对经济周期的看涨期权，而不是基本业务的看涨期权，我们不做经济敏感股票的短期看涨期权。这不是我们所做的。

问：您推荐过任何价值陷阱的股票吗？它们似乎便宜，但有更多潜在的下跌趋势。

答：我们往往在价值陷阱上有更长时间。有时，我们推荐一只将上涨的股票，但它不涨。我称它们为价值陷阱。从我们的角度来看，因为风险报酬并不有利，价值陷阱不是好的做空候选股。良好的管理可以为有良好收入流的公司做很多。这很难阻碍。

问：您看到最近以销售额的10～20倍交易的首次公开发行股票，尤其是做了后续发行的公司吗？

答：不，我们对这种公司不感兴趣，因为它们的市场和商业模式是过于开放式的，它们非常难以估算。

问：您是否远离了吸引知名度高的投资者的股票或有高的空头净额比率的股票？

答：是的。我们只涉及到可以增值的领域，并做一些差异化研究。我们要原创。

华尔街之外咨询集团的做空故事

华尔街之外咨询集团为这本书贡献了一些他们过去的做空建议。

当我以删节版展现它们在我整个书框架的相关部分时，我已尽我最大努力保存核心分析。下面的流动服务公司（Liquidity Services Inc）案例说明丧失关键客户合同的威胁可能会损害商业模式。

案例研究：流动服务公司（LQDT）

流动服务公司总部设在华盛顿特区，经营着最重要的剩余和打捞资产的在线拍卖市场。它通过寄售和利润分享安排出售商品，以及用于自己的账户。几年前，流动服务公司主要是联邦政府承包商，与美国国防部（DoD）的合同占总商品价值（GMV）的77%，或2005年它销售的所有项目的销售所得款项总额。从那时起，随着1/3商业总商品价值的增长来自收购，他们的商业总商品价值增长更快，成为企业的一个更大部分。

华尔街之外咨询集团注意到国防部占总商品价值的24%和2012年营业利润的74%，至于营业利润，远高于投资者预期。其后续研究表明国防部业务的最近的增长难以为继，由于基地调整即将结束和部队从伊拉克和阿富汗回国，国防部收入的一个重要部分有风险。

流动服务公司与国防部有两个合同：废品和剩余合同。剩余合同比废品合同有更少的可用财务数据，在废品合同中，流动服务公司的废品销售保持23%～25%的销售净利率。更重要的是，剩余合同期限将于2013年12月结束，并且美国国防部可能采用一个竞投标流程。（此信息是基于华尔街之外咨询集团与熟悉美国国防部流程的信息来源人的讨论）。

流动服务公司在商业业务方面也有显著的客户集中度，沃尔玛百货公司（Walmart）和宏碁公司（Acer）合计占2012年总商品价值的50%。流动服务公司的一个竞争对手告诉华尔街之外咨询集团：在流动服务公司收购了雅各布斯公司（Jacobs）后，逆向供应链的某些沃尔玛百货公司人员怒不可遏。在得知大概由沃尔玛百货公司付费而合同对流动服务公司太有利后，沃尔玛百货公司从雅各布斯公司搬走一些未订立合同的商品。雅各布斯公司从沃尔玛百货公司获得70%的营业收入，更多的合同损失可能显著地削弱总商品价值的增长。

2012年7月1日，华尔街之外咨询集团的报告导致流动服务公司股票暴跌25%，但它在接下来两个月收复了大部分失地。股价恢复是短暂的，因为在报告低于预期的九月总商品价值数据后，流动服务公司股票在10月下跌了20%。

资源来源：华尔街之外咨询集团。

概括

- 避免涉及销售增长的长期轨迹的危险的做空故事。投资者可以付清多年的销售增长。看看增长公司的潜在市场规模以确定市场是否存在。避免做空有良好的增长记录和管理的公司。
- 成功做空共同的主要特征是它们的商业模式将不会产生市场预期的销售和利润。心理上的失望改变投资者看待公司的方式和产生向下的价值重估。
- 因为信息更难得到，做空思路自然比做多需要更多发现以达成信念。这需要更多的工作和面谈来找到在主流思想中不可获得的信息来源。
- 会计问题是更大问题的征兆。如果它们有良好的商业模式，会计问题本身可以通过良好的管理来解决，但基本面问题很难克服。

注释

华尔街之外咨询集团贡献了其原创研究在本书转载。

1. 利伯曼·约瑟夫（2002 年 2 月 27 日）。《监管机构没有预警：安然公司和华尔街的分析师》。请检索：http://www.gpo.gov/fdsys/pkg/CHRG-107shrg78622/pdf/CHRG-107shrg78622.pdf

第三部分

做空的风险与机制

第十章　什么时候坚持，什么时候放弃

第一条规则：永远不要赔钱。第二条规则：永远不要忘记第一条规则。

——沃伦·巴菲特

1980年，肯尼·罗杰斯演唱的格莱美获奖歌曲抓住了管理风险的精髓："你一定要知道什么时候该坚持，知道什么时候该放弃，知道什么时候该走开，知道什么时候该逃离。"许多股票投资者和交易员爱玩扑克和梅花杰克游戏，这难道不奇怪吗？扑克和投资要玩起来至少都需要玩三样东西：技能、理念和资金。只有当他们的胜算几率极大时，成功的投资者和扑克玩家才下疯狂的赌注。同时，他们不忌讳止损，甚至提前放弃。

本书中，我已使用了各种各样的例子来证明管理与空头头寸相关的风险比管理与多头头寸相关的风险更难。做空股票就像是跨栏比赛，跃过出借人要求收回股票、并购（M&A）传闻和做空限制这些短期的障碍跟到达终点线一样重要。

如何分配做空股票的资金

早期，我处于买方位置，我观察我的投资组合经理做出分配决策，后来从我与客户的互动中获得了更多的二手知识，研究来自不同投资组合经理的报告，还观看了知名投资者的访谈。2014 年，我回到了买方，帮助哥伦比亚利德投资公司管理美国股票投资组合，哥伦比亚利德投资公司在管理投资组合方面大多采用多元化战略，这取决于基金的投资授权。

去年，我与我的同伴管理了两个美国的多空投资组合，我们的资本分配策略演变成一套清晰严格的体系，在这我们把资本分配到三种不同类别的股票：核心（周期性和非周期性的）、增长的复合型股票以及特殊情况的股票，这样我们前 15 至 20 名的股票分配构成投资组合的一半。另一方面，做空投资组合往往是多元化的，我们试图远离开放式增长故事和并购风险。

在我与其他各种共同基金和对冲基金经理的互动中，我在很大程度上发现他们的分配策略是他们投资章程和投资理念的结果。一些基金经理严格遵守定义明确的规则，如限制头寸规模到投资组合的 3%，而其他基金经理更多地集中下临时赌注。

在职业基金经理中还有各式各样的风险管理观点。当股票逆他们的判断变动 20% 时，有些基金经理严格反省他们的投资策略，当股票逆他们的判断变动 30% 时，他们结束头寸。有些基金经理，如比尔·阿克曼，可以年复一年地坚守他们超乎寻常的投资信念；当股票逆他们的判断发生重大变动时，而其他基金经理甚至可能增加他们的赌注。

优化配置和审慎的风险管理可以限制下行趋势。自初始投资以来的分析研究成果对做出分配的改变和风险管理决策很关键。本章从分析师的角度介绍了一些关于什么时候坚持或放弃是明智的实例以及做空热门股票或热门做空的风险的一些实例。我将在本书未来的版本中分享我作为投资组合经理的经验。

当故事没有发生重大变化时，坚持

分析新的可能改变您投资观点的研究成果与其说是一门科学，不如说更是一门艺术。在某些情况下，一家公司解决大问题的战略决策可能看来像用创口贴医治断腿一样徒劳。例如，2011 年，加拿大移动研究公司推出新的平板产品，试图从旗舰产品黑莓手机的问题转移投资者的注意力。

在其他情况下，华尔街的分析师可能对陷入困境的公司做出短期的战术性购买建议。正如我们在欧迪办公公司的案例中看到，一位华尔街大型投资银行的分析师援引他的渠道检查，上调他的建议从卖出到中性。评级上调后，该股上涨了 10%。在他的报告里没有证据表明该公司在行业衰退中正致力于一个扭转计划和依然存在的竞争问题。坚持我们的头寸是明智的，我仍然看跌。

正如我们在电信运营商案例中看到，困境的公司似乎吸引了更多的投机者，并购传闻也随之而来。公司可能试图采用缓兵之计，通过并购变得更强大，但它们大多无法按它们的条款吸引收购者。这些公司的管理层可能做出不合理的看涨预测，吸引低估风险的新投资者。这个管理层一直牵手华尔街提出不切实际的指导，最终让所有人失望。

案例研究：F5 网络公司（FFIV）

F5 网络公司设计和销售应用交付控制器（ADCs）—通过数据中心的服务器分配传入流量的硬件设备。F5 网络公司是负载平衡器市场的主要参与者，它有超过 50% 的市场份额和 30% 的营业利润率，看多者把它视为互联网流量增长、数据中心虚拟化和云计算的一个重要力量。

当华尔街之外咨询集团的研究发现大数据中心，如亚马逊公司、谷歌公司和 Rackspace 公司绕过 F5 网络公司现成的应用交付控制器产品去开发它们自己的定制设备时，它得出了一个不同的结论。主要原因是成本。当计算能力和数据处理的更多增长合并到这样的云计算大型实体时，像 F5 网络公司这样的硬件厂商可能受益远低于看多者预期。

F5 网络公司以非常高的价格销售硬件（最高终端设备为 400000 美元）。大规模用户可以通过用商品组件建立自己的硬件以节省一半的价格，业内人士证实这样做有压倒性的激励。占 F5 网络公司销售额 85% 的经销商预计企业硬件销售将下滑，它们改变了商业模式，远离硬件。

F5 网络公司在硬件方面面临来自瑞科网信公司（A10 Networks）越来越激烈的竞争，瑞科网信公司是一家以更低价格提供类似功能的新兴竞争者。纯软件的应用交付控制器厂商，如宙斯公司（Zeus）（被 Riverbed 公司收购），通过以故意的更低价格提供类似功能来获得牵引力。瑞科网信公司宣称提供一台 15000 美元的设备，其功能相当于一台 60000 美元的 F5 网络公司设备。因为 F5 网络公司寻求保护其硬件专营权，面对这样的竞争，它艰难应对。

经过六个季度的增长放缓，F5 网络公司的产品销售在 2012 年 3 月那个季度加速。华尔街预计这次再加速将持续，而华尔街之外咨询集团认为 F5 网络公司将难以满足这些预期，当 F5 网络公司增长的挑战被更广泛的理解时，股票的估值倍数将压缩。F5 网络公司的股票在接下来的 6 个月下跌了 30%，从 130 美元跌到 90 美元，正如华尔街之外咨询集团此前所预期的那样。

2013 年 F5 网络公司反复做空

2012 年，F5 网络公司的产品销售继续减缓，在 12 月这个季度同比仅增长 4%。F5 网络公司管理层将疲软归因于暂时的宏观经济疲软，并再次预计到 2013 年下半年，近期的硬件更新再加速产品收入增长达到 18% ~19%。华尔街的分析师们预计 F5 网络公司的产品收入增长率在 20% 以内。

当它原来关于 F5 网络公司的做空观点没有实质性改变时，华尔街之外咨询集团仍然持怀疑态度。消息来源表明大规模的云服务提供商和私有云正在走向一个软件驱动的网络化工作方式，其中硬件被当作商品化的资产池。在 2013 年 2 月股价回升至 101 美元后，华尔街之外咨询集团发布了一个新的做空建议。F5 网络公司股票在接下来的 6 个月再次下跌了 30%，从 101 美元跌至 70 美元，华尔街之外咨询集团仍坚持其空头头寸。

资料来源：华尔街之外咨询集团。

当故事遭遇预料之外的重大变故时，放弃

当陷入困境的公司宣布扭转计划和投资者信从该计划时，市场预期开始上升。如果投资者认为该公司有低杠杆率和它会产生相当不错的现金流，他们可以在扭转之前付清股票。管理层可以通过鼓励投资者忽略短期问题和聚焦长期扭转目标来利用投资者的热情。投资者可能会倾向于保持乐观，至少在一个多年计划的第一年。如果股价上涨

超过30%，放弃可能是明智的，当有更清晰的证据出现时，则应当重新审查投资观点。

案例研究：西联汇款公司（WU）

在西联汇款公司报告2012年第三季度营业收入下跌了3%，低于市场平均预估后，股价下跌30%至12.73美元。在电话会议上，西联汇款公司首席执行官（CEO）淡化了竞争性定价氛围，并将业绩未达到预期归咎于宏观经济疲软和更严厉的监管合规规范。当一位客户问我西联汇款公司是否是一只价值型股票，我开始研究该公司。

2006年，西联汇款公司剥离了第一数据公司（First Data），从用户通过其485000代理商的汇款中获得了84%的营业收入。发汇和收汇代理商都收到一定比例的佣金收入。代理商的主营业务承担实物基础设施和人员的成本。西联汇款公司最近收购了通济隆公司（Travelex）的B2B业务以提升其业务支付解决方案。它还与万事达卡公司联合进入预付卡业务。[1]

我的研究表明资金转账行业是高度分散的。作为有强劲现金流的规模最大的参与者，西联汇款公司面临来自较小的新竞争对手（如Xoom公司）的竞争，[2]并面临现有竞争者如速汇金国际公司（MGI）和Ria金融服务公司的定价压力。[3]我对西联汇款公司交易的经济状况（表10.1）的分析表明其单位定价和盈利能力有结构下降的迹象。而西联汇款公司已授权5.5亿美元的股票回购和增加派息，它极力降价，这可能会持续盈利能力的下降趋势。西联汇款公司似乎是一个价值陷阱。

表 10.1　西联汇款公司交易的经济状况

	2007	2008	2009	2010	2011	2012	2013 第一季度
交易费	3，286.6	3，532.9	3，373.5	3，434.3	3，580.2	3，545.6	872.0
交易数量（百万）	167.7	188.1	196.1	213.7	225.8	230.98	55.44
变动百分比	14.0%	12.2%	4.3%	9.0%	5.7%	3.0%	-2.0%
每笔交易费用	19.60	18.78	17.20	16.07	15.86	15.35	15.73
变动百分比	-5.80%	-4.20%	-8.40%	-6.60%	-1.30%	-3.20%	2.50%
代理商费用	(1，966)	(2，165)	(2，012)	(2，085)	(2，171)	(2，279)	(2，252)
每笔交易代理商费用	(11.7)	(11.5)	(10.3)	(9.8)	(9.6)	(9.9)	(9.8)
每笔交易单位利润	7.88	7.27	6.94	6.31	6.24	5.48	5.94
变动百分比	-14.7%	-7.7%	-4.6%	-9.0%	-1.2%	-12.1%	8.3%

资料来源：西联汇款公司提交给美国证券交易委员会的文件。

我建议不要买西联汇款公司股票，在股票下跌后，根据回购公告，但我没有想建议做空它。我一直等待做出做空建议直到2013年2月，股票上涨了15%，第四季度的盈利报告是导致股票上涨的原因。该股横盘整理直到5月份第一季度利润的公布，那时西联汇款公司已表示本季度价格上涨趋势形成。它增强了指导，该股上涨了5%。

这种新的信息可能会在短期内颠覆我的观点，我查看了价格上涨对交易量以及竞争对手交易量的影响。2013年第一季度，西联汇款公司的竞争对手—速汇金国际公司和Xoom公司，分别报道了它们的交易量有11%和51%的增长，而西联汇款公司报告交易量下降了2%。这似乎是竞争正在夺取西联汇款公司的市场份额，我没有放弃。

今年7月，自从我做出做空建议之后，西联汇款公司股票上涨了

20%，关于我的价值陷阱观点，我似乎错了。我告诉我的客户，我会等到2013年第二季度的盈利结果来审查我的观点。Xoom公司和速汇金国际公司比西联汇款公司提早报告业绩，分别宣布57%和14%的相当不错的交易增长。后来，西联汇款公司报告交易增加了3%，由于市场忽略了其单位盈利能力的下降，股票收盘上涨了1%。

由于几个原因，从风险管理的角度来看，我决定放弃。西联汇款公司预计2014年的交易和收入将增长，并暗示2014年涨价。该股现在已经上涨了30%，并可能继续上涨，前提是希望西联汇款公司继续回购股票。空头净额比率达到9%，翻了一倍，逼空现在构成了一个潜在的风险。

当增长持续超过预期时，放弃；当业务周期开始改变时，重新审查

当公司开始建立产能以满足意想不到的市场需求的激增时，它们可能得意忘形，并过度建设产能。只要订单量和销售额超过期望，投资者可以继续付清股票；但是，一旦在增长曲线上有一个拐点，估值倍数开始再次评估向下。当经济增长减速或下降时，根据这个假设做空股票，这可能是预测的一个坏主意。当有增长周期的一个中断的明确证据和明确的催化剂（如竞争和监管的威胁或需求放缓）出现时，最好是做空。在缺乏明显的催化剂的情况下，做空可能导致巨大损失。

案例研究：三一工业公司（TRN）

2011年，当北达科他州和蒙大拿州的巴肯页岩矿区的石油产量经历了巨幅增长，美国页岩油革命变得显而易见。石油产量的突然激增

对轨道车制造商是一个福音，因为2012年通过铁路的原油运输继续迅猛发展。炼油厂与铁路公司一起开始订购油罐车，导致油罐车供应紧张。这似乎是2005年乙醇热潮期间的轨道车产能逐步增长的一种似曾相识的感觉。在随后的几年里，乙醇泡沫破裂，而轨道车已建成过剩产能。[4]

随着轨道车制造和轨道车租赁集团连续6个季度超过30%的增长，三一工业公司（Trinity Industries）是最大的受益者。高的经营杠杠和财务杠杆已帮助三一工业公司达到历史最高的营业毛利。公司决定建立轨道车租赁业务的合资公司，这将有助于增加额外的十亿美元的订单量。2013年5月，在他们宣布成立合资公司后，由于积压订单似乎难以为继，我开始致力于把三一工业公司做成做空案例。德州轻质原油（WTI）和布伦特（Brent）原油价差为每桶20美元,，达到历史最高，这使得铁路原油运输经济上可行。然而，由于巴肯页岩油变得更便捷了，原油价差也注定要收窄。轨道车租赁往往是短期的，如果原油价差收窄，承租人倾向于取消租赁。[5]

在一列运载原油的轨道车在魁北克省梅干提克湖爆炸之后，这成为了万众瞩目的焦点，我怀疑轨道车制造商将面临调查和更严格的监管。管道一直被认为是一个更安全的输油选择；然而，新的输油管道建设被推迟了，钥石（Keystone）输油管道面临环境障碍。在缺乏明确的催化剂的情况下，我发表了做空观点，因为我相信与轨道车制造相关的担忧最终会浮出水面。由于三一工业公司的租赁合资公司的持续轨道车需求帮助它增加了订单量，[6]我的观点在接下来的两个季度被证明是错误的。2013年12月，在该股上涨了20%后，由于没有任何监管调查的迹象，我平仓了。

2014年，三一工业公司继续经历强劲的需求，到2014年6月，该股又上涨了70%。2012年，针对三一工业公司提起的护栏检举人案件刚刚以未决审判为结局。检举人指控三一工业公司对其中一款高速公路护栏产品做了秘密改变，这造成交通工具受损而不是减速。然而，2014年7月，在一连串的火车起火事故后，美国交通运输部提出了新的防范安全风险的规则。现在有一个明显的催化剂，这似乎是做空三一工业公司的一个更好时机。

2014年10月21日，联邦陪审团裁定三一工业公司在检举人案件中有罪，并要求三一工业公司向美国政府支付5.25亿美元的损害赔偿金。消息公布后，该股下跌了12%，随后又下跌了33%。我们回补了一半的空头头寸。由于石油供应过剩，德州轻质原油和布伦特原油价差也收窄至2美元，铁路运输石油需求放缓。在11月和12月，石油价格加速下跌，三一工业公司股价又下跌了20%。我们回补了剩余的空头头寸。

热门股票、高空头净额比率：远离热门的做空

当空头对利好消息（如并购、分析师上调评级、利好的公司公告、监管做空禁令等）、追加保证金通知和停止损失做出反应时，他们被迫回补空头头寸，逼空行情迅速推高了股价（通常是严重被做空的股票）。逼空是做空者唯一的最大风险。

2008年，在保时捷公司宣布它通过现金结算期权获得了大众汽车公司额外的31.5%的股份，并打算将持有大众汽车公司的股份从42.6%增加至74.1%后（图10.1），大众汽车公司（VW）的股票飙升了近5倍。保时捷公司的公告导致了市场猜测大众汽车公司只有不到6%的可供交易浮动筹码，而12.8%的大众汽车公司股票被做空，造成

回补大众汽车公司股票的恐慌性需求和逼空。[7]

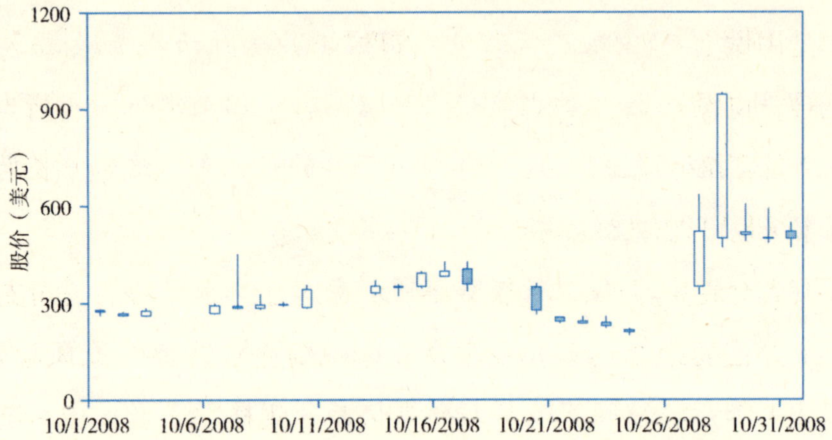

图 10.1　在 2008 年逼空行情期间，大众汽车公司股价飙升

资料来源：大众汽车公司 2008 年年度报告，彭博社。

做空者蜂拥进入存在的问题被市场广泛了解的公司。他们可能仅凭纯属臆测或只因找不到其他令人信服的做空思路就积极加入已经热门的做空。然而，热门做空的成功几率很低，因为市场预期可能已经被黯淡的前景调和了，任何利好消息都可能提升预期并挤走空头。

牛市的上涨潮也可以拯救陷入困境的公司。2013 年 1 月 5 日，在罗素 1000 指数中共有 168 只个股有超过 7% 的空头净额比率，而 70% 的这些股票在接下来的 6 个月里平均上涨了 38%。做空它们的成功几率将不到 30%。

成长股、明星首席执行官：不要阻碍一辆失控的火车！

我们已看到许多以高估值倍数交易的高增长公司例子，这些估值倍数可以不断扩大。一位明星首席执行官，特别是一位善于交际的首席执行官，会使用逼空做空者的利好惊喜引发股价上涨。最好不要阻碍这种失控的列车；纯粹基于高估值的做空危险是相当明显的。

这是用做空者的语言反对明星首席执行官的语言。当阻碍公司的增长很难，也没有对公司的增长造成迫切威胁时，市场可以理所当然地投票支持首席执行官。当首席执行官可以推动公司步入长期增长目标轨道时，市场也可以忽略短期波动。

投资者会特别对成功创办了多家企业的企业家经营的公司支付溢价估值，并密切跟踪这些企业家从一家风险企业到另一家风险企业。在最近几十年，硅谷创建了几家数十亿美元规模的企业，在一定程度上科技和增长似乎是同义词。特别是前贝宝公司员工，普遍被媒体称为“贝宝帮”，仅在过去 10 年，他们已经建立了很多数十亿美元规模的公司，包括 YouTube 公司和领英公司（LinkedIn）。

2001 年 9 月，在互联网泡沫破灭后，贝宝公司申请首次公开发行股票（IPO）。2002 年 2 月 15 日，新股上市，市值为 12 亿美元。贝宝公司提供网上缴费服务，它是 eBay 公司交易平台的自然延伸，因为它取得的 70% 收入来源于 eBay 公司。[8] 2002 年 7 月，在贝宝公司首次上市的四个月内，eBay 公司宣布它将花 15 亿美元收购贝宝公司。许多有百万美元身价的贝宝公司员工离开 eBay 公司加入或支持成功的创业公司（表 10.2）。[9]

表 10.2　著名的贝宝公司员工

贝宝公司员工	职位	他们加入或支持的主要风险企业
埃隆·马斯克	创始人和首席执行官	美国太空探索技术公司（SpaceX）、特斯拉汽车公司、Solarcity 公司
彼得·蒂尔	首席执行官兼董事会主席	Palantir 公司、Corrum 资本管理公司、脸谱公司

续表

贝宝公司员工	职位	他们加入或支持的主要风险企业
麦克斯·拉夫琴	首席技术官	Slide 公司、Yelp 公司
罗素·西蒙斯、杰里米·斯托普尔曼	工程	Yelp 公司
戴维·萨克斯	执行副总裁、产品	Yammer 公司
雷德·霍夫曼	执行副总裁、企业发展	领英公司、Zynga 公司等
鲁洛夫·博塔	首席财务官	YouTube 公司
陈士骏、查德·赫利	工程	YouTube 公司
约翰·马洛伊	董事	Waze 公司
凯斯·拉波斯	执行副总裁、企业发展	领英公司、Slide 公司、Square 公司、Yelp 公司、Xoom 公司、科斯拉风险投资公司

1999 年，从埃隆·马斯克把他的第一家创业企业 Zip2 公司卖给康柏电脑公司担任贝宝公司创始人和首席执行官之前，他已经是一个百万富翁。[10] 2001 年，他从贝宝公司的股权出售中赚取了 1.5 亿美元，并继续进行成功的大胆投资。2003 年，他创立了美国太空探索技术公司，这是美国国家航空航天局（NASA）为国际空间站挑选示范货物运输的一家冒险的火箭风险企业。美国太空探索技术公司后来被授予 16 亿美元运输货物补给任务合同。[11]

2004 年，马斯克向特斯拉汽车公司投资了 630 万美元，特斯拉汽车公司是一家电动汽车创业公司，马斯克作为董事长加入特斯拉汽车公司，2008 年，他最终成为特斯拉汽车公司的首席执行官。2010 年 6 月，在首次公开发行股票时，马斯克持有特斯拉汽车公司 65% 的股份，是特斯拉汽车公司的主要资金来源。2006 年，他还向一家太阳能安装创业公司—SolarCity 公司投资了 1000 万美元，[12] 他作为董事长加入 SolarCity 公司，2012 年 12 月，在首次公开发行股票时，他持有 SolarCity 公司 32% 的股份。

特斯拉汽车公司和 SolarCity 公司自上市以来，一直被严重做空，它们也一直受到媒体的关注，媒体上有诸多关于它们前景的讨论。[13]做空者怀疑它们的商业模式，并保持拉锯战。2013 年，当两家公司都推出提升增长前景的融资方案时，转折点到来，这压倒了持怀疑态度的空头。特斯拉汽车公司和 SolarCity 公司现在都有一个可行的由融资支持的收入模式。

案例研究：特斯拉汽车公司（TSLA）

对空头而言，拉锯战糟糕结束

2006 年，特斯拉汽车公司推出它的第一款电动车型—电动敞篷跑车（Roadster），2008 年，开始为 900 辆预订订单生产。在 2008 年金融危机中，特斯拉汽车公司被德国戴姆勒股份公司拯救，戴姆勒股份公司投资 5000 万美元换取其 10% 的股份。同时，美国能源部（DoE）批准了特斯拉汽车公司 4.65 亿美元的贷款，这使其将生产目标从 2008 年的每年 800 辆提高至 2012 年的每年 20000 辆。特斯拉汽车公司给两款新的电动敞篷跑车车型定价在 100000 美元以上，在 2010 年 6 月 29 日股票上市前，共交付 1063 辆汽车。[14]

到首次公开发行股票时，特斯拉汽车公司还收到了刚宣布的新的四门车型—Model S 的 2200 个订单，预计售价 49900 美元起，该车型有资格获得每辆车 7500 美元的联邦税收抵免。在首次公开发行股票中，特斯拉汽车公司筹集了 2.26 亿美元，还从日本丰田汽车公司吸引了 5000 万美元的投资，股票上市首日上涨 40%，收于每股 23.89 美元。做空者预计特斯拉汽车公司将不赚钱，直到 2012 年它开始起运 Model S

电动汽车。他们认为特斯拉汽车公司还低估了生产成本和现有竞争对手的竞争。在他们看来，基于估计2015年电动汽车市场将增长6倍达到1060万辆的报告，特斯拉汽车公司高估市场规模。

自2008年特斯拉汽车公司第一次开始交付电动敞篷跑车以来，到2011年底，它已累计交付了2150电动敞篷跑车，而在2012年6月开始生产的6个月内，它预计交付5000辆Model S电动汽车。做空者对此持怀疑态度，当2012年9月特斯拉汽车公司经历生产的短暂停顿时，他们赢得了第一轮。特斯拉汽车公司也增发股票募资1.28亿美元，其中马斯克主动提出购买100万股。

2012年，特斯拉汽车公司生产了3100辆Model S电动汽车，低于其生产5000辆Model S电动汽车的目标。然而，不久后，2012年12月，它宣布它已达到年产20000辆电动汽车的生产运行率目标。由于生产的不确定性被清除，并为特斯拉汽车公司宣布增加新的Model X电动汽车每年10000至15000辆产能铺平了道路，做空者顾影自怜。对于结束连续亏损，特斯拉汽车公司非常乐观。

2013年是特斯拉汽车公司标志性的一年，它的增长继续势不可挡。马斯克可能已看到增长的到来，2012年9月13日，当他接受福克斯商业电视台的采访时说："做空特斯拉汽车公司股票是一个巨大的错误，对于那些做空特斯拉汽车公司股票的人而言，这是一场带来伤害的海啸。"在接二连三的消息之后，空头被击败，特斯拉汽车公司的股票飙升超过4倍，达到每股180美元（图10.2）。

1. 特斯拉汽车公司安排新闻发布会透露融资方案；2. 分析师怀疑该融资将激发需求；3. 特斯拉汽车公司公布调整后的第一季度利润，这个季度销售了5000辆Model S电动汽车；4. 特斯拉汽车公司通过增发募资10亿美元以偿还美国能源部的贷款；5. 高盛集团分析师下调特

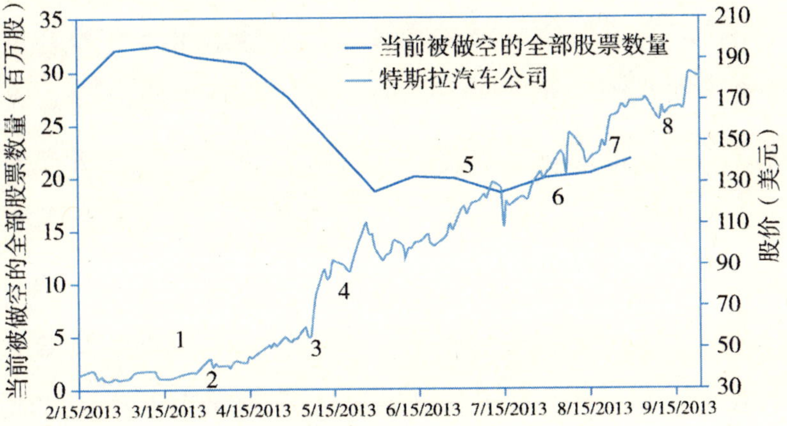

图 10.2　特斯拉汽车公司股票的主要新闻流影响

斯拉汽车公司评级，表示股票挑战重力；6. 特斯拉汽车公司报告第二季度经营成果，销售了 5150 辆 Model S 电动汽车，超过了自己的 4500 辆目标销售量；7. 在为 Model E 电动汽车的名字申请商标后，特斯拉汽车公司股票上涨 6%；8. 德意志银行分析师将股价目标上调至每股 200 美元。

资料来源：特斯拉汽车公司新闻稿、彭博社。

在三起特斯拉汽车起火被报道后，空头并没有准备放弃特斯拉汽车公司。一系列的媒体报道紧随其后，而这些起火的特斯拉汽车的图像却不断地在电视上重播。由于这些事故的涉事司机公布了积极的叙述，马斯克再次行动控制损失。涉事司机说如果这样的情形发生在其他汽车中，他们可能早已死亡，而在着火前，特斯拉汽车给了他们足够的警告来靠边停车，并逃离汽车。特斯拉汽车公司股价复原，但空头并没有放松。

当马斯克宣布计划投资 50 亿美元建造世界上最大的电池工厂时，

做空观点的下一步逐步发展。特斯拉汽车公司宣布它至少出售16亿美元的可转换债券来为该项目提供资金，并与日本松下电器公司签订合作伙伴关系，日本松下电器公司是特斯拉汽车使用电池中最大的锂电池供应商。当空头指出在最近电池公司破产事件中存在明显的失败风险时，他们找到了新的弹药。另一个担忧是没有足够的电池需求可以提供规模经济，并降低电池成本。该公司股票再次下跌了30%。

2014年5月9日，我在纽约证券分析师协会的一个做空小组上发言（这是本·格雷厄姆诞辰120周年）。在持续的担忧中，那天特斯拉汽车公司股价刚创下低点，我同小组成员准备做空特斯拉汽车公司。2013年，小组中的其中一人对特斯拉汽车公司发起了一个小规模的空头头寸，并认为特斯拉汽车公司现在已经成为一个有吸引力的做空对象。

因为做空特斯拉汽车公司的观点的最大风险是与埃隆·马斯克对赌，马斯克有着令人惊叹的化险为夷的成功纪录，我不同意我同小组成员的观点。马斯克直接参与了六家自行创办或联合他人创办的数十亿美元公司的经营管理。而这些公司的其中几家经历了濒死体验，最终获胜。简单的贝叶斯数学指出与马斯克对赌的成功几率很低，我唯一的观点是不要与对他对赌。

“翻船”的公司、“明星船长”：管理明星的能力可以重振股票

在前面的例子中，我们已经看到当“明星船长”所处行业进入衰退期，产品由于新兴替代品的出现失去实用价值，甚至“明星船长”也无法扭转他们的公司。然而，当问题仅是公司特有而不是存在于更

广泛的行业时，“明星船长”卓越的能力有很高的成功几率。让我们特别注视科技行业。

科技行业拥有所有行业中最具活力的竞争格局。很少发现科技公司长期垄断控制市场，而经常发现由于颠覆性技术，科技公司失去优势。一些科技公司花钱创新（这在利润表上体现为研究和开发费用），而其他科技公司购买创新公司（这在资产负债表上体现为资本项目）。双方的策略对保持领先或甚至留在原地都很关键！

科技公司通常会产生大量的现金，他们不断地将现金再投资到核心研究和创新概念的高价收购，但在它们失去关键的高管后，它们常常处于现金的艰苦挣扎中。在经过一系列不良收购和失败产品的烧钱之后，这些科技公司可能最终成为价值陷阱；然而，在这些科技公司已经使市场预期破灭后，做空它们可能很危险。如果这些科技公司能聘请一位“明星船长”，市场可能在它们的抢救中重新燃起希望。

案例研究：雅虎公司（YHOO）

自从2002年雅虎公司输给谷歌公司失去搜索引擎的主导地位和对其他搜索引擎收购失败以来，雅虎公司可能是堕落天使最恰当的例子。从那时起，雅虎公司错过了许多关键的收购，如脸谱公司，并进行了不良的收购，如地理城市公司（GeoCities）。2008年，在雅虎公司拒绝了微软公司主动提出的收购出价后，该公司股票下跌，在接下来的四年里，它仍然是一个价值陷阱。

从那时起，雅虎公司可以说是一步走错，步步皆错，而科技行业的其他公司则经历了来自许多创业公司和竞争对手的本垒打。雅虎公司在接下来的四年换了五位首席执行官，失去了对阿里巴巴宝贵股份的控制，执行重组计划也失败了。2012年，在雅虎公司解决了其与阿里巴巴公司的争端并宣布回购股票后，雅虎公司股票的下跌趋势得到了遏制；然而，雅虎公司真正的扭转颓势是雇用了从谷歌公司离职的玛丽莎·梅耶尔。在宣布玛丽莎·梅耶尔被任命为雅虎公司新的首席执行官后，市场预期提升。

梅耶尔追求她老东家激进收购的核心战略，购买了十几家公司，包括高价收购汤博乐公司（Tumblr）。分析师对她的战略目标表示怀疑，而投资者则对她的谷歌公司渊源寄予希望。在梅耶尔担任首席执行官的第一年，尽管雅虎公司在收入或利润方面表现出增长惨淡，雅虎公司股票仍上涨超过70%。[15]

隐藏选项：等待释放的价值

在公司商业模式中的隐藏选项有时可能释放超过股价很多倍的价值。当公司拥有一个强大的分销网络来提供产品或服务时，这样的选项就更有价值。在这样的情况下，一家公司交付新产品和服务的速度仅限于开发或收购新产品的所需时间。当投资者对股票的情绪变糟时，市场可能低估分销网络和其他隐藏选项。

案例研究：美国视频点播网站 Netflix 公司（NFLX）

自2009年以来，Netflix 公司股价已上涨7倍至每股295美元，打败了做空者（包括几位知名的做空者）。2012年7月，作为分离 DVD 租赁和在线流媒体服务的部分计划，Netflix 公司宣布了涨价和新的订阅方案。Netflix 公司的客户对涨价和登陆两个独立网站的不便感到非常愤怒。在接下来的几个月，媒体和分析师发起一系列的针对新政策的长篇大论，迫使 Netflix 公司首席执行官道歉；然而，道歉似乎太少且太晚。Netflix 公司基本上已自作自受，导致股价在四个月内下跌超过 70%。

对 Netflix 公司股票而言，坏消息并没有结束。2011 年 11 月，Netflix 公司决定通过以 85.8 美元的行权价销售可转换债务以筹集 4 亿美元的新资本。在接下来的几个月里，该股继续上下波动，最终收于大约每股 60 美元。到 2012 年 7 月，Netflix 公司成为做空者的众矢之的。来自亚马逊公司、CoinStar 公司和沃尔玛百货公司对 Netflix 公司商业模式的威胁成为热门的讨论话题。新闻节目的嘉宾们强调内容所有者如何行使权力和 Netflix 公司如何争取重新谈判其视频内容合同。普遍的看法似乎是内容所有者已使内容聚合的商业模式无用。Netflix 公司似乎注定要失败。

我已跟踪 Netflix 公司多年。当市场空头认为 Netflix 公司的商业模式被摧毁，在股价下跌 70% 后，股价甚至将滑向更低，这引起了我的兴趣。空头基本上主张 Netflix 公司是一个价值陷阱，并且现在 2300 万名会员的用户群处于长期的下降通道。[16] 我开始评估关于 Netflix 公司的做空观点以找到任何跟这个价值陷阱论点相关的暗藏不利因素：Netflix 公司有没有与其 2300 万用户相关的任何隐藏价值？

当心 Netflix 公司的隐藏选项：Hulu 公司[17]

我家里每月花 9.99 美元订阅 Netflix 公司的在线服务，我刚刚还注册了 Hulu Plus。我在 Hulu Plus 上观看《乔恩·斯图尔特每日秀》，并对 Hulu 公司每隔几分钟给我播放广告感到恼火。我每月在 Hulu Plus 上支付 7.99 美元，期望像 Netflix 公司那样的没有商业广告的待遇。

我对 Hulu 公司从广告中赚了多少钱感到好奇。Hulu 公司是迪士尼公司（Disney）、福克斯公司（Fox）和康卡斯特公司（Comcast）拥有的私营公司，Hulu 公司首席执行官在他的公司博客中定期公布其收入和用户数量。有趣的是注意到Hulu公司的用户通过首席执行官发布的博客对Hulu公司的广告进行抱怨。

2011年，Hulu公司取得4.2亿美元营业收入，拥有平均100万的付费用户，到这年年底有150万用户。他们收入的计算似乎很简单，每月8美元订阅方案，订阅收入达到9600万美元（12个月×8美元/月×100万用户）。剩余的3亿多美元营业收入来自哪里（4.2亿美元－0.96亿美元）？答案是视频内广告，按每千人成本或每千人成本基准销售。

YouTube公司有效地建立了视频内广告市场，虽然其母公司——谷歌公司并没有单独披露YouTube公司的营业收入。华尔街分析师已估计YouTube公司占有30亿美元的在线视频广告市场的最大市场份额（超过80%）。未来3到5年，这个市场预计将增长50%。

视频内广告对Netflix公司意味着什么？

视频内广告是Netflix公司的一个真正选项，重要的是要评估这个真正选项的价值以确定Netflix公司是否是一个价值陷阱。如果Netflix公司可以推出针对200万用户（小于2300万当前用户的10%）的新的基于广告的分层定价，按Hulu公司的历史经营结果，Netflix公司能很容易地产生6亿~8亿美元的增量广告收入。Netflix公司将不需要大规模的投资来推出这样的方案，就可以产生50%~60%的增量经营利润（大约4亿美元的增量净利润）。以市盈率为15倍至20倍计算，广告选项的价值大于60亿美元。该股股价可以很容易地翻番。

Netflix公司有其他两个真正的选项：冒险做内部内容制作和引入一种按次计费模式观看电影。两个选项都有潜力提升Netflix公司的内容库。Netflix公司已报告在线流媒体业务的订阅量增长放缓，这并没有令人担忧的订阅群减少的迹象。

从任何角度看，Netflix 公司似乎并不是一个价值陷阱。2012 年 8 月，我推荐客户买入 Netflix 公司股票。

Netflix 公司如何结束？

2012 年 10 月 13 日，Hulu 公司借款 2 亿美元回购 10% 的股份，这部分股份估值为 20 亿美元，其中每个用户隐含估值超过 1000 美元。这个交易似乎很昂贵，可能是因为交易没有涉及外部投资者。然而，本次交易的经济意义暗示 Netflix 公司每个用户估值小于 200 美元，该公司有一个 2300 万的更大订阅群。

2012 年 10 月 31 日，卡尔·伊坎在提交美国证券交易委员会的文件中宣布他最近已购买 Netflix 公司股票和看涨期权，这可以给他带来该公司 9.98% 的控制权。消息公布后，Netflix 公司股价飙升了 20%。五天后，Netflix 公司采用毒丸计划，限制非机构投资者在 Netflix 公司股份中不超过 10%。

市场对卡尔·伊坎和 Netflix 公司管理层之间的拉锯战的任何担忧都满不在乎，并对可能的扭转变得越来越乐观。在对 2013 年 1 月 22 日即将到来的盈利公告保持乐观的过程中，Netflix 公司股票继续上涨。Netflix 公司宣布惊喜的正收益、用户增加和积极的盈利前景。消息公布后，Netflix 公司股价上涨大约 40% 至每股 146.86 美元，并在接下来的 6 个月继续上涨，2013 年 7 月 12 日，该股收盘价为每股 257.26 美元。

概括

- 优化配置和审慎的风险管理限制下行趋势，然而自初始投资以来的发展分析对进行分配改变和风险管理决策是非常关键的。

• 当故事没有发生重大变化时，坚持您的空头头寸。当故事遭遇意料之外的重大变故时，放弃。当重大的催化剂出现时，重新审查做空观点。远离热门的做空：有高空头净额比率的热门股票。

• 不要低估一位明星首席执行官的能力。

• 当您不能阻碍公司增长时，不要阻碍由一位明星首席执行官经营的一只早期成长股。

• 当问题仅是公司特有而不是存在于更广泛的行业时，管理明星的能力可以使股票发生改变。谨防隐藏选项，公司可能行使它们以释放价值。

注释

1. 西联汇款公司（2012－2013 年）。年度报告、季度报告和列报。请检索：http://ir. westernunion. com/

2. XOOM 公司（2012－2013 年）。年度报告、季度报告和列报。请检索：http://ir. xoom. com/

3. 速汇金国际公司（2012－2013）。年度报告、季度报告和列报。请检索：http://ir. moneygram. com/

4. 努涅斯·克莉丝汀（2014 年 7 月 23 日）。《随着起火事故的堆积，美国提出了石油列车的新规则》。请检索：http://news. nationalgeographic. com/news/energy/2014/07/140723－united－states－oil－train－rules－proposed/

5. 李·帕特里克（2014 年 7 月 19 日）。《三一工业公司的护栏检举人案件以无效审判为结局》。请检索：http://www. bloomberg. com/news/2014－07－19/trinity－guardrail－whistle－blower－case－results－

in – mistrial. html

6. 伊沃里·D. 和凯斯勒·A. （2014 年 10 月 20 日）。《护栏制造商三一工业公司对得克萨斯州欺诈行为负有责任》。请检索：http://www. nytimes. com/2014/10/21/business/jury – says – trinity – industries – a – highway – guardrail – maker – defrauded – us. html?_ r = 0

7. 玛茜·莎拉（2008 年 10 月 28 日）。《做空者使大众汽车公司成为世界上最贵的公司》。请检索：http://www. reuters. com/article/2008/10/28/us – volkswagen – idUSTRE49R3I920081028

8. eBay 公司（2002 年 7 月 8 日）。新闻稿。请检索：http://investor. ebay. com/releasedetail. cfm?releaseid = 84142

9. 罗斯马林·蕾切尔（2006 年 7 月 12 日）。《贝宝公司大批员工离职》。请检索：http://www. forbes. com/2006/07/12/paypal – ebay – YouTube_ cx_ rr_ 0712paypal. html

10. 弗里德曼·约什（2003 年 4 月 27 日）。《Zip2 和贝宝公司的创始人准备最新推出》。请检索：http://articles. chicagotribune. com/2003 – 04 – 27/business/0304260304_ 1_ space – exploration – technologies – corp – elon – musk – paypal

11. 美国太空探索技术公司，《关于美国太空探索技术公司》。请检索：http://www. spacex. com/about

12. 马歇尔·马特（2006 年 9 月 15 日）。《马斯克对 SolarCity 公司投资 1000 万美元，处于首位》。请检索：http://venturebeat. com/2006/09/15/musk – leads – 10m – investment – in – solarcity – to – provide – solar – for – all/

13. SolarCity 公司（2012 – 2013 年）。S – 1 表、10 – K 表、10 – Q 表和投资者简报。请检索：http://amda – 14lqre. client. shareholder.

com/index. cfm

14. 特斯拉汽车公司（2010－2013）。S－1 表、10－K 表、10－Q 表、博客和投资者简报。请检索：http://ir. teslamotors. com/

15. 雅虎公司（2000－2013）。10－K 表、10－Q 表和投资者简报。请检索：http://amda－14lqre. client. shareholder. com/index. cfm

16. Netflix 公司（2009－ 2012 年）。年度报告、季度报告、列报。请检索：http://ir. netflix. com

17. 基拉尔·J. （2012 年 1 月 12 日）。2011 年、2012 年及以后（Hulu 首席执行官的博客）。请检索：http://blog. hulu. com/2012/01/12/2011－2012－and－beyond/

第十一章　做空的机制

没有识别能力，知识比实践好。

——薄伽梵歌

做空股票和买股票的机制是不同的。做空股票是在市场上借入股票并销售股票的结合。借入股票引入交易的附加考虑，如借款费用、出借人收回股票、派息，逼空、投票权和监管限制。最重要的是，借入股票增加做空交易的保证金和赎回功能—最关键的风险，它使做空不同于简单地卖出你自己的股票。

一般来说，做空交易的持有期比做多交易短。做空者卖出他们没有所有权的股票，并且交易受制于股票出借人通知追加保证金。因此，重要的是要确定短期内可能对股票产生负面影响的催化剂或事件。

简单地说，买一只股票就像跑一场马拉松比赛，其中终点线是最重要的里程碑。相比下，做空股票就像跨栏比赛，其中短期障碍（获取调用的股票、并购传闻、做空限制等）跟终点线一样重要。

它也有可能进入一个做多（买入）或做空（卖出）交易，而没有买入或卖出实际股票。衍生金融工具，如期权、期货和掉期交易，提供了交易股票或现金股票的替代品。衍生金融工具面向更成熟的投资者，因为衍生金融工具交易中的收益和亏损比股票交易高得多。我还将在本章介绍期权的一些基础知识。

要点

做空是有风险的，因为它涉及借入股票。当你做空一只股票，股票出借人可能忽然强迫你回补（或结束）您的空头头寸，并迫使您在不恰当的时间实现亏损。

做空和购买之间的主要区别

开启空头头寸

您可以开启一个多头头寸，并取决于股票的流动性（交易量）来购买你想要的尽可能多的股票。相比下，一个正常的做空需要您找到出借人并预先借入股票，以便它可以在标准的为期三天的结算期内交付给买方的，避免未能交付。换句话说，你不能做空股票，除非有人先答应借股票给您。

做空长期以来一直被归咎于股市的滥用，尤其是在大萧条时期。1934 年，美国国会指示美国证券交易委员会（SEC）清除股市的做空滥用。当一只股票股价在下跌，美国证券交易委员会采取限制做空股票的规则。这一规则保持六十多年不变，直到 2004 年采用证券做空规则（Regulation SHO）遏制裸卖空[1]。裸做空是指没有先借股票或确定股票可借就卖出股票。

证券做空规则要求经纪自营商了结所有连续存在十三个结算日的未能交付的门槛证券。门槛证券是股权证券，它们有连续五个结算日的总未能交付头寸，合计 10000 股或更多，并至少等于发行人的总流通股的0.5%。交易所更新每日的门槛证券清单和两周的未补做空股数（做空流通股数量）的信息。

您可能已经确定了您最好的做空思路，但如果由于需求旺盛或做空限制，股票无法借入，您将不能做空股票。在这种情况下，可借入股票的成本可能异常高。在这种情况下，衍生金融工具可能是剩下的唯一选择，看跌期权是最常见的用于做空的衍生金融工具。

虽然它可能仍然是可能置于标的股票的衍生金融工具交易（期权、掉期交易或期货），这样的交易可能也热门，使衍生金融工具价格昂贵，并降低做空投资的预期回报率。衍生金融工具的价格，如看跌期权，不仅取决于标的股票价格，也取决于许多其他变化部件（到期时间、股票波动性和利率等），这可能进一步降低回报率。

购买看跌期权就像购买保险

购买看跌期权类似于购买汽车保险。被保险人支付汽车碰撞和责任的保险费，并有权在事故发生时要求赔偿损失。同样，当您买一只股票的看跌期权，您支付期权费保护（或对冲）您的股票投资。

一个看跌期权是如何运作的？

假设您有100股以每股120美元交易的X公司股票，您担心X公司股票可能在未来的6个月里会下跌10美元至20美元。您不想以每股120美元卖出你的X公司股票；但是，您想保护您的损失。换句话说，如果X公司股票跌了，你想通过（看跌）期权在未来6个月以每股120美元卖出X公司股票。您决定购买这种期权（作为看跌期权在期权交易所交易），它的市场价格为每股2美元或一份合同200美元（一份合同通常是以100股为基础）。

几个月后，您的担心实现：X 公司股票以每股 105 美元交易，您在股票上损失了每股 15 美元；但是，通过允许您以每股 120 美元卖出 X 公司股票，您的看跌期权弥补这部分损失。或者，你可以决定保留 X 公司股票，反而卖出看跌期权赚取每股 15 美元的溢价（120 美元减去 105 美元）。如果 X 公司股票超过每股 120 美元交易，您会损失了 2 美元的期权费。

你真的需要拥有 X 公司的股票来购买看跌期权吗？

不是真的。不像汽车保险，这要求您在可以买保险前拥有汽车，看跌期权不需要您拥有股票。那样的话，你会真的从下跌的股票中获利，类似于做空股票。

看跌期权和做空：风险与回报

做空或购买看跌期权背后的思路是从下跌的股票中获利；然而，所涉及的回报和风险有点不同。如前所述，当您购买看跌期权时，您的最大损失是支付的期权费。看跌期权的回报率可以是多倍。例如，您在每股 2 美元的看跌期权上赚取了每股 13 美元的收益（高达 6.5 倍或 650% 的回报率）。

相比之下，如果您以每股 120 美元做空 100 股 X 公司股票，做空投资的名义价值为 120 美元 ×100 = 12000 美元。您的经纪人通常会保留全部收入，并可能要求您保持 30%（或 3600 美元）作为初始保证金，这取决于监管要求。在这种情况下，您的回报率将低至 41.67%（1500 美元/3600 美元）。

然而，如果 X 公司股票上涨了 15 美元或 30 美元，或翻倍，情况会怎样？相比于当您购买看跌期权时损失期权费的有限风险，这里的这个风险似乎是无限的。在这种情况下，购买看跌期权似乎是一个更好的提议，但并非总是如此。看跌期权的价格（或期权费）取决于股票价格以外的许多因素。

看跌期权的期权费也取决于波动性、时间周期、现行利率和行权价（您想卖出股票的价格）。剧烈波动股票将要求更高的期权费，6个月的期权将比3个月的期权价格高。更高的行权价格（您想卖出股票的价格）将要求更高的期权费。

由这些因素引起的更高的期权费增加了成本投资。在此之上，在看跌期权到期达到交易盈亏平衡之前，股价必须下跌至期权费的价值。因为你可能在糟糕交易中损失100%的期权费，一连串的糟糕交易可能会严重削弱您的投资组合。

结束做空交易

在没有保证金或借入资金的情况下，现金股票持有者理论上可以永远持有他们的股票。然而，在面对不利事件—出借人通知追加保证金、监管限制、逼空和保证金不足，仅举几例，做空者可能被迫平仓。

重要的是要明白，出借人继续是股票所有人，尽管他们把股票借给做空者做空。在做空者卖出股票后，这有一点微妙，因为我们现在有第二位股票所有人。例如，如果一家公司20%的流通股被做空，20%的股票由出借人持有，另外20%的股票由从做空者手中购买这些股票的新股东持有。因此，在这种情况下，做空减少了浮动筹码（可供交易股票），从100%减少到60%（100%减20%减20%）。

如果创始人或战略股东持有公司60%的股份，这是否变得更复杂？这不仅变得微妙，而且对做空者非常危险，因为现在浮动筹码降低到0（60%减60%）。即使小部分的出借人决定收回他们的股票，他们可以逼空做空者，迫使他们寻找并回购股票。积极的股票消息也可以迫使做空者止损并轧平。

购买看涨期权是做空者的保险

购买看涨期权可以让您锁定股价于预期的价格（或行权价）。买方支付这个价格保险的期权费，并有权在未来以行权价购买股票。如果被做空的股票持续上涨，对做空者而言，这种保险可以是救星。

一个看涨期权是如何运作的？

假设您做空 100 股以每股 120 美元交易的 X 公司股票。您担心 X 公司的任何积极的盈利或新收购公告可能使他们的股票上涨 10 美元至 20 美元。您不想回补 X 公司股票；但是，您想保护在股票上涨时的损失。换句话说，如果 X 公司股票价格回升，您想通过（看涨）期权在未来 6 个月以每股 120 美元购买 X 公司股票。您决定以市场价为每股 2 美元或一份合同 200 美元（一份合同通常是以 100 股为基础）购买这种期权。

几个月后，X 公司股票以每股 135 美元交易，您在空头头寸上损失了每股 15 美元；但是，通过允许您以每股 120 美元购买 X 公司股票，您的看涨期权弥补这部分损失。或者，你可以决定保留 X 公司股票做空，反而卖出的看涨期权赚取每股 15 美元的溢价（135 美元减 120 美元）。如果 X 公司股票以低于每股 120 美元交易，您会损失 2 美元的期权费。

当您购买看涨期权时，您的最大损失是支付的期权费，类似于看跌期权。看涨期权的回报率可以是多倍。您在每股 2 美元的看涨期权上赚取了每股 13 美元的收益（高达 6.5 倍或 650% 的回报率）。相比之下，如果您已经以每股 120 美元购买了 100 股 X 公司股票，您的回报率将低至 12.5%（1500 美元/12000 美元）。

看涨期权与做空

卖出看涨期权有点类似于做空股票，因为您敢说股价不会上涨。在前一个例子，当您卖出看涨期权时，您收到了 2 美元的期权费，如果股票不上涨超过 120 美元，您可以保留这个期权费。然而，如果 X 公司股票上涨到 135 美元，您每股亏损了 13 美元。

当您卖出 X 公司股票的看涨期权时，您的最大利润是收到的 2 美元期权费，即使 X 公司股票每股下跌了 10 美元。相比之下，在这种情况下，持有空头头寸很可能每股赚取 10 美元的利润。

持续时间或做空的持有期

由于做空交易的可赎回本质（出借人有权收回他们的股票），在股票投资组合中增加空头头寸降低了投资组合的持续时间或持有期。不合时宜的做空股票的收回可能会导致不必要的亏损。虽然它可能很难消除这种定时风险，合适的空头头寸规模（不集中的空头头寸）可以减轻亏损的大小。

投资最低预期回报率和回报

在没有保证金的情况下，股票的投资最低预期回报率是零或其基准指数。不过，除了基金基准外，做空投资至少有借贷成本加股票股息率的投资最低预期回报率。只做空头的基金可以将股票的现金收益投资于基金基准或市场以消除基准风险。

做空投资的回报几乎是做多投资相反的写照。一个做空思路的最大上行回报率和一个做多思路的最大下行回报率是100%。反之，一个做空思路的最大下行回报率和一个做多思路的最大上行回报率理论上是无限的。用沃伦·巴菲特的话讲："你做空不能赚大钱，因为大亏损的风险意味着你不能下大赌注。"[2] 做空股数可能只是故事的一方面。

做空可能不一定是出于对股票的看跌意见。配对交易、套利和做市商活动也构成了做空交易量和做空股数的很大一部分。这几乎是不可能深入了解这些做空交易的做多同行。例如，如果一位基金经理透露了他或她在做空一只铜股票，很难说基金经理是否在对冲建筑行业股票或看跌铜。

对于谁在做空股票，缺乏披露

做空股数的统计数据表明一只股票做空活动的水平和变化，而不是做空赌注背后的参与者；但是，著名的做空者往往透露其空头头寸。在另一方面，持股报告提供更多股票股东的本质、他们的持股水平和最近持股变化情况（表11.1）。

表11.1　谷歌公司的做空股数

结算日	当前被做空的全部股票数量	平均每天股票交易数量	回补的天数
2012.09.14	3，524，796	2，681，179	1.314644
2012.08.31	4，118，402	2，189，948	1.880594
2012.08.15	4，180，876	2，224，799	1.879215

续表

结算日	当前被做空的全部股票数量	平均每天股票交易数量	回补的天数
2012.07.31	3，903，004	2，955，335	1.320664
2012.07.13	3，835，260	2，257，680	1.698762

资料来源：彭博社。

税收处理主要是短期收益或亏损

做空收益和亏损大多被视为短期，但根据在股票交付给出借人以结束做空交易前的持股时间，它们有时可以被视为长期。支付给做空的股息的税收处理取决于持有期的要求，这可以限制您扣除持有不到46天的空头头寸的股息，但允许你增加回补股票的方式。

要点

做空在许多方面不同于购买股票，包括机制、潜在利润或亏损的税务处理和最低预期回报率。

做空股票基金的常见类型

做空股票基金的常见类型包括多空对冲基金、只做空头或偏重做空的基金、130／30多空共同基金以及短期和超短期的交易所交易基金（ETFs）。

做空并不适合所有人

做空的纪律不适合普通个人投资者；它面向拥有先进的研究和风险管理资源的机构投资者。

对冲基金在做空战略中占主导地位，它们的章程授权其做空股票。它们同时提供只做空和多空产品。在过去的5年里，传统上提供只做多产品的共同基金和交易所交易基金（ETFs）已开始提供多空基金（例如：130／30或150／50）和只做空的交易所交易基金。

做空者面对多种因素：非对称回报、逼空风险、短期资本收益处理、借款成本等等。他们的利益经常与市场上的每个人发生冲突—发起人、华尔街分析师、知名投资者以及甚至监管者。

那么，做空背后的机构的动机是什么呢？良好的做空策略承诺保护下行趋势和潜在地交付正收益，允许基金经理甚至在熊市中产生正收益。

概括

• 为了做空，做空涉及借入股票。

• 借入股票使做空有风险，因为出借人可能忽然强迫您回补（或结束）您的空头头寸，并迫使您在不恰当的时间实现亏损。

• 衍生金融工具，如期权和期货，提供了股票或现金股票的替代品。。看跌期权是最常见的用于做空的衍生金融工具。

• 买入看跌期权类似于做空股票。买入看涨期权通过提供对股价飙升的保护，降低做空股票的风险。卖出看涨期权是做空的不好的替代品。

• 逼空是做空者的单一最大风险。

• 做空在许多方面不同于购买股票：机制、潜在利润或亏损以及它们的税务处理和最低预期回报率。

• 做空是面向拥有先进的研究和风险管理资源的机构投资者。

• 多空对冲基金、130－30 共同基金和超短期交易所交易基金是最常见的做空股票的投资基金。

注释

1. 证券交易委员会（2003 年 11 月 13 日）。《提出的做空新规》。请检索：http://www.sec.gov/rules/proposed/34－48709.htm

2. 斯特劳茨·蒂莫西（2012 年 8 月 22 日）。《不要低估自己》。请检索：http://ibd.morningstar.com/article/article.asp?id＝565378&CN＝brf295,

http://ibd.morningstar.com/archive/archive.asp?inputs＝days＝14;frmtId＝12,%20brf295

词汇表

可调整利率抵押贷款（ARM）：初始期间有固定利率的抵押贷款，该贷款可以是两年期、五年期、七年期或十年期。在固定利率的初始期间结束时，抵押贷款利率调整为浮动利率。

每单位平均收入（ARPU）：电信行业的一个常用的关键绩效指标（KPI），用于反映每销售一部手机所产生的收入。

资产支持证券（ABS）：资产证券化起源于汽车贷款和信用卡应收账款等资产的证券化。（见证券化产品）

布莱克—斯科尔斯定价模型：公司使用这种流行的数学模型对欧式衍生金融工具进行定价（例如：员工股票期权、认股权证和可转换债券）。

催化剂事件或新闻：它们可以触发对股票价格的一个正面或负面的反应。投资者和分析师都喜欢识别和关注催化剂（盈利、产品发布、重组、管理层变动、月零售额、产能扩张等）以确定他们的买入或卖出决定的时间。

担保债务凭证（CDO）：它是资产支持证券的一部分，它可以基于贷款、债券、商业地产、结构性产品、或金融衍生工具的担保合成凭证，如信用违约互换和其他担保债务凭证而生。

可比同店销售额（也称为可比额、可比销售额、同店销售额，类似商店销售额）：它通常是指已经营一年或以上的商店的收入增长。许多零售企业按月报告可比同店销售额，并且有一些零售企业按季度或年度报告。对零售股而言，可比同店销售额是一个密切关注的数据。

信用违约互换（CDS）：信用违约互换工具允许投资者以有限的下跌空间做空债券，就像股票的看跌期权。信用违约互换与公司或主权实体发行的债券或贷款的保险合同相同。一位信用违约互换合约持有人向卖方支付固定费用，而如果发行人违约，卖方同意支付贷款或债券的票面价值。发行人违约可能不一定意味着破产或无力偿付债务，但当债券发行人未能满足一定偿债条件或贷款契约（例如，未能支付利息或保持盈利能力与债务的一定比例关系）时，它可能触发一个信贷事件。

信用违约互换是一种主要由机构投资者和投资银行交易的柜台交易（OTC）金融工具。一个典型的合同可能是基于一个国际互换与衍生工具协会（ISDA）的主协议制定，并面向特定投资者的需求定制。信用违约互换是在20世纪90年代推出，但在2008年金融危机期间引起了公众的注意。

信用违约互换指数（CDX）：它是信用违约互换的一种类似于股票

的标准普尔500指数的指数。信用违约互换指数可以基于投资级信用、高收益信用或其他信用证券。在金融危机时，当少数几个投资者对这些指数下成功的做空赌注时，信用违约互换指数和资产证券化指数（一种次级抵押贷款支持证券指数）开始崭露头角。信用违约互换指数和资产证券化指数可以为信用工具提供保险保障。

周期性：公司的销售与扩张或衰退经济周期的相关性。在经济衰退后，一旦经济开始复苏，早周期股如金融股往往最先反弹，其次是中周期股如工业股，然后是晚周期股如材料股和能源股。在经济衰退阶段，防御性股票如公用事业股和日用消费品股往往跑赢大盘。

产权比率（D/E）和债务资本比率（D/C）：产权比率是长期负债与股东权益账面价值的比率，而债务资本比率是长期负债与资本总额（负债+股东权益）的比率。产权比率或债务资本比率表明该公司的负债水平，也被称为杠杆比率。杠杆比率和偿债比率是一家公司负债的重要指标。

回补的天数：所有做空者回补他们的空头头寸所需的天数；该计算是基于股票的平均交易量。如果一只股票的日平均成交量是300万股，而当前被做空的全部股票数量是600万股，这将需要两天时间来回补整个空头头寸。回补的天数也被称为做空比率。

（总负债+融资租赁）与息税折旧摊销租金前利润的比率：当一家公司有长期经营租赁合同，总负债与息税折旧摊销前利润的比率并不能反映其真实的偿债能力。在这种情况下，总负债可以调整包括融资租赁，租赁费可以加回息税折旧摊销前利润。分析师通常使用租赁费的8倍作为融资租赁的替代。总负债与息税折旧摊销前利润的比率低于或接近1可能是一个预警信号。

折现现金流量（DCF）/净现值（NPV）：折现现金流量和净现值法预测一家公司未来的现金流量，并将其折现为现值以确定股票的价值。这个折现法是基于货币的时间价值这个概念；即，今天一美元的价值会超过明天的一美元的价值。折现现金流量的估值基于两个关键的假设：(1) 收入和盈利预测，(2) 折现率或股本成本。PV10是在石油和天然气行业常用的折现现金流量估值法，这些行业的现金流都是按10%的固定利率进行折现。

股利现金流量折现模型（DDM）：它预测一家公司未来的股利，并将其折现为现值以确定价值的股票。这种模式用于有悠久分配股利历史的成熟公司。

每股收益（EPS）：它是一个密切关注的数字和股价的强劲驱动因素。每股收益=净利润/发行在外普通股股数，也被称为基本每股收益或过去一年的每股收益（过去一年的净利润用在这里）。

稀释每股收益的计算调整了发行在外普通股的发行员工股票期权、认股权证等的任何稀释。

未来每股收益=华尔街分析师达成共识的净利润/发行在外普通股股数。华尔街分析师达成共识的净利润是指华尔街分析师估计的未来一年或未来几年的平均净利润。

正常每股收益 = 正常净利润/发行在外普通股股数。净利润扣除一次性费用或非正常项目后得到正常净利润。

企业价值与息税折旧摊销前利润的比率：它考虑了全部负债、现金余额和少数股东权益，并忽略了作为营业成本的折旧和摊销。它是资本密集型和杠杆行业常用的估值倍数。

企业价值与（息税折旧摊销前利润 - 资本支出）的比率：折旧和摊销是根据公司相关资产的预计使用年限计提的非付现费用。公司假定一项资产的价值最终变为零或一定的残值，并将资产价值在预计使用年限内作为折旧费用费用化。然而，因为公司每年都需要进行资本投资，一些或大部分的这种折旧费用可能是真实的。如果息税折旧摊销前利润不被调整以反映这些投资（或资本支出），公司可能看似很便宜。（息税折旧摊销前利润 - 资本支出）调整了经常性投资以提供工业企业或重资产密集型企业经营盈利能力的更好的判断。

提交的文件：美国证券交易委员会（SEC）是美国股市的一个主要监管机构，它强制要求公司定期提交某些表格以披露重大信息（极有可能影响股票价格的信息）。

浮动筹码：它是可供交易的发行在外的普通股。有 40% 浮动筹码的股票意味着 60% 的股票都是由内部人、机构等封闭持有，并且不可在公开市场进行交易。

自由现金流量（FCF）倍数或收益率：自由现金流定义为税后营业净利润（NOPAT）+折旧和摊销（D&A）－净营运资本变动－资本支出。自由现金流量是公司产生的扣除资本支出后的多余经营现金。自由现金流收益率=自由现金流/市值，自由现金流量倍数=市值/自由现金流。公司可以用自由现金流回购股票或支付特殊股息。从理论上讲，以20%的自由现金流收益率或5倍自由现金流量倍数（1/20%）交易的一家公司可以用五年时间回购所有股份。高自由现金流收益率表明该股票以便宜价格交易而往往也会导致价值陷阱。

自由浮动资产：这种用来评估保险公司的方法由沃伦·巴菲特普及。自由浮动资产是指在保险合同中扣除净索赔负债后的可用资产。巴菲特给出的理由是保险公司（有较强的承销历史）可以免费将这些负债投资于资本市场。自由浮动资产的主要组成部分是未付损失、人寿保险、年金与医疗保险负债，未满期保费与其他对保单持有人的负债减少应收保费与再保险费、根据可追溯的再保险合同承担的递延费用和递延保单取得成本。

首次公开发行股票（IPO）：一家私人公司决定向公众出售其股票，它通常采用首次公开发行股票。首次公开募股的承销商（投资银行）负责分配和股票的定价。美国的新股发行股份按发行价格分配，主要是针对机构投资者。

杠杆：公司借款的幅度。杠杆或杠杆比率（常用的杠杆比率是债务资本比率、产权比率、负债与息税折旧摊销前利润的比率）衡量一家公司由有息贷款引起的负债程度。杠杆也可能由大规模的运营或高固定成本引起。

利润率：以百分比表示的盈利能力。例如，毛利率=毛利/营业收入，营业利润率=营业利润/营业收入。保证金股票是指向股票经纪人贷款购买的股票。初级和长期保证金（对投资组合的抵押存款）是指购买或做空股票和金融衍生工具所需的初级和长期存款。

资产负债表表外负债：承诺和或有事项，它们独立于资产负债表单独报告，如特别说明和披露，并可能导致额外的借款。

实物支付（PIK）：这些股票或债券以额外的股票或债券的形式支付利息或股息，而不是现金支付。

市净率（P/B）：市值与股东权益账面价值的比率。市净率小于1表明该股票很便宜，高的市净率表明强劲的盈利增长或高股东权益回报率（ROE）。市净率常用于评估银行、保险公司和资本密集或杠杆行业。

市盈率（P/E）或市价/每股收益（EPS）：最常用的估值指标。10倍市盈率意味着投资者愿意为上一年的每股1美元的收益支付每股10美元的价格。一般而言，低市盈率表明市场预计较低的盈利水平，而高市盈率表明市场预计盈利增长。有增长预期的一家公司的市盈率将远高于10倍，并且可以根据炒作和市场情绪达到荒谬的水平（100至500倍）。未来市盈率是股价与未来每股收益的比值（或华尔街分析师达成的共识）。

市价与营运现金流的比率：它类似于房地产投资信托基金的自由现金流量多倍数。营运现金流（FFO）也可以为资本支出而被调整为一个更好的状况。

市销率（P / S）：它可以是不赚钱公司的一个有用的估值指标。高增长公司和周期性公司有时可能产生低或负收益。在这种情况下，市盈率、企业价值与息税前利润的比率等可能需要被规范化，而市销率可能是使用的正确估值倍数。

每个用户的价格（P /Sub）或每个用户的企业价值（EV/Subscriber）：电信、传媒和互联网企业常用的指标。

市盈率与增长率的比率（PEG）：这个比率被用于高增长公司。市盈率与增长率的比率为盈利增长调整市盈率。市盈率与增长率的比率小于 1 可能表明该增长型股票交易价格便宜。

看跌期权：它类似于汽车保险。被保险人为汽车碰撞与责任支付保险费，并有权在发生事故的情况下要求赔偿损失。同样，当您购买一只股票的看跌期权时，您要支付期权费来保护（或对冲）您的股票投资。看跌期权不需要你拥有该股票，并可以用来作为一种做空股票的替代方式。

房地产投资信托基金（REIT）：一种投资于房地产和抵押贷款的信

托基金，它被要求将其超过 90% 的应纳税所得额分配给其投资者。

实物期权估值：实物期权的估值嵌入在股票中。实物期权是一家公司可能从事或终止的项目；例如，新产品或服务的推出、一个不赚钱业务部门的剥离或生产能力的扩张。隐藏选项和项目的估值对做空者是特别重要的，因为当公司行使这样的选项时，股票可能飞涨。

投资回报率：以总资产、权益和投入资本的百分比表示利润。回报率帮助投资者理解杠杆与经营规模的影响。有吸引力的企业往往有很高的整体回报率。5 年期以上的超过 10% 的回报率通常指向良好的企业经济状况。

总资产净利率 = 净利润 ÷ 总资产

权益净利率 = 净利润 ÷ 总股本

投入资本净利率 = 净利润 ÷ 投入资本

季节性：营业收入在一个日历年度期间的周期性变化。例如，由于圣诞节销售，零售销售额往往在十二月到达最大值。天然气需求量往往在冬季达到最大值，石油需求量在夏季达到最大值，这影响炼油厂和石油公司的营业收入和利润。

证券化产品：证券化是将不可交易的贷款（如抵押贷款和汽车贷款）转化成被称为证券化产品的可交易证券的过程。

股东稀释：公司可以发行员工股票期权、认股权证、可转换债券以及其他可能导致增发新股的金融衍生工具。因此，公司的盈利必须被这些新股东分享，这导致现有股东的收益被稀释。

当前被做空的全部股票数量：被做空的发行在外股票的总数，经常以发行在外股票的一个百分比或浮动筹码的一个比例表示。交易所每两周更新这个信息。

逼空：对正面新闻（购并、分析师上调评级、正面的公司公告、监管机构做空禁令等）、追加保证金的通知和止损做出反应，当空头被迫回补他们的空头头寸时，逼空行为快速推高了一只股票（通常被严重做空）的股价。逼空是做空者的最大风险。

主权信用违约互换：它相当于对政府债券购买保险。

分拆：将母股份公司拆分成两个或两个以上可独立交易的股票。分拆通常是非现金、节税的交易，其中，母公司可以将所产生的分拆公司的新股分配给现有股东。

分类加总（SOTP）估值法：它用于评估在不同行业经营的有多个业务部门的企业集团或公司。例如，伯克希尔哈撒韦公司在各种不同的行业经营，包括保险、再保险、公用事业和货运铁路运输部门。各业务部门能单独使用与其行业相关的估值方法进行评估，而伯克希尔哈撒韦公司的正确价值应该是各部分价值的总和。

转换成本：它是一家公司品牌优势的有形或无形的衡量。转换成本可以指一个消费者从一个品牌转换到另一个品牌或转换品牌的不便或徒劳无功的实际货币成本。

泰德息差：泰德息差是短期美国国库券（短期政府借款）与以短期欧洲美元（ED）期货显示的伦敦银行同业拆借利率（LIBOR）之间的价差。伦敦银行同业拆借利率是银行间同业拆借利率，它也用作评估系统性银行风险。伦敦银行同业拆借利率的急剧上升反映了在银行系统中的高信用风险。在危机期间，投资者往往蜂拥购买美国国债，并压低国债收益率，进一步扩大了泰德息差。计算：如果一个3个月期的欧洲美元合约以97.5交易，隐含利率＝100%－97.5%＝2.5%。如果3个月期美国国债收益率为0.5%，泰德息差为2%或每股200个基点。

期限结构：它是显示不同期限的国债利率之间关系的一张图表。一个向上的斜率通常表明经济扩张，而一个向下的斜率表明经济衰退。

价值陷阱：它像价值暴跌的股票一样，由于它们业务或行业的结构性变化，其辉煌的日子可能不会再回来。价值陷阱往往以较低的估值倍数（例如，市净率、市盈率）进行交易，并且它们的估值倍数可能长期保持低迷。

波动率指数（恐惧指数）：它是标准普尔500指数的30天期权的隐含波动率的衡量。波动率指数为20表明在未来的30天内标准普尔500指数预期年化波动率为20%。雷曼兄弟公司破产倒闭后，波动率指数在2008年10月创下90的历史新高。波动率指数在自满时期往往在10至20之间进行交易，并在市场担忧之际迅速上涨。

无力偿付债务区域：当公司开始违反它们的信贷契约并显示出困境的迹象时，它们被认为是处于无力偿付债务区域。处于无力偿付债务区域的一家公司可能会被任何额外的困境推到破产，如营业利润或资产价值的突然下降或融资成本的急剧增加。